ULRIKE GAST • CHRISTIANE GAST

365 Ideen für den bREITensport

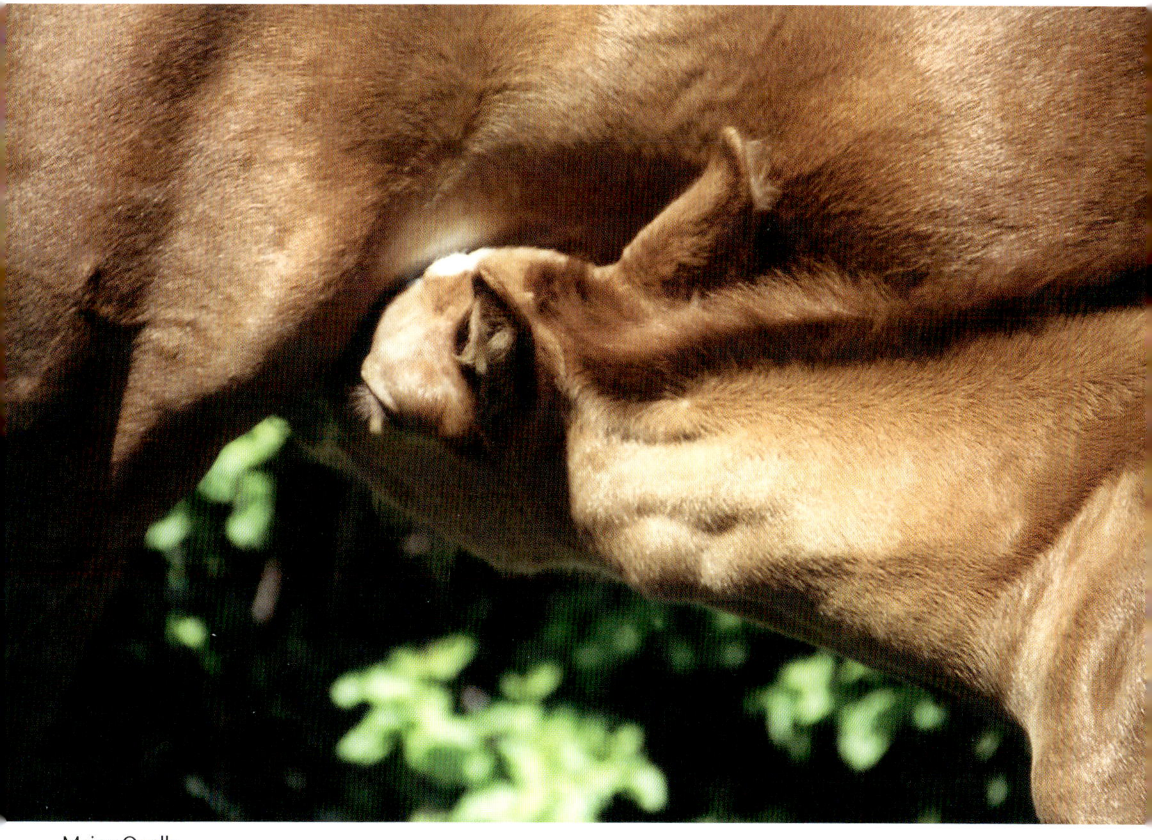

Meine Quelle

FNverlag
der Deutschen
Reiterlichen Vereinigung GmbH
Warendorf

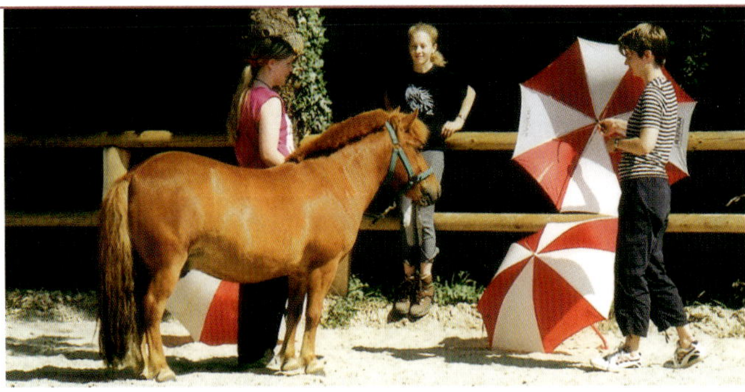

Bibliografische Information der Deutschen Nationalbibliothek
Die Deutsche Nationalbibliothek verzeichnet diese Publikation in der Deutschen Nationalbibliografie; detaillierte Daten sind im Internet über http://dnb.d-nb.de abrufbar.

3. Auflage 2013

Texte: *Ulrike und Christiane Gast, Lennestadt*

Redaktionelle Mitarbeit und Fachlektorat: *FN-Abteilung Breitensport, Vereine und Betriebe; FN-Abteilung Ausbildung und Wissenschaft; FN-Abteilung Jugend*

Gestaltung: (1. und 2. Auflage) *Layout: designPunkt, Heidrun Monkenbusch Rheda-Wiedenbrück*

Titel und Neugestaltung: *mf-graphics, Marianne Fietzeck, Gütersloh*

Titelfotos: *Ulrike und Christiane Gast, Lennestadt*

Fotos: *Ulrike und Christiane Gast, Lennestadt*
Hippix Seite 6
Doris Matthaes, Stuttgart: Seite 5

Korrektorat: *Korrekturbüro Kirchhoff, Büren-Brenken*

Druck und Verarbeitung: *D+L PRINTPARTNER GmbH, Bocholt*

ISBN 978-3-88542-786-5

Inhalt

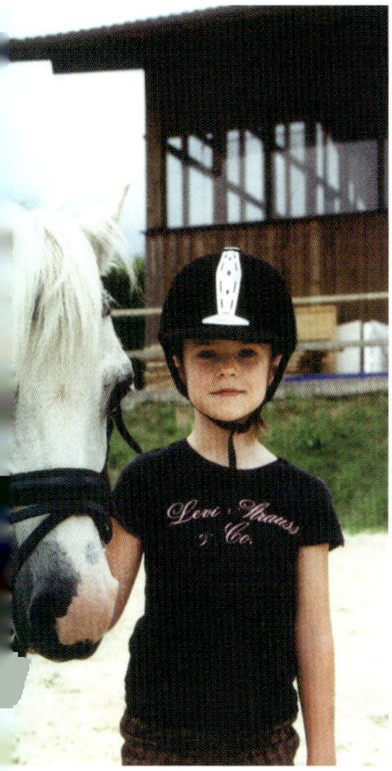

PS:

*Wann immer im Text der Ausbilder oder der Reiter angesprochen wird, ist selbstverständlich immer auch die Ausbilder**in** und die Reiter**in** gemeint. Da sich die Texte jedoch ohne die ausführliche Form (…/in) wesentlich besser lesen lassen, haben wir uns – wie in unseren Werken üblich – für die maskuline Kurzform entschieden, hoffen aber, dass sich wie gehabt immer alle angesprochen fühlen – so dann auch die männlichen Leser von den Fotos, auf denen eindeutig das Weibliche dominiert.*

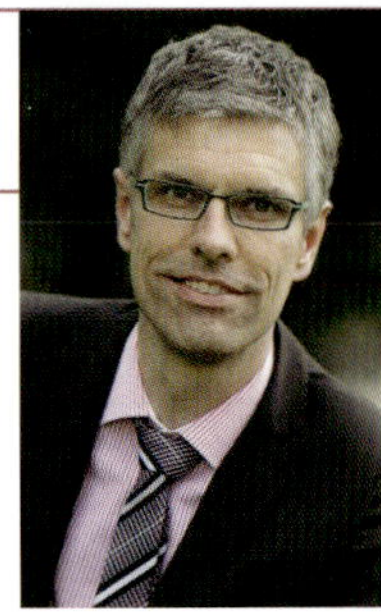

Vorwort

Lernerfolg(e) von Anfang an – bei welcher Zielsetzung im Sattel auch immer –, welche Reiter, Ausbilder und selbstkritisch betrachtet vermutlich erst recht die (Schul-) Pferde träumen nicht davon?

Die Chancen, dass – im Zusammenhang mit dieser Lektüre – genau das passiert, weil nicht erst bei der Reittechnik mit der Wissensvermittlung begonnen wird, sondern lange zuvor, bei der diese tragenden Elementen wie z.B. die Beweglichkeit, Konzentration, Koordination und Kooperation oder solche Aspekte wie Motivationsaufbau und -erhalt oder Transparenz, Kreativität und Wir-Gefühl eingesetzt werden, denn genau dafür stehen die ***365 Ideen im BREITenSPORT***.

Einerseits erfolgt hier das Angebot, der Fantasie der Ausbilder Flügel zu verleihen, um einseitiges Üben bestimmter Fertigkeiten vorzubeugen und Trainieren – neben allen notwendigen Wiederholungen – interessant, spannend und freudvoll zu gestalten.

Andererseits wird der Komplexität des Reitenlernens Rechnung getragen, indem Grundlagen entweder isoliert oder immer wieder anders erarbeitet/ausgebaut werden und so Erfolgskillern, wie z.B. Angst, Langeweile, Bewegungslegasthenie, falschem Ehrgeiz oder Stress, bewusst ein Ende gesetzt wird.

Und wer mit all seinen, dank der ***365 Ideen*** (neu-)gewonnenen Talenten nicht wie häufig üblich im Turnier-/Leistungssport durchstarten möchte, sondern sich auch nach Jahren noch voller Stolz als Breitensportler betitelt, für den ist diese Ideensammlung sozusagen der Markt der Möglichkeiten, da viele der hier aufgeführten (Bei-)Spiele mindestens so anspruchsvoll sind wie eine Dressur- oder Springprüfung. Und deshalb sollten diesbezügliche Könner, also Menschen, die souverän bzw. spielend mit ihrem vierbeinigen Partner, dem Material und den Regeln umgehen, zu Recht stolz auf sich und die gemeinsam erbrachte Leistung – nur eben ohne Schleife und Geldpreis – sein.

Egal also, ob Breiten- oder Leistungssport bzw. welche Flughöhe, geben Sie sich, Ihren Reitschülern und Pferden eine Chance, indem Sie die ***365 Ideen*** zielführend in Ihren Unterricht einbeziehen. Nehmen Sie nötigenfalls Anlauf, springen über Ihren Schatten und gestalten Sie Stundeneinstieg oder das -ende doch ganz einfach einmal spielend oder nehmen Sie sich einmal im Monat gezielt Zeit dafür oder begehen Sie Ihren Tag des offenen Hoftores gemäß dieses Credos und Sie werden feststellen, dass die Harmonie (auch) im (Turnier-)Sattel stetig steigt, da sich Zwei- und Vierbeiner einander spielend (mit ***365 Ideen***) näherkommen, das gegenseitige Vertrauen und Horsemanship permanent wachsen und ***BREITenSPORT*** einfach spitze ist.

Th. Ungruhe

Thomas Ungruhe *Dipl.-Sportlehrer*
Leiter der Abteilung Breitensport, Vereine und Betriebe

Spielend reiten lernen könnte das Motto dieses Buches sein. Uli und Christiane Gast zeigen uns mit diesem Buch, dass es auch andere Möglichkeiten gibt, nach den Grundsätzen der klassischen Reitausbildung zu unterrichten.
Gerade in der heutigen Zeit, in der Internet, Smartphone und Co. unseren Alltag bestimmen, müssen wir neue Wege finden, den Zauber des Reitsports weiterzugeben, der sonst für viele unerreichbar scheint, da dieser komplexe Sport viel Fleiß und Energie fordert. Das „spielend Lernen" ist das Schlüsselwort – motorische Defizite können leichter kompensiert werden, der Spaßfaktor spielt eine große Rolle und die Fantasie des Ausbilders beflügelt die Schüler, die Hürden des Reitenlernens leichter zu überwinden.

Egal, ob Reitanfänger, Wiedereinsteiger, Fortgeschrittene oder auch Turnierreiter, ob jung oder alt – für jeden bietet dieses Buch etwas, wenn man sich darauf einlässt. Bei diversen Seminaren durfte ich miterleben, wie Uli Gast dieses Buch vorlebt und die Zuschauer begeistert. Alle waren beeindruckt von dieser Art zu unterrichten, keiner konnte sich diesem Bann entziehen und jeder war dankbar und froh, mitmachen zu dürfen. Diese Bewegungsfreude ist ansteckend, das Wir-Gefühl bekommt einen hohen Stellenwert und die Partnerschaft zwischen Reiter und Pferd wird über die Maßen gefestigt. Selbst die Pferde vermitteln den Eindruck, freudig mitzuarbeiten.

Es ist kein Geheimnis, das unser Gehirn nur funktioniert, wenn es gefordert wird. Wenn Lernen dann auch noch Spaß macht, ist der Effekt umso größer.

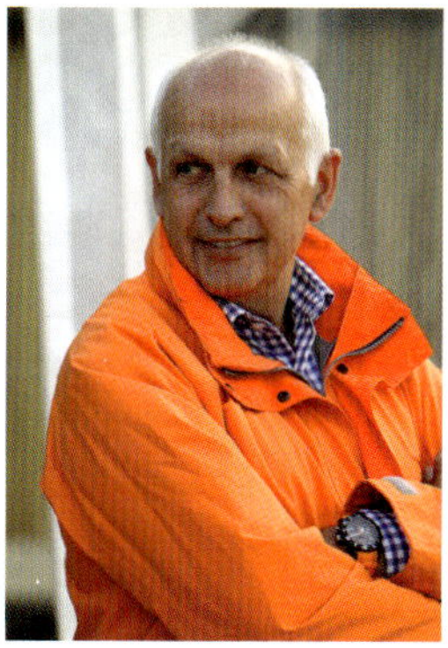

Sollte der Funke beim Lesen dieses Buches noch nicht überspringen, müssen Sie unbedingt Uli Gast live erleben – dann brennt das Feuer auch in Ihnen.

Rudolf Brügge

Rudolf Brügge
Landestrainer Pony Dressur in Baden-Württemberg
Pferdewirtschaftsmeister Reiten

BeSINNliches …

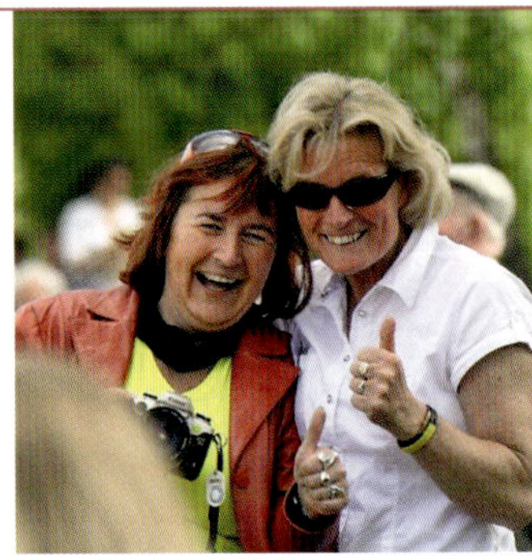

365 Ideen für den BREITenSPORT ist eine Sammlung von Anregungen, wie Lernen – Üben – Trainieren – Sich-Messen auch bzw. anders funktionieren kann!
Dabei handelt es sich keinesfalls nur um 365 Beispiele. Diese Zahl versteht sich lediglich als Platzhalter für unendlich viele Möglichkeiten, die Ausbildung/das „Reiterjahr" abwechslungsreich, lernintensiv, spannend und mit Höhepunkten versehen zu gestalten.
Reiten*Lernen und Spielen/„Spaß haben"* werden in diesem Werk – genau wie in unserer vorausgehenden Literatur – nicht als zwei sich ausschließende Phänomene betrachtet. Spielen ist hier gewissermaßen eine Handlungsform, die Lernen und Üben auf hohem Niveau ermöglicht.

Ausbildung, in der Spielen eine Rolle spielt, ist (trotz aller Wertneutralität): Anstrengung, Ausdauer, Ausprobieren, Angstabbau, Erfolgserlebnis, Emotion, Leidenschaft, Überwindung von Misserfolgen, Taktik, Fantasie, Schulung des Reaktionsvermögens, Selbstfindung, Regelakzeptanz, Kreativität … oder anders ausgedrückt: Spielen ist einer der schillerndsten Diamanten des Lernens mit unendlich vielen Facetten und, egal von welcher Seite betrachtet, einfach glänzend.

Dieses Handbuch enthält elementare Informationen rund um die Ausbildung und darauf basierend eine vielfältige Sammlung von Ideen im/rund um den Sattel

- → für unterschiedlich viele Teilnehmer
- → für Lernanfänger und Fortgeschrittene
- → für die verschiedensten Lernorte
- → mit unterschiedlichstem methodischem Schwerpunkt
- → mit unterschiedlichstem pädagogischem Schwerpunkt
- → mit unterschiedlichstem persönlichkeitsbildendem Schwerpunkt
- → mit „Klassikern" aus den unterschiedlichsten Disziplinen des Pferdesports, eben eine vielseitige Sammlung von Spielen und Variationen, die dazu beitragen sollen,
- → Reiter-Spielen im Verein und Pferdebetrieb „mehr Platz in der Ausbildung zu geben" und sie neben anderen Lern- und Übungsformen als gleichwertige Alternative zu akzeptieren/erkennen!
- → Lust aufs Pferd immer wieder neu zu definieren!
- → Gruppe – Wir-Gefühl zu erleben und zu genießen!
- → Regeln zu akzeptieren, zu verinnerlichen oder weiterzuentwickeln oder gemeinsam ganz neue zu finden!
- → Erfahrungen zu sammeln, die nicht nur im Sattel, sondern auch im Leben von enormer Bedeutung sind!

Den einzelnen Beschreibungen ist Intention oder Schwerpunkt der jeweiligen Idee/des Reiterspiels zu entnehmen – was jedoch keinesfalls bedeutet, dass sie nicht auch in anderem Zusammenhang oder entsprechend variiert eingesetzt werden können. Da wir nicht nur unsere eigenen Ideen, sondern auch (Traditions-)Spiele von Vereinen und Institutionen in dieser Sammlung niedergeschrieben haben, haben wir ganz bewusst auf eine kritische Auswahl auf der Grundlage von engen Bewertungskriterien verzichtet – der Leser möge selbst entscheiden, welches Spiel für ihn, seine Pferde und seine Reiter … eben für die eigene Praxis passt.
Diese persönliche Entscheidung soll durch die ergänzenden, sehr kurz gefassten theoretischen Grundlagen und die entsprechenden konkreten Tipps für jede Idee erleichtert werden.
Wer dann noch bedenkt, dass auch die vierbeinigen Mitspieler nur langsam und Schritt für Schritt Profis in puncto Spielen werden, der wird sehr bald die Praxistauglichkeit und die Motivation von Reiterspielen zu schätzen und genießen wissen.
Unser Dank gilt allen zwei- und vierbeinigen großen und kleinen Mit-Spielern, die nimmermüde jede unserer Ideen mit uns ausprobiert haben und sich dabei fotografieren ließen, sowie der Abteilung Breitensport, Vereine und Betriebe für ihre Initiative und ihre Aufgeschlossenheit.

Danke auch an alle, die dieses Handbuch in so großer Anzahl bisher schon erworben haben! Sie haben damit anschaulich bewiesen, dass der BREITenSPORT auf ein wahrlich sehr breites Interesse setzen kann und Reiten und Lesen einander tatsächlich nicht widersprechen!
Widmen möchten wir diese Sammlung allen Schul-Pferden, die hoffentlich in Form von sehr abwechslungsreichen Schul-Stunden und gefühlvollen, vorausschauenden Reitern ebenfalls von dem Inhalt profitieren.

Ulrike und Christiane Gast
im August 2013

PS:

Wir möchten an dieser Stelle ausdrücklich darauf hinweisen, dass es sich bei den Fotos nicht um gestellte Bilder, sondern um Aufnahmen beim Üben und Trainieren oder bei Breitensportveranstaltungen handelt. D.h., wir haben die Gelegenheit bekommen, bei solch intimen Momenten wie: „wir spielen das erste Mal“ oder „wir lassen uns bei der Vorbereitung für einen Wettkampf in die Karten schauen“ dabei sein zu dürfen und diese festzuhalten. Selbstverständlich ist dadurch nicht jede Aufnahme unter allen Betrachtungswinkeln perfekt – uns kam es jedoch auf die Energie und Lebensfreude, die die Fotos ausstrahlen, an, die gestellte Aufnahmen oder perfekte Zeichnungen u.E. nicht oder nur eingeschränkt zu transportieren in der Lage wären. Wir bitten also um Nachsicht und sind uns trotzdem ganz sicher, dass sich mitdenkende Leser an den entsprechenden Texten und Grafiken orientieren und die Fotos der Motivation, es selbst möglichst perfekt machen zu wollen, dienen.

Benutzerinfos

Sport, Spaß und Spannung
Pädagogik und Methodik
Innovation und Kreativität
Erlebnis und Ergebnis
Literatur, Videos und CDs
Einsatz und Ausdauer
Nachmachen

und
Lust auf mehr
Abent**E**uer
Ho**R**semanship
Motivatio**N**
Echo
Idee**N**reichtum

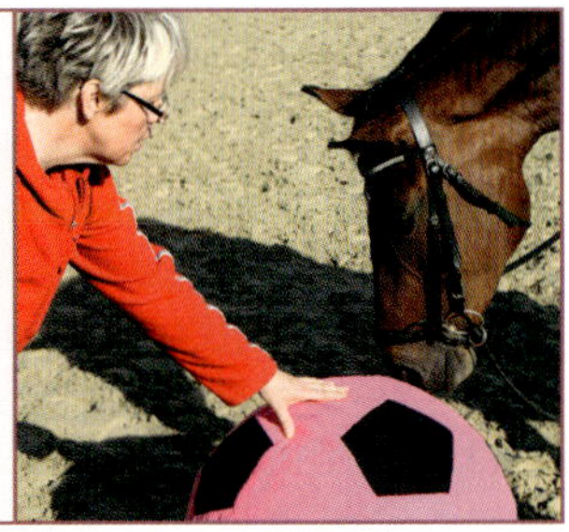

Ein paar Tipps sollen Ihnen die Orientierung und Nutzung dieses Handbuchs erleichtern. Die Spiralbindung ermöglicht es, jede Seite praktisch umzuklappen.
Das macht das Buch schön handlich, man hat stets „seine Idee" im Blick, und es lässt sich ablegen, ohne die Seiten zu verschlagen.
Das Handbuch ist im Zentrum nach den grundlegenden Informationen zu(m) Spielen gegliedert. Die Specials, also Ideen nicht nur für den Unterricht, sondern auch für Familienfeste, Tage der offenen (Stall-)Tür u.v.m. sowie die Literaturempfehlungen komplettieren diese Informationen. Umrahmt bzw. eingefasst werden die Ideen von dem ergänzenden notwendigen Basiswissen rund um Spielen und Reiten.

Vier Farbbereiche – neben der beerenstarken Grundfarbe – erleichtern Ihnen das Suchen, Finden und Merken:

I. Rot: Ideen rund um die Longe
II. Blau: Ideen in der Halle oder auf dem Platz
III. Grün: Ideen auf dem Hof und im Gelände
IV. Gelb: Ideen/Specials für den Unterricht und besondere Events

Die drei Farbabstufungen teilen jeden Ideenbereich zusätzlich nach möglicher Teilnehmerzahl auf:
Dunkel: Alleine/vor der Gruppe
Mittel: Paare
Hell: (Klein-)Gruppen/„jeder gegen jeden"

Jede Idee trägt ihren eigenen Namen. Daran anschließend finden Sie die grundlegenden Hinweise dazu, ob Helfer und/oder welche Materialien für die betreffende Idee benötigt werden. Danach folgen immer die jeweilige Erklärungen zum Ablauf/zur Umsetzung der Idee.

Was ich vorher wissen muss
Ideen rund um die Longe
Ideen in der Halle und auf dem Platz
Ideen auf dem Hof und im Gelände
Ideen/Specials
Ideen, Glossar u.m.

Die Benutzerinformation finden Sie im Umschlag übersichtlich zum Ausklappen! (siehe hinten). →

Abgerundet wird das Angebot von Speziellem/Konkretem zu Sicherheits-, Ausbildungs- und Pferde„infos".

Zusätzlich werden die Ideen-Variationen beschrieben, die mögliche Alternativen in Bezug auf Örtlichkeit, Mitspielerzahl, Tempo, Teambildung, Leistungsvermögen der Teilnehmer und Beurteilungs- oder Gewinnkriterien umfassen. Oft stellen die Variationen, obwohl auf gleicher Grundidee basierend, ein völlig neues Spiel dar. Daher können besonders die Abwandlungen diejenigen ansprechen, die bisher noch kein großes Interesse an Spielen im Gelände oder mit Pferd haben. Oft ergeben sich daraus gute Alternativen für den Einsatz an der Longe oder in der Halle oder sogar mit/für die Kutsche – Ausprobieren ist also angesagt.
Außerdem gibt es zu jeder (Spiel-)Idee noch Hintergründiges, d.h. Infos in Sachen Sicherheit (siehe auch Seite 37), Ausbildung/Lerneffekt (siehe Seite 41) und Pferde (siehe Seite 43). Jede der Ideen kann beim Ausprobieren mit eigenen Anmerkungen in Kurzform ergänzt werden – Genaueres siehe Seite 47.
Das Handbuch versteht sich als Hilfsmittel dafür, dass es „vorwärts geht", sich Reiter und Pferd zu jeder Zeit im Jahr mit Kreativität und Ideen weiterentwickeln können, und das basierend auf bzw. in enger Anlehnung an die Skala der Ausbildung von Reiter und Pferd.

„Denn kaum irgendwo ist der Mensch der Natur so nahe wie in der engen Verbindung mit einem Wesen, das so reich ist an Gefühlen und Reaktionen und zugleich so stumm."
HANS-HEINRICH ISENBART

Wir durften begreifen, wir haben fairstanden und wünschen Ihnen ebenfalls viel Freude und Erfolg mit unseren „365 Ideen".

Unser Motto:

Spielend Lernen zu lernen kann Spaß machen, spannend sein und alle Beteiligten sportlich weiterbringen, daher: Erst (mit)spielen – ausprobieren … und anschließend urteilen! !

Ideen-/Spiele-Grundausstattung

A
Absperrband
Arbeitshandschuhe

B
Bandagen
Bierdeckel
Balkonblumenkübel

C
CDs plus Player
bzw. Musikanlage
Cavalettis

D
Dartscheibe(n)
Dicke Stifte

E
Eierlöffel
Eimer

F
Fallschirm
Folien

G
Glocke
Golfbälle

H
Holzpferd
Hindernismaterial
Hufeisen

i
Ideen(Sammlung)

j
Jonglierutensilien
(Jute-)Säcke

K
Kartenspiel/Korken
Kreuzhackenstiele
Karre/Klebeband

L
Litermaß
Longe

M
Mülltonne
Matten
MP 3 Cube

N
Namensschilder
Neoprentauchbälle
und -ringe

O
Olympischer Gedanke
Obst (Äpfel/Bananen)

P
Pilone
Poolnoodlen/-Stecker
Pop-up-Tonnen

Q
Quiz
Qualifikation
Quartett

R
Ringe
Reifen
Regenschirme

S
Seilchen/Stäbe
Soft- und Sitzbälle
Seidenstrumpfhose

T
Taschenlampe
Tücher
Tonnen

U
Urkunden
Uhr/Handy

V
Verantwortung
Voltigier-
ausrüstung

W
Wäscheleine
Wäscheklammern
Würfel

Z
Zahnstocher
Zeitungen
Zapfen

Folgendes für die, die gerade das Gefühl beschlichen hat, mit diesem Equipment belächelt zu werden: *„Jedes Ding durchläuft bis zu seiner Anerkennung drei Stufen. In der ersten erscheint es lächerlich! In der zweiten wird es bekämpft! In der dritten gilt es als selbstverständlich!"* ARTHUR SCHOPENHAUER

Teil 1

Was ich vorher WISSEN muss

Das 1x1 oder auch A*B*C* der „365 Ideen“

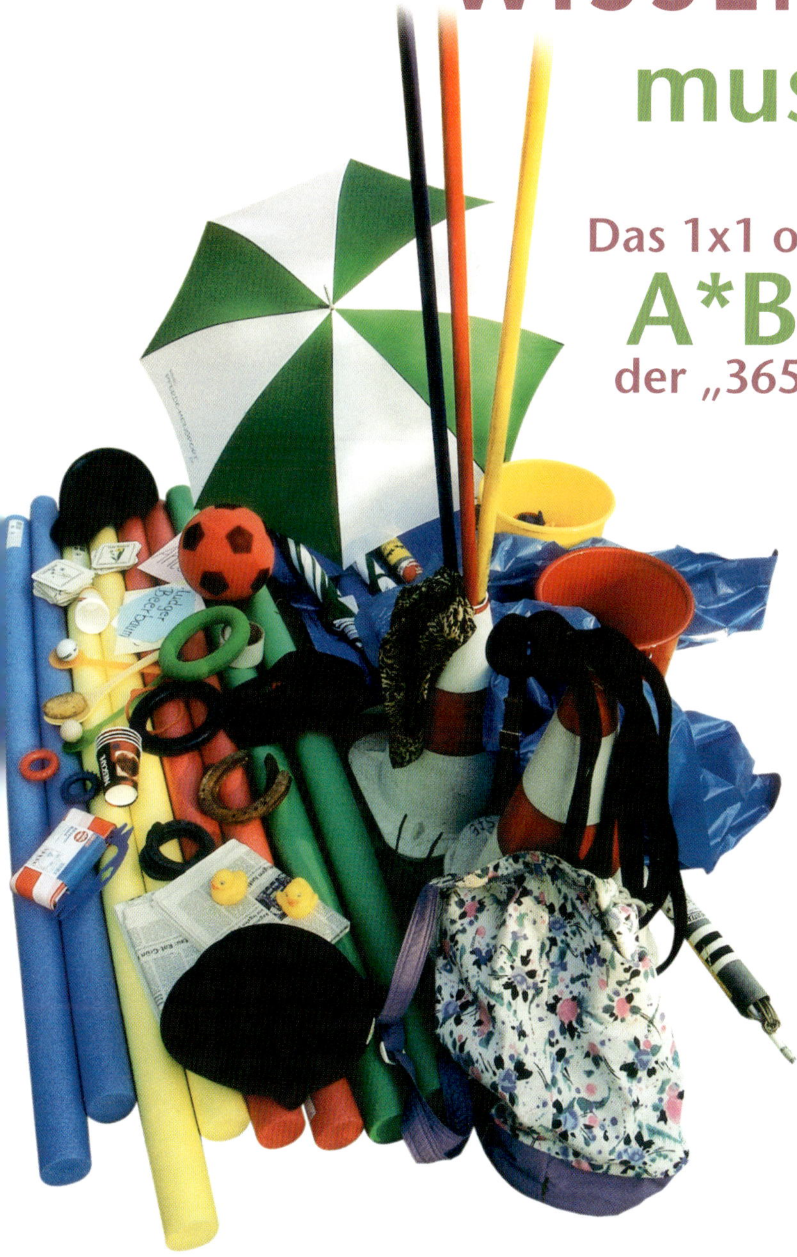

Das Wichtigste zuerst:

- Bevor Sie mit Reitern und Pferd(en) spielen, denken Sie bitte unbedingt daran, Ihre Pferde **schrittweise** an evtl. Neues zu gewöhnen.
- Die Pferde gewöhnen sich bei entsprechender Ruhe der Reiter und Umsicht des Ausbilders relativ schnell an das bunte Treiben.
- Spielfreude hat im Übrigen nichts mit Kreischen und Chaos zu tun. Diesen Unterschied sollten Sie Ihren Aktiven unbedingt – altersangemessen – näherbringen.
- Horsemanship und Sicherheit aller Beteiligten stehen stets im Vordergrund aller Aktivitäten – sollte sich also (trotz aller Vorüberlegungen und guter Vorbereitung) bei der Durchführung etwas als problematisch erweisen, sind diese als Abbruchkriterien mehr als legitim!

PS:

Meldet der Körper Behagen, lernt auch der „Kopf". Im Krankheitsfall ist Spielen natürlich tabu! Beides gilt für Zwei- und Vierbeiner!

Und damit auch zukünftig erst gar nichts schiefgeht, gibt's einsteigend zu jedem Ideenteil zusätzlich noch einige konkrete Infos zur Sicherheit, Ausbildung und zum Pferd. An/zu jeder Idee werden diese – wenn nötig – nochmals ganz speziell ausgewiesen. Besonders empfehlenswert ist auch die Beachtung der „Cleveren Ergänzungen/Zusammenfassung" am Ende dieses Kapitels.

A* Allgemein Wissenswertes über Spiele(n)!

Nicht zu verwechseln: Spiel und spielerisch üben!

Jede der „365 Ideen" vollzieht sich nach ganz bestimmten (mehr oder minder komplexen) Spielregeln und unterliegt ganz bestimmten Auswahlkriterien. „Spielerisch üben" (= Spielform einer Übung) ist etwas ganz anderes: Das kann der Einsatz von Pilonen oder Poolnudeln (weiche Schaumstoffstäbe, Durchmesser ca. 10 cm und ca. 1,7 m lang) sein, die helfen, z.B. Bahnfiguren korrekt in den Sand zu zaubern oder an der Longe hat der Reiter die Augen zu schließen und es wird mit Metern und Minuten „gespielt". Einige Grenzgänger-Beispiele" haben wir bewusst in den 365 Ideen integriert (z.B. Fühlen – Denken – Wissen oder Genau, genau), damit wirklich jeder Leser nachvollziehen kann: Spiele mit ihren Regeln und Abläufen sind eine andere Dimension wie z.B. „starre"/indiskutable Bahnregeln und -figuren, optisch oder akustisch aufgehübscht oder mit dem Steckenpferd absolviert, aber mit dem Original (= der Übung ohne Schnickschnack bzw. geritten) ansonsten identisch. ***Bei den „365 Ideen" ist der Weg das Ziel!***

Warum machen die „365 Ideen"/Spiele Spaß?

Eine klare Antwort auf diese Frage ist – auch wissenschaftlich betrachtet – nicht ganz einfach. Vermutlich sind es vor allem vier Faktoren, von denen die Faszination des Spielens ausgeht:

- **Spannung:** Die Ungewissheit, ob man den – persönlich angepeilten – Erfolg erreichen wird, um den es beim jeweiligen Spiel geht: z.B. darüber spekulieren, wer die bessere Taktik oder Kondition mitbringt!
- **Rückzug:** Die Möglichkeit, der sonst so bindenden und verpflichtenden Alltagswirklichkeit wenigstens für begrenzte Zeit zu entkommen und sich in einer Spielwirklichkeit zu bewegen, die begrenzt und überschaubar ist: z.B. einmal nicht nur der Schulpferdereiter, sondern der Polospieler sein!
- **Befriedigung:** Die Aussicht auf angenehme Erlebnisse und Erfahrungen wie etwa gelungene Spielzüge, erfreuliche Kontakte u.Ä.– z.B. mit der besten Freundin ein Spielerpaar bilden dürfen!
- **Feedback:** Die Möglichkeit, seine Kenntnisse, Fähigkeiten und seinen Mut zu erproben und sich mit den anderen zu messen, z.B. bei der Übergabe des Staffelstabes geschickter sein als die „Gegner"!

Beim Spiel verlieren die Gesetze des Alltags teilweise ihre Geltung!

Zum Beispiel sind Dreckigmachen und Körperkontakt – entgegen dem heutigen Trend – erlaubt. Der Ausstieg aus dem „Alltag" wird auch bei noch so intensivem Spielen kein vollkommener!

Jedes Spiel hat – trotz aller Neutralität/Eigenständigkeit – Auswirkungen auf die einzelnen Beteiligten und die Beziehungen zwischen ihnen, die zum Teil weit über die Dauer des Spielgeschehens hinausreichen.

Ob z.B. jemand ein guter oder ein weniger guter Spieler ist, das kann sich nachhaltig auf seinen Status, auf seine Anerkanntheit in der Gruppe auswirken – besonders bei Spielen, die häufig gespielt und von der Gruppe sehr wichtig genommen werden. Da das alle Mitspieler wissen oder zumindest spüren, gelten ihre Anstrengungen im Spiel zum Teil auch dem Zweck, ihren Status in der Reitgruppe zu festigen oder zu verbessern. Besonders gut ist dies bei kleinen Kindern zu beobachten, weil sie sich noch weniger Mühe geben, es zu verbergen.

Daneben gibt es aber auch andere Zwecke, die die Mitspieler zur Spielteilnahme oder zu einem bestimmten Spielverhalten veranlassen können: Beispielsweise der Wunsch, mit bestimmten Leuten zusammen zu sein, nicht abseits zu stehen, keine Langeweile zu haben, die Sympathie eines ganz bestimmten Mitst**REITERS** zu gewinnen, dem Leiter sein Können zu beweisen und manches andere mehr.

„Spielen hilft verstehen"
FREDERIC VESTER

Das, was Fachleute als „Zweite Wirklichkeit" beim Spielen bezeichnen, verhält sich wie folgt: Stimmt die Stimmung in einer Gruppe von Reitern bereits, sind sie bei Mannschaftsspielen klar im Vorteil, und anders herum ist der Gewinn eines Spiels sicherlich auch ein Gewinn für das generelle Gruppenklima.

Merke ⇨ **Spiele bewegen und bewirken viel zu viel, um 100 Prozent zweckfrei sein zu können! Ich spiele immer als ganze Person. – Auswirkungen auf die Persönlichkeit sind daher nicht zufällig – allerdings manchmal nicht beabsichtigt.**

Ein Thema, das viele (nicht nur zukünftig, sondern auch in der nahen Vergangenheit) bewegt. So lautete z.B. 2009 der Titel des Frühförderkongresses der „Alliance for childhood" in London: Bewegung, Spiel und emotionale Beziehung als Basis des Lernens.

Horsemanship und Sicherheit aller Mitspieler ...

... sind grundsätzlich höher anzusiedeln als alle noch so wichtigen Spielprozesse und gelten grundsätzlich – wenn überhaupt nötig – als Abbruchfaktor!

Überforderungen

Der Coach muss unbedingt ohne zu zögern eingreifen, wenn er Überforderungen im oder unter dem Sattel feststellt und bei einem unbeeinflussten Fortgang der Dinge sogar Schäden und Verletzungen zu befürchten wären. In der Regel wird es sich bei den Reitern weniger um Gesundheitsrisiken oder mögliche Sachschäden handeln als um Schädigungen, die dem Selbstwertgefühl einzelner Gruppenmitglieder oder den Beziehungen innerhalb der Gruppe drohen, sie sind jedoch – egal warum – reiterseits zu respektieren

Wie man sieht, hängen also auch diese übergeordneten Lehren, die der einzelne Mitspieler aus einem Spiel zieht, davon ab, welche Erfahrungen er dabei macht. Insbesondere ist entscheidend, ob er ständig frustriert wird, sich überfordert fühlt oder seine Angst spürt bzw. merkt, wie seine Motivation verloren geht. Generell sind solche negativen Lerneffekte immer dann zu befürchten, wenn einzelne Aktive motorisch, kognitiv (geistig) oder emotional überfordert sind und trotz aller Bemühungen auf keinen grünen Zweig kommen, während sie den anderen dabei zusehen müssen, wie sie Spaß haben und Erfolg um Erfolg einheimsen.

Es leuchtet ein, dass das leicht ein Gefühl von Unterlegenheit und Minderwertigkeit erzeugen kann und Spiele dann eindeutig lernhemmend und nicht lernfördernd sind.

Vergleichbares gilt auch für die Pferde. Bei ständiger Missachtung ihres Lerntempos oder ihrer Abneigung gegenüber bestimmten Spielmaterialien oder Mitspielern werden sie irgendwann überhaupt kein Verständnis mehr für das „bunte Treiben" haben und setzen allem ganz einfach spielend ein Ende.

Merke ⇨

- **Lernhemmer Nr. 1 sind Pferde, die Spielen und Lernen nicht erlauben.**
- **Und der Vollständigkeit halber ebenfalls erwähnt: Lernhemmer Nr. 2 sind Eltern, die Spiele im Reitunterricht so lange mit ihren Kommentaren miesmachen, bis auch andere Eltern (und schlimmstenfalls auch die Aktiven) glauben ... „Hier wird ja nur gespielt und nix gelernt!" ...**
- **Sowie Lernhemmer Nr. 3, d.h. Ausbilder, die eine reit- und spielbegeisterte Gruppe übernehmen, gegen die eigene Überzeugung dann „auch Spiele anbieten" und sich letztlich selbst enttarnen, denn: „Nur wer brennt, kann Feuer stiften"!**

Spielend Leib und Seele stärken!

Jede Idee verlangt mindestens körperliche und geistige Aktivität.

Regeln für die Auswahl der „365 Ideen“

Aus dem, was bisher über die Auswirkungen von Spielen gesagt wurde, lassen sich einige Regeln für die Auswahl und Verwendung von Spielen ableiten, die hier noch einmal kurz zusammengefasst werden sollen:

- *Zusammenarbeit ist besser als Wettbewerb:* An Konkurrenzdenken sind Jugendliche und Erwachsene in unserer Gesellschaft ohnehin gewöhnt. Spielideen, die auf Zusammenarbeit ausgerichtet sind, eröffnen dagegen eine Fülle von neuen Lern- und Erfahrungsmöglichkeiten, besonders im Bereich des sozialen Verhaltens. Dies als „heißer Tipp“ und keinesfalls als Absolutheitsanspruch.
- *Spiele sollen möglichst allen Mitspielern Erfolg ermöglichen:* Deshalb sind solche Ideen besonders günstig, die von ihrer Anlage her zahlreiche Erfolge ermöglichen. Wie z.B. bei der „Bauernmühle“ Seite 139. Während sich der eine dabei freut, sein Pferd von Punkt zu Punkt geritten zu bekommen, freut sich der Nächste über die Besetzung des richtigen Punktes und wieder ein anderer darüber, zum Siegerteam zu gehören. Es sollte eine Idee ausgewählt werden, bei der alle Mitspieler Erfolgschancen haben.
- *Ein spannender/befriedigender Spielverlauf ist wichtiger als das Spielergebnis:* Wenn das ganze Spiel nur auf die Ermittlung des Gesamtsiegers ausgerichtet ist, dann ist sein Verlauf mehr von Anstrengung, Anspannung und Konkurrenzverhalten gekennzeichnet als von gelöster Spielfreude. Umgekehrt haben die einzelnen kleinen/größeren Erfolgserlebnisse während des Spiels viel mehr Gewicht, wenn das Gesamtergebnis nicht so wichtig genommen wird.
- *Keine Variationen einfordern oder zulassen, die vom Misserfolg leben:* Keine Spiele, bei denen sich einzelne Aktive blamieren, Mitspieler lächerlich gemacht oder sonst wie bewusst in eine unerfreuliche Situation gebracht werden.
- *Mögliche Lernauswirkungen der „365 Ideen“ berücksichtigen:* Bei der Spielauswahl müssen die voraussichtlichen Lerneffekte des Spiels abgeschätzt werden und es muss beurteilt werden, ob sie erwünscht, neutral oder unerwünscht sind. In diese Überlegungen müssen *drei Ebenen von Lerneffekten* einbezogen werden:
  1. die unmittelbar trainierten Fähigkeiten und Verhaltensweisen,
  2. der Transfer des Gelernten auf das „Alltagsverhalten (im Sattel)“ und
  3. eventuelle allgemeine Lehren und Folgerungen, die die Mitspieler aus dem Spiel ziehen könnten.

  Hier ein einzelnes Beispiel herauszugreifen ist schlichtweg unrealistisch, der, auf den es dann ankommt, sind Sie (und Ihre Empfindungen).

Regeln sollten im Allgemeinen …

Respektabel …
Einleuchtend …
Genial einfach …
Effektiv …
Leicht merkbar und anwendbar …
Nachprüfbar …

… sein!

„Reiter sein heißt, Selbstzucht zu üben und Achtung vor der Kreatur zu haben. Es ist unsportlich, vom Pferd zu viel und vom Reiter zu wenig zu verlangen. Güte und Willenskraft sind Voraussetzung für jeden Reiter“
FREIHERR V. LANGEN

Regeln kann man ändern

Wenn ein paar zufällig zusammengewürfelte Leute beim Tonnenrennen (siehe Seite 169 ???) allein oder als Minigruppe gegeneinander antreten, ist es durchaus möglich, dass sie nach kurzer Zeit in einen erbitterten Streit geraten, ob denn nun die Tonnen von einer ganz bestimmten Seite zu umreiten sind oder nicht.
Diese Aufregung wäre leicht zu verstehen, wenn wirklich etwas auf dem Spiel stehen würde – aber woher kommt sie, wenn es um gar nichts geht? Anscheinend betrachten wir die Spielregeln – zumindest bei den allgemein bekannten, fest etablierten Spielen – als unveränderliche „Naturgegebenheiten“, die unumstößlich feststehen.

Merke ⇨ **Spielregeln sind keine unumstößlichen Gesetze – sie können gemeinsam von allen Mitspielern *vor* (einem neuerlichen) Spielstart verändert festgelegt werden.**

Bei genauerer Betrachtung wird also deutlich, dass Spielregeln keine unumstößlichen Gesetze sind, sondern lediglich *Vereinbarungen unter den Mitspielern*, die in erster Linie dazu dienen, einen reibungslosen, spannenden Spielverlauf sicherzustellen.
Daraus ergibt sich, dass Spielregeln im Prinzip jederzeit beliebig verändert und auf die Teilnehmer abgestimmt werden können – siehe z.B. die unzähligen von uns bereits festgehaltenen Variationen einzelner Spiele. Diese beziehen sich nämlich keinesfalls nur auf Materialalternativen. Sie sind ein Feuerwerk an Ablauf- und Regelvariationen. Die Vorstellung, dass Regeln beliebig abgewandelt werden können, wird sicherlich dem einen oder anderen anfangs gegen den Strich gehen – zumindest bei den Spielen, die wir schon immer in einer fest vorgegebenen Form kennen. Doch auch diese Spiele wurden nicht von jeher in der uns bekannten Form gespielt; sie haben sich im Laufe der Zeit zum Teil sogar ganz gewaltig verändert – ein sicherlich allgemein sehr bekanntes Beispiel wäre Fußball.

Merke ⇨ **Spiele sind eine Schule der Sinne und des Lebens!**

Spiele-Diamant

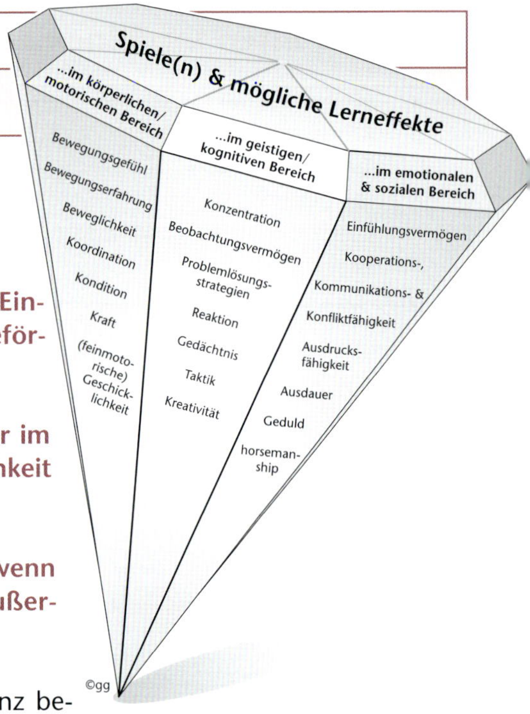

Mögliche Lerneffekte

Welche Fähigkeiten, Kenntnisse und Einstellungen werden durch das Spiel gefördert?

Inwieweit findet eine Übertragung der im Spiel gelernten Dinge auf die Wirklichkeit außerhalb des Spiels statt?

Was sind die Lehren aus dem Spiel, wenn man dessen Grundgedanken auf außerhalb des Spiels überträgt?

Jedes Spiel verlangt den Mitspielern ganz bestimmte *körperliche und geistige Tätigkeiten* ab, die auf diese Weise automatisch geübt und trainiert werden. So unterschiedlich wie die verschiedenen Spiele sind dabei auch ihre Lerneffekte. Sie liegen

- ***im körperlichen/motorischen Bereich***
  [Bewegungsgefühl, Bewegungserfahrung, Beweglichkeit, Koordination, Ausdauer, Kraft, (feinmotorische) Geschicklichkeit]
- ***im geistigen/kognitiven Bereich***
  [Konzentration, Beobachtungsvermögen, Problemlösungsstrategien, Reaktion, Gedächtnis, Taktik, Kreativität]
- ***im emotionalen und sozialen Bereich***
  [Einfühlungsvermögen, Geduld, Kooperations-, Kommunikations- und Konfliktfähigkeit, Ausdrucksfähigkeit, Ausdauer, Horsemanship]

Manche Spiele schulen dabei nur einen ganz begrenzten Ausschnitt von Fähigkeiten (z.B. Esel raten Seite 65), andere erfassen ein ziemlich breites Spektrum (z.B. Zöpfeziehen Seite173). Es ist nicht allzu schwer herauszufinden, welche im Einzelnen bei einem bestimmten Spiel trainiert werden: Man muss sich nur einmal Schritt für Schritt überlegen, welche Tätigkeiten im Laufe des Spieles von den Mitspielern verlangt werden, welche einzelnen Fähigkeiten für diese Tätigkeiten von besonderer Bedeutung und welche spielentscheidend sind.

Tipp

Ihre ganz persönlichen Erfahrungen/Empfindungen sollten Sie sich übrigens nicht scheuen, direkt am jeweiligen Spiel zu notieren (siehe Seite 47) – und wenn das Handbuch immer auf der Bande liegt, gar kein Problem.

VERTRAUEN durch BEGREIFEN

Helfen und sich helfen lassen, dadurch Sicherheit vermitteln und erfahren sind lebenswichtige Erfahrungen!

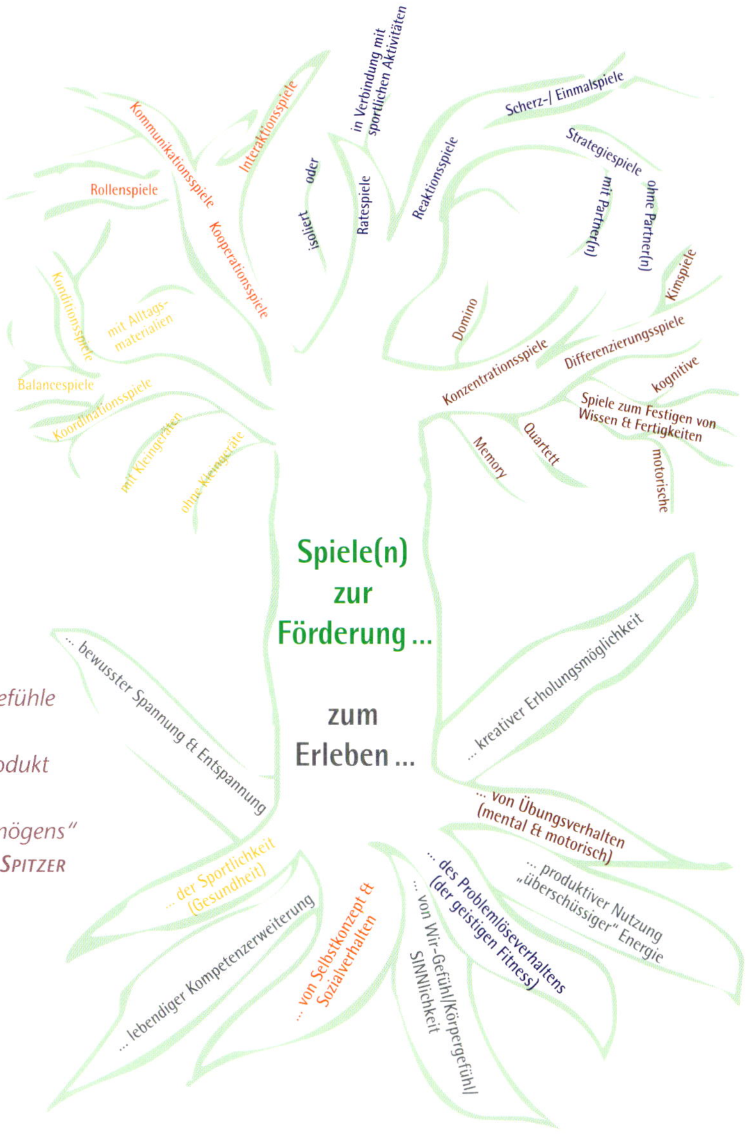

„Glücksgefühle sind ein Nebenprodukt unseres LERNvermögens"
MANFRED SPITZER

Spielen ist der ideale Ansatz zur Förderung der emotionalen, kognitiven, motorischen und sozialen Lebensqualität

VERTRAUEN durch BEGREIFEN

Helfen und sich helfen lassen, dadurch Sicherheit vermitteln und erfahren sind lebenswichtige Erfahrungen!

Als Faustregel kann man festhalten:

Je geringer die „Differenz" zwischen Spiel und Alltagsrealität, desto höher bzw. schneller der Transfer (von im Spiel Erlerntem in den Alltag)!
Je „weiter weg" das Spiel vom Alltagserleben, desto „länger" der Übertragungsweg. Wenn also zwischen Spiel und Alltag kaum eine Verbindung besteht oder wenn sie sich für die Mitspieler nur sehr schwer herstellen lässt, findet in der Regel überhaupt kein direkter Transfer statt.

Zum besseren Verständnis daher ein kleiner „Schlenker" in die Welt der Rollenspiele und des spielerischen Übens (z.B. Streckenführung bei Hufschlagfiguren oder Distanzen mit Pilonen). Ihr großer Vorzug liegt darin, dass mehr oder weniger Alltägliches nachgestellt und in ein Spiel eingebaut wird, wobei die Wirklichkeitstreue des Spiels bewusst angestrebt wird. Damit sind die Voraussetzungen für einen Transfer des im Spiel Gelernten natürlich sehr günstig.
Da der Transfer auf allen Ebenen also maßgeblich von der Nähe der Beziehung abhängt, die für die Aktiven zwischen der Spielsituation und der Realität/ihrem Empfinden besteht, kann der Coach einiges für die Übertragung des im Spiel Gelernten tun, indem er diese Bezüge nicht nur auf der motorischen Ebene herstellt und sichtbar macht.

Die Gelegenheit hierzu besteht beim Auswertungsgespräch: Da kann er die Gruppe z.B. zur Auseinandersetzung mit der Frage anregen, ob und inwieweit sich das im Zusammenhang mit den „365 Ideen" praktizierte Verhalten (z.B. die Sicherheitsaspekte bzgl. der Hilfengebung und das Gefühl des Vertrauens auf dem neuen Schulpferd) übertragen lässt. Aber nicht nur für „körperliche, kognitive und emotionale Kompetenzen", sondern insbesondere auch für die sozialen Kompetenzen beim Spiel(en) ist der Gesichtspunkt der Auswertung sehr wichtig ... **und der dürfte nach dieser Lektüre keinem Leser mehr schwerfallen.**

PS:

Neue Verhaltensweisen im Umgang mit anderen Menschen oder Horsemanship lassen sich nur dann sinnvoll in das bisherige Verhalten einbauen, wenn man sich zuvor darüber klar geworden ist, wie, wann, wo und mit welchen Erwartungen man sein Verhalten umgestellt hat bzw. umstellen will. Jedes Mannschaftsspiel funktioniert eben nur dann richtig gut, wenn EIN TEAM angetreten ist und nicht eine Ansammlung von Individualisten bei einem Spiel den gleichen Verein vertritt.

B* Bedenkens- und Beachtenswertes für Ausbilder

Egal, ob nun mit oder ohne Pferd, Spiele sind wohl keinem Pferdesportler fremd. Spiele im „Vereinsalltag" oder im Unterricht **bzw. beim Lernen lernen** einzusetzen ist vielleicht trotzdem für den ein oder anderen Ausbilder eher gewöhnungsbedürftig. Wichtig ist, dass sich kein Ausbilder ab sofort gezwungen fühlen sollte, die „365 Ideen" zum Lernen unbedingt einzusetzen. Nur wenn die innere Überzeugung da ist, werden (Reiter-)Spiele das Vereinsleben/den Unterricht: das Lernen lernen bereichern. Ein eventuelles Unbehagen des Ausbilders überträgt sich auf die Gruppe. Bleiben Sie also bitte ehrlich – alles andere fällt sowieso auf – und als aufgeschlossener Zeitgenosse sollten Sie nun unvoreingenommen die Chance nutzen, nach/neben dem sinnentnehmenden Lesen/Verarbeiten der Richtlinien Hintergründiges zu den „365 Ideen"/Spiele(n) zu erfahren.

Einsteigend daher hier zunächst einige Gründe zum Spielen/Lernen der etwas anderen Art:

- Mit **Bewegung**sspielen lassen sich Reitstunden abwechslungsreich und motivierend gestalten.
- Mithilfe der „365 Ideen" können die Reiter ihre motorischen Grundfähigkeiten (wie Kraft, Beweglichkeit, Ausdauer und Koordination, siehe Glossar) verbessern.
- Spiele/Ideen, die dem Entwicklungsstand (Alter, Auffassungsvermögen) der Reiter entsprechen, fördern darüber hinaus die Wahrnehmungsfähigkeit („Wie schnell reiten die anderen wo her?"), die Konzentration, intellektuelle Fähigkeiten (z.B. Problemlösungsstrategien oder die beste Taktik entwickeln können) sowie das soziale Lernen und das Zusammengehörigkeitsgefühl der Gruppe. Sie stacheln deren Kreativität an – „alte" Ideen werden mit z.B. neuen Varianten selbstständig weiterentwickelt.
- Die „365 Ideen" lassen sich in jeden Stundenabschnitt einfügen: In der Aufwärmphase können sich die Reiter z.B. gemeinsam mit dem Pferd in spielerischer Form aufwärmen: Im Hauptteil der Stunde können Spiele der Entspannung dienen oder auch „Wartezeiten" verkürzen, wenn sich z.B. der Ausbilder intensiv einem einzelnen Mitglied der Abteilung oder dem Schüler zu Pferd an der Longe widmet. Und zum Abschluss bieten sie die Möglichkeit, nochmals alle Reiter gemeinsam anzusprechen und mit einer positiven Gruppenerfahrung zu entlassen.

„Unser Erfolg hängt zum größten Teil davon ab, ob es uns gelingt, aus Mitmenschen Mitspieler zu machen." **Waltraud Puzicha**

Spielend …

… Siege feiern und Niederlagen verarbeiten lernen! – Beides können auch Reiter mit Turnierambitionen gar nicht früh genug lernen …
Spiel-Erfahrungen
jeder Art wirken in den „normalen" Alltag der Spieler.

Spiele haben Auswirkungen

Die praktische Folge dieser Erkenntnis ist, dass sich der Ausbilder Gedanken über die Auswirkungen von Spielen machen muss: Mit der Einstellung „Egal wie – Hauptsache es macht Spaß" macht er es sich zu einfach. Es sollte möglichst jedem sein ganz persönlicher (Spiel-)Erfolg geboten werden. Alle sollten (abwechselnd) glänzend in Szene gesetzt werden. Und niemand sollte z.B. mit seinen Erfahrungen, Enttäuschungen, Erfolgen, Misserfolgen, Konflikten, Sympathien und Lernprozessen allein gelassen werden, denn diese wirken – wie auf der vorausgehenden Seite beschrieben – über das Spiel hinaus und müssen verarbeitet werden.

Um das zu ermöglichen, müssen wir das Ergebnis (s.o.) mit den vier *Ausgangssituationen* in Beziehung bringen:

- Die Auswirkungen kommen keinem der Beteiligten zu Bewusstsein.
- Die Auswirkungen werden zwar den Mitspielern, nicht aber dem Spiel- bzw. Gruppenleiter bewusst (z.B. Gefühle, die ein Spiel bei den Mitspielern wachruft, ohne dass der Leiter dies bemerkt).
- Die Auswirkungen sind nur dem Leiter bekannt, während sie den übrigen Mitspielern nicht bewusst werden.
- Die Auswirkungen sind sämtlichen Beteiligten bekannt und bewusst.

Es geht also schon bei der Ideenauswahl darum, die Ängstlichkeit, Belastbarkeit, Teamfähigkeit oder Wendigkeit der Zwei- und Vierbeiner zu bedenken, damit z.B. „Die Landpartie", siehe Seite 143 oder der „Farmer Trail", siehe Seite 186 auf alle Fälle ein Erfolg für alle wird. Es gilt, die richtigen Spiele für die Gruppe zu finden.

Der Ausbilder bzw. Trainer ...

... der um Gewichtung und Bedeutung von z.B. Egoismus | Konkurrenzdenken | Selbstvertrauen | Teamwork | Solidarität Bescheid weiß, findet/hat sicherlich immer die richtige Idee für „seine" Reiter.

Die Auswahl aus dem Ideenpool

Kennt der Ausbilder ihre voraussichtliche Wirkung, kann er bestimmte Ideen/Spiele ganz bewusst und gezielt einsetzen. Beispielsweise könnte er nach einem stressigen Schultag temporeiche Staffelspiele (z.B. Stafetten Seite 179) anregen, um der Gruppe Gelegenheit zum Austoben zu geben. Auch in vielen anderen Bereichen kann es sinnvoll sein, durch eine gezielte Auswahl eine Brücke zwischen Sport/Spiel und Alltag zu schlagen, um ganz bestimmte Wirkungen zu erzielen.

Jede Idee muss sich innerhalb der von den Regeln vorgegebenen Grenzen frei entwickeln können, sonst geht die Spielfreude sehr schnell verloren und die Luft ist raus. Dabei kann es sich auch in solche Richtungen entwickeln, an die der Coach eigentlich nicht gedacht hat und bei denen die von ihm angestrebten Auswirkungen kaum zu erwarten sind.

Wenn er das nicht hinnimmt, sondern umzulenken versucht, macht er höchstwahrscheinlich das Spiel/die Idee kaputt. Es ist nicht möglich, der Reitgruppe bestimmte Spiele verordnen zu wollen, wie ein Arzt Medikamente verschreibt. Wenn die Gruppe auf eine Idee nicht anspringt, dann will sie eben nicht, und der Ausbilder darf sie ihr auch nicht aufnötigen.

Vorgegebene Lernziele lassen sich in der Regel nur dann erreichen, wenn der „Lehrer" in sehr weitgehendem Umfang steuernd in das Lerngeschehen eingreift bzw. vorab Aufklärung betreibt: z.B. indem er erklärt, den Ferienreitkurs mit zwei bis drei Kennenlernspielen (z.B. Ich stehe im Paddock Seite 151) starten zu wollen, bevor es mit Ausrüstungskunde, Reitbahnregeln oder Sitzschulung weitergeht.

Tipp

Für welche Spielidee auch immer Sie sich entscheiden, sobald sich zu den Zweibeinern mitspielende Vierbeiner gesellen, ist der Ausbilder zu 100 Prozent in seiner Aufmerksamkeit gefordert (siehe Seite 12). Trauen Sie sich zu Beginn also nicht zu weit auf unbekanntes Terrain, dann müssen Sie auch nicht so stark lenken. Bieten Sie viele kleine überschaubare (Lern-)Spiele mit wenigen Regeln an. So werden alle nach und nach zu Profis in Bezug auf die „365 Ideen". Die Variationen werden immer ausgefallener/anspruchsvoller und die Kreativität wächst quasi von selber. Lust auf mehr wird so zum Selbstläufer!

W wie Wissensvermittlung und S wie Souveränität im Umgang mit den „365Ideen" sind neben den folgenden die Aspekte des Ausbilder-ABCs!

Sicherheit	➜	in puncto Ausrüstung und Aufbau sowie Alter und Leistungsvermögen
Verantwortung	➜	für alle zwei- und vierbeinigen Beteiligten
Horsemanship	➜	egal ob neben oder im Sattel
Fairplay	➜	mit und ohne Schiedsrichter Ausgangssituation und Auswirkungen

Daher erneut im Fokus: Der Coach

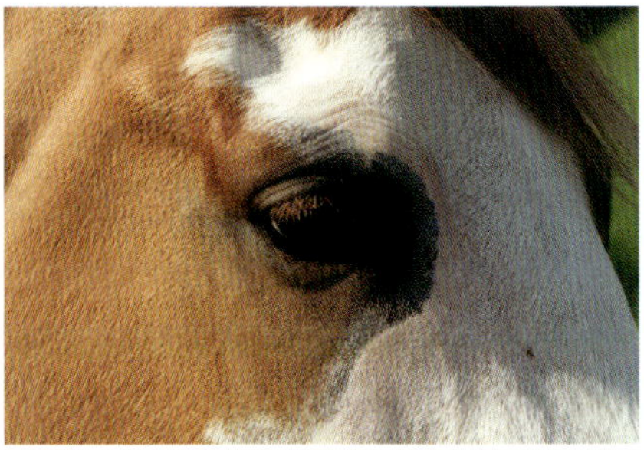

Neben der pfiffigen Auswahl der Spielideen hat das Verhalten des Ausbilders bzw. Trainers erheblichen Anteil daran, ob die „365 Ideen" ankommen oder nicht.
Wie er am günstigsten vorgeht, das hängt neben den ausgewählten Ideen und deren Schwierigkeitsgraden auch von der gegenwärtigen Situation der Gruppe ab.
Daneben spielen auch der persönliche Stil des Trainers sowie seine besonderen Erfahrungen, Kenntnisse und Fähigkeiten eine Rolle. Dennoch muss man klar sehen, dass es sich bei der Leitung von (Reiter-)Spielen nur um einen besonderen Anwendungsfall der Gruppenleitung handelt und nicht um etwas grundlegend Neues. Deshalb geht es hier auch lediglich um die Dinge, die bei der Einbeziehung der „365 Ideen" in den Unterricht *besonders beachtet* werden sollten, und nicht um das Ausbilderverhalten im Allgemeinen.

Auf Gruppe und Situation einstellen

In einer neu gegründeten oder zufällig zusammengewürfelten Gruppe steht der Trainer zwangsläufig ziemlich im Mittelpunkt des Geschehens und er muss den Ablauf weitgehend selbst in die Hand nehmen. Anders ist es in einer Gruppe, die sich schon länger kennt und – im doppelten Sinne – gut eingespielt ist.
Man kann ganz allgemein sagen: Je weniger sich die MitstREITER kennen, je weniger Spielerfahrung sie haben, je größer die Gruppe ist und je weniger den Aktiven bekannt ist, dass man auch mit Spielen lernen und trainieren kann, umso mehr steuernde und bestimmende Aktivität muss vom Coach ausgehen.

Die „365 Ideen" ...

... fordern und fördern die Ich-, Fach- und Sozialkompetenz ... und machen auch noch Spaß! Fehlende Sicherheit, mangelnde Geborgenheit und Vertrautheit können zu Angst führen!

Sicherheit in Sachen „365 Ideen" schaffen

Man kann nur dann mit Freude und Engagement spielen, wenn man die jeweilige Idee ernst nehmen kann und sich dabei sicher fühlt – Sicherheit ist daher auch einer der Leitfäden durch dieses Handbuch. Die Realisierung dieses Ansatzes hängt zum guten Teil davon ab, wie die vorgeschlagene Idee von den Aktiven aufgenommen wird, und das wiederum hängt maßgeblich davon ab, wie der Trainer diesen Vorschlag einbringt. Besonders in wenig eingespielten, unsicheren Gruppen ist das eine ganz entscheidende Frage: Hier prägt das Verhalten des Ausbilders weitgehend die Einstellungen und Erwartungen der Akteure und damit den Ablauf.

(Spiel-)Regeln deutlich erklären

Wie gut ein Spiel gelingt, hängt u.a. von der Spieleinführung ab, also davon, wie gut die Regeln erklärt worden sind. Besonders bei schwierigeren (komplexeren) Ideen ist eine klar verständliche Erklärung des Organisatorischen (Allgemeingültiges siehe nächste Seite) und der Regeln sehr wichtig, weil sonst die Freude beim Ausprobieren der „365 Ideen" gleich zu Anfang durch Unsicherheiten und vermeidbare Frustrationen beeinträchtigt wird. Aber das ist gar nicht so einfach: Selbst wenn man eine der „365 Ideen" im Schlaf beherrscht, heißt das noch nicht, dass man auch die Regeln auf Anhieb klar erläutern könnte. Deshalb tut man gut daran, sich schon bei der Vorbereitung in Ruhe zu überlegen, wie und in welcher Reihenfolge man die Regeln am günstigsten erklärt. Unsere Überlegung hatte zum Ergebnis, das Erklären eines Spiels mit dem Bauen eines Hauses zu vergleichen, um auf alle Fälle verstanden zu werden:
Zuerst sollte immer das „Fundament" erklärt werden, d.h. Ziel des Spiels, Positionen/Aufgaben und mögliche grobe Fehler sind vorrangig zu klären.
Einzelheiten und Details sind meistens erst dann zu verstehen, wenn man sie in ein bereits bestehendes, auf dem Fundament ruhendes Gerüst einordnen kann. D.h., Stockwerk für Stockwerk wird sozusagen Aufklärung betrieben, und erst wenn der Rohbau steht und Richtfest gefeiert ist, ist auch das Spiel sozusagen sturmtauglich. In schwierigen Fällen ist häufig ein Probe-Spieldurchgang (per pedes) sinnvoll.
Im Zweifelsfall ist es besser, die Erklärung (s. Kapitel B) wörtlich vorzulesen, als sich darauf zu verlassen, dass die Aktiven aus den Wortbausteinen des Ausbilders schon irgendetwas Schönes „bauen werden".

Lernen der anderen Art – Die „365 Ideen" ...

... fordern und fördern das WIR-Gefühl, die emotionale Belastbarkeit! „Wir spielen" – bedeutet übrigens auch: Wir bauen gemeinsam auf, um und später auch wieder ab.

Organisatorisches zügig abwickeln

Oft müssen erst einmal einige organisatorische Dinge geregelt werden, bevor mit einer der „365 Ideen" begonnen werden kann: z.B. müssen Helfer instruiert, Cavalettis und Ständer aufgestellt, benötigtes Material bereitgelegt, Mannschaften zusammengestellt, Rollen verteilt werden usw. Dies sollte zügig über die Bühne gebracht werden. Der Coach tut gut daran, sich schon bei der Auswahl und Vorbereitung einer Idee eine Liste der Materialien zusammenzustellen (im Praxisteil daher bei jeder Idee einzeln aufgelistet), die für das Spiel benötigt werden, und dieses Material vor dem Einsatz bereitzulegen. Außerdem sollte er sich schon bei der Vorbereitung überlegen, auf welche Weise die Einteilung der Teams vorgenommen werden soll. Bei Wettspielen ist es wichtig, dass die Mannschaften etwa gleich stark sind und einigermaßen zusammenpassen; beides ist am einfachsten und ohne viele Konflikte z.B. wie folgt zu erreichen:

Möglichkeiten der Partnerfindung/Gruppenbildung
- Abzählen (1, 2 – 1, 2 – 1, 2 oder 1, 2, 3, 4 – 1, 2, 3, 4)
- der Größe/dem Geschlecht/dem Alter nach,
- Memorykarten (= Spielerpaare), Quartette (= 4er-Gruppen) ziehen lassen,
- zwei (allseits gleich beliebte) Mannschaftskapitäne werden vom Spielleiter bestimmt; die übrigen Teilnehmer dürfen sich (dem Alter gemäß) hinter einen der Kapitäne stellen (bis die Mannschaftsstärke erreicht ist), d.h., niemand ist frustriert, weil er (wie vielleicht sonst in der Vergangenheit) nicht gewählt wurde.

Dies soll als Anregung genügen, es ANDERS zu machen! **Hauptsache Sie machen Schluss mit dem Frust der Nichtwahl!**

Wenn es also darum geht, für eine Idee einzelne Rollen bzw. Aufgaben zu verteilen, kann der Coach die Positions- bzw. Rollenwahl völlig den Aktiven überlassen und sich darauf beschränken, bei eventuellen Fehlbesetzungen vermittelnd einzugreifen (s. z.B. „Die Landpartie" Seite 143). Falls er aber bei seinen Vorüberlegungen zu dem Ergebnis gekommen ist, dass eine ganz bestimmte Aufgabenverteilung wünschenswert wäre, braucht er auch keine Skrupel zu haben, den Akteuren einfach bestimmte Positionen/Spielabschnitte zuzuweisen und allenfalls bei Protesten über eventuelle Umbesetzungen neu zu entscheiden. Eine rein zufällige Rollen- bzw. Aufgabenverteilung (z.B. Zettel aus einem Gefäß ziehen) ist – in solchen Zusammenhängen – gewöhnlich nicht sinnvoll, da hier die Persönlichkeit sowie die Fähigkeiten und Bedürfnisse der einzelnen Reiter/Mitspieler unberücksichtigt bleiben.

„365 Ideen" = Anregung, Erfahrungsgewinn und belebendes Vergnügen,

bei dem der Mensch/Mitspieler sein ganzes Fähigkeits- und Erlebnispotenzial entfaltet – im wievielten Anlauf auch immer! Nicht wann, sondern DAS zählt!

Möglichst alle ins Spiel/die Idee einbeziehen

In den allermeisten Fällen stellt sich die Frage überhaupt nicht, ob sich alle Reiter einer Gruppe am Spielen beteiligen – sie tun es, ohne dass es darüber überhaupt zu Problemen oder Diskussionen käme. Allerdings darf niemand gegen seinen Willen und seine Überzeugung zum Mitspielen gezwungen werden.
Wenn nicht alle Anwesenden (alters-/erfahrungsbedingt) an einem Spiel teilnehmen, muss der Trainer auf Folgendes achten:
Einerseits muss er den Spielern das Gefühl vermitteln, am besten „Programm" aller Zeiten teilzunehmen, und andererseits muss er gleichzeitig die Nichtspieler fundiert anleiten – bzw. coachen, damit sowohl das anvisierte (sportliche/pädagogische ...) Ziel nicht unplanmäßig aus dem Ruder läuft und sich auch tatsächlich alle betreut fühlen.

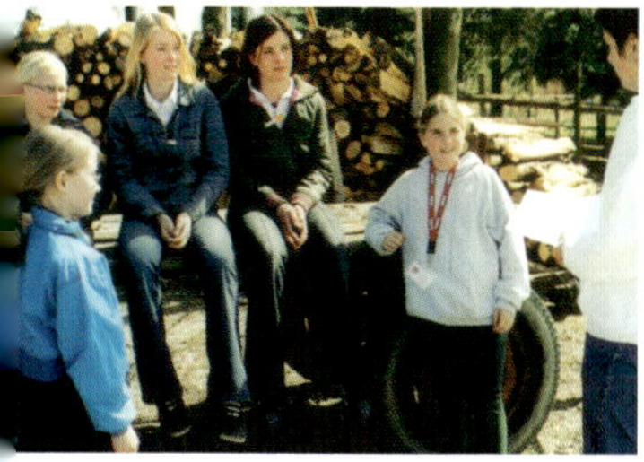

Wie kann er aber die Situation unter Wahrung der Aufsichtspflicht lösen?
Entweder kümmert sich ein Helfer z.B. (ein Sportassistent) auf Weisung des Ausbilders um das Spielgeschehen oder der Sportassistent kümmert sich – nach Weisung des Spielleiters – um die Nichtspieler. D.h., Spielfeld und „Reitzone" sind klar voneinander getrennt – wie Abreite- und Turnierplatz. An beiden Orten ist die Aufsicht gewährleistet – entweder durch den Ausbilder oder den Helfer. Die Regie hat natürlich der Ausbilder, und seine Sache ist es auch, gelegentlich nachzufragen, ob nicht der eine oder andere nun vielleicht doch lieber mitspielen oder assistieren möchte!
Darüber hinaus sollte der Coach verhindern, dass jemand, der bei einer Idee nicht mitmacht, über dieses Spiel hinaus in eine Abseitsposition gerät oder in eine Außenseiter-Stellung hineinmanövriert wird. Hierbei spielt das Verhalten des Ausbilders eine ganz entscheidende Rolle: Wenn er die Entscheidung des Betreffenden, nicht spielen zu wollen, sichtlich akzeptiert, ist diese Gefahr viel geringer, als wenn er sie mit fühlbarer Ablehnung notgedrungen „duldet".
Der Coach sollte also klar zu erkennen geben, dass er die Entscheidung ohne heimliche Verärgerung akzeptiert. Eventuell aufkommende Reibereien zwischen den Spielern und den Nicht-Spielern sollte er rasch, aber ohne Schärfe schlichten. Dann werden alle ziemlich schnell bereit sein, das Aussetzen Einzelner ohne Verstimmung oder Verunsicherung hinzunehmen.

Ideen/Spiele sind nichts Statisches!

Wenn Gruppenmitglieder – weshalb auch immer – zunächst das Mitspielen ablehnen, beim Beobachten jedoch zu neuen Einsichten gelangen, dann sollten sie weitere (Einstiegs-)Chancen bekommen.

Ergänzend sollte der Ausbilder es – wie bereits kurz angedeutet – nicht als absolut endgültig und unwiderruflich ansehen, wenn jemand beschließt, bei einem Spiel nicht mitzumachen. Vielmehr sollte er die Nicht-Mitspieler immer wieder einmal zum Mitspielen einladen. Dabei geht es nicht darum, Widerstrebende mit List und Hartnäckigkeit doch noch herumzukriegen.
Es geht um diejenigen, die ursprünglich keine Lust oder Angst vor dem Unbekannten oder zu starke Spielhemmungen hatten, aber nach einigem Zuschauen Lust bekommen haben, Neues auszuprobieren oder sich der alternativen Herausforderung nun doch zu stellen. Für sie ist es gewöhnlich sehr schwierig, von sich aus zu sagen, dass sie jetzt doch mitspielen möchten, zumal sie ja damit rechnen müssen, sich eine Abfuhr zu holen. Trainer, die selber erst über Umwege die „365 Ideen" und Spiele(n) kennen- und schätzen gelernt haben, wissen sicherlich genau, wovon gerade die Rede ist.

Übersicht bewahren

Die Frage, ob sich der Coach besser aktiv am Spiel beteiligen oder ob er besser die Rolle eines unbeteiligten Beobachters einnehmen soll, lässt sich nicht eindeutig und für alle Fälle gleich beantworten; beides hat Vor- und Nachteile. Wenn der Ausbilder selbst mitspielt, können sich die Mitspieler vermutlich freier und ungehemmter bewegen, weil sie sich nicht so beobachtet fühlen und auch nicht so leicht in die Versuchung kommen, es vor den Augen des Trainers besonders gut machen zu wollen. Andererseits kann es den Nachteil haben, dass der Ausbilder völlig in dem Spiel aufgeht, seine Funktion als Coach/„Sicherheitsbeauftragter" aus den Augen verliert und das Spiel ungesteuert treiben lässt. Obwohl es sicherlich jeder der „365 Ideen" guttut, wenn sie sich ungehindert entfalten kann, ist es von Vorteil, wenn der Trainer den Spielverlauf und alle zwei- und vierbeinigen Mitspieler ständig im Auge behält und die Gesamtentwicklung kritisch beobachtet – nicht um ständig dazwischenzufunken, sondern um in den seltenen Fällen (sichernd) eingreifen zu können, wo die Aktiven eine Fehlentwicklung aus eigener Kraft nicht mehr in den Griff bekommen können.
Das gilt nicht nur für Kommunikations- und Rollenspiele, sondern insbesondere auch für Reiterspiele, da man es hier nicht nur mit zwei-, sondern auch mit vierbeinigen Mitspielern zu tun hat, und die entdecken den Charme eines Spiels häufig unabhängig von ihrem Reiter (z.B. Zöpfe ziehen Seite 177).

Die „365 Ideen" …

… fordern und fördern alle „Bewegungsaspekte" (im Sattel) … nur eben ganz anders … nie jedoch bezüglich korrekten und fairen Verhaltens gegenüber dem Partner Pferd.

Merke ⇨ **Aus der Notwendigkeit, das Spielgeschehen aufmerksam und kritisch zu beobachten, ergibt sich nicht unbedingt, dass der Coach nicht mitspielen darf. Entscheidend ist, dass er jederzeit so viel Überblick hat, dass er Fehlentwicklungen erkennen und nötigenfalls abstellen (eingreifen) kann. Wenn er sich dazu als aktiver Teilnehmer an den „365 Ideen" in der Lage fühlt, dann spricht nichts dagegen, dass er mitspielt.**

Nötigenfalls steuernd eingreifen

In sehr vielen Fällen laufen die „365 Ideen" ganz von allein, sodass sich die Frage nach einem korrigierenden Eingreifen des Ausbilders überhaupt nicht stellt. Unter Umständen kann sich eine Idee aber auch einmal in eine Richtung entwickeln, die der Trainer für bedenklich oder sogar für ausgesprochen gefährlich hält.

Zum Beispiel kann es vorkommen:

- dass jemand (unbemerkt) gegen die Regeln verstößt – also die GGA beliebig wechselt oder Abkürzungen benutzt,
- dass es Streit über die Regelauslegung gibt – also der Staffelstab z.B. geworfen und nicht übergeben wird – oder
- dass einzelne Mitspieler sich in den Mittelpunkt drängen – also ganz einfach Mannschaftsmitglieder nicht anspielen und alles im Alleingang versuchen.

In der Rolle des Schiedsrichters hat der Ausbilder auf alle Fälle direkt einzugreifen, wenn es gegenüber dem Pferd und den Mitspielern unfair wird. Darüber hinaus sind Regelverstöße zu ahnden bzw. an die optimale Ausführung ist zu erinnern oder das Reglement ist zu erweitern, um den Egoismus auszubremsen. „Auswechslungen" oder „Time-outs" oder Teamgeist sind Bereiche, die eine Gruppe lernen sollte, allein zu lösen.

Merke ⇨ **Ein Reiterspiel auf jeden Fall laufen zu lassen, egal wie es sich entwickelt, und das Ergebnis/die Manöverkritik/die Auswertung abzuwarten wäre sicherlich grob fahrlässig!**

„365 Ideen“ heißt beobachten und umsetzen!

Spiele, die gerade glänzend laufen, bitte nur aus triftigen Gründen frühzeitig beenden! Spiele, die bei den Aktiven nicht ankommen, nie „durchboxen“, sondern abbrechen und reflektieren! Die Spieldauer sollte den Aktiven zuvor bekannt gegeben werden, damit auf keiner Seite Frust aufkommt!

Wenn man ein Spiel nach den allgemein üblichen Regeln spielt, hat das natürlich den Vorteil, dass jeder, der dieses Spiel kennt, auf Anhieb weiß, wie es gespielt wird: Infolgedessen braucht man nicht erst lange über die Regeln zu verhandeln, sondern kann sofort mit dem Spielen beginnen. Bei ständig wechselnden Mitspielern (oder Spielgegnern) ist das zweifellos ein großer Vorteil, bei einer festen Gruppe hingegen ist das nicht so wichtig. Hier kann es sogar sehr reizvoll sein, Spiele neu zu erfinden oder die Regeln bekannter Spiele so abzuändern, dass sich andere interessante Spielmöglichkeiten (siehe z.B. Staffelvariationen Seite 179) ergeben. Außerdem lässt sich auf diese Weise das starke Leistungsgefälle weitgehend vermeiden, das sich gerade bei den sehr populären Spielen daraus ergibt, dass ein Teil der Gruppe darin ziemlich viel Übung hat, während es andere so gut wie nicht beherrschen. Wenn man Spielregeln erfindet oder verändert, sollten neben den Gesichtspunkten, die wir schon im Hinblick auf die Beurteilung und Auswahl von Spielen besprochen haben, vor allem zwei Punkte beachtet werden:

Merke ⇨

- **Die Regeln sollen möglichst einfach und einleuchtend sein: Nur wenn man sie sich merken kann, kann man sie auch einhalten.**
- **Die Einhaltung der Regeln soll leicht nachprüfbar sein; deshalb unklare und schwammige Formulierungen (z.B. „... nicht zu fest“) vermeiden.**

Flexibel auf die Situation eingehen und beenden lernen

Es ist gut und sinnvoll, sich bei der Vorbereitung eines Ideen-Programms (z.B. im Rahmen eines Tages der offenen Tür) einen Plan als ungefähren Wegweiser zusammenzustellen. Daraus sollte hervorgehen, welche Ideen in welcher Reihenfolge an welcher Stelle und mit welcher Dauer durchgeführt werden.

Merke ⇨

Nicht jede Idee eignet sich für jede Situation. Wenn es z.B. (im Rahmen der Pferdezuteilung) gerade einen saftigen Krach gegeben hat, wäre es ziemlich aussichtslos, als Nächstes ein Kommunikations- oder Kooperationsspiel (z.B. „Tabu“ siehe Seite 123) durchführen zu wollen, das Konzentration, Einfühlungsvermögen und eine entspannte Atmosphäre erfordert.

Verleihen Sie der Fantasie Flügel,

indem Sie Ihre Aktiven bei Sport und Spiel dazu anregen, sich Technik, Taktik und Regeln bildlich, bunt oder in 3D vorzustellen bzw. festzuhalten – Bilder bleiben besser und intensiver im Gedächtnis haften.

Flexibilität beim Einsatz der „365 Ideen“

Dies gilt auch für die Planung des zeitlichen Ablaufs, weil man hier ja auf grobe Schätzungen angewiesen ist. Zum Beispiel dauert ein Spiel oft länger als ursprünglich angenommen und läuft zu der Zeit, wo man eigentlich zu etwas anderem übergehen wollte, noch glänzend. In einem solchen Fall wäre es natürlich unsinnig, das Ganze abzubrechen, nur weil die Zeit sonst nicht mehr für die nächste Idee reicht. Ein Abbruch ist nur dann angebracht, wenn es dafür einen dringenden Grund gibt – etwa dass noch etwas Wichtiges erledigt werden muss, andere Anlagennutzer zu ihrem Recht kommen wollen oder dass die Gruppenmitglieder sonst zu spät nach Hause kämen und Ärger mit ihren Eltern zu erwarten hätten.
Nehmen Sie sich außerdem hin und wieder die Zeit für kompakte Kurzkommentare, um das eine oder andere Bedeutungsvolle bei allen Teilnehmern stärker ins Bewusstsein zu rufen ... Nach Möglichkeit sollte man nicht urplötzlich aus heiterem Himmel den Schlusspunkt setzen, sondern sanft zum Ende überleiten. Vor allem wenn die Gruppe sehr engagiert bei der Sache ist, ist es besser, den Schluss erst einmal anzukündigen und das Spiel dann noch eine kurze Weile weiterlaufen zu lassen („Noch zwei Minuten, dann machen wir Schluss!“).
Und auch auf die Gefahr, das wir uns wiederholen: Sollte Ihre Gruppe (gemäß Tagesform/Spielumgebung/...) einmal nicht auf eine Idee anspringen, wäre es Unsinn, ein solches Spiel trotzdem mühevoll über die Zeit zu quälen, nur damit der Plan erfüllt ist oder auch, weil man vielleicht keine andere Idee in Reserve hat.
Zwar müssen anfängliche Startschwierigkeiten bei manchen Spielen einkalkuliert werden und sollten kein Grund zur Beunruhigung sein, aber wenn ein Spiel auch nach einer angemessenen Anlaufzeit vorwiegend auf Lustlosigkeit oder Ablehnung trifft, sollte der Ausbilder sich nicht scheuen, es abzubrechen und zu einer anderen Idee/Aktivität überzuleiten.

Merke ⇨ **Das beste „Mittel“, spielend über die Runden zu kommen und genau an der richtigen Stelle Schluss zu machen, ist, sich als Spielleiter immer wieder in die Rolle der Spieler zu versetzen und gedanklich mitzuspielen.
Und dann wäre da noch die Sache mit dem Joker/Ass im Ärmel, d.h. ein Spiel (ohne Material), das immer sofort spielbar/einsetzbar ist (z.B. alle Koordinations-spiele), wenn von der Planung abgewichen werden muss.**

Spiel(e)erfolge steigern das Selbstwertgefühl!

Erfolge gibt's eben nicht nur auf der motorischen Ebene (z.B. alle Grundgangarten nutzen zu können), sondern auch im kognitiven und sozialen Bereich (Wir sind am geschicktesten vorgegangen ...) – jeder bekommt „sein" Highlight!

Transferleistungen

Sicherlich fällt es niemandem schwer nachzuvollziehen, dass die Lerneffekte, die im körperlich/motorischen Bereich im Spiel erarbeitet bzw. gefestigt wurden, von da an dem Aktivem alltäglich zur Verfügung stehen.
Wie kann aber das, was für den Transfer von Bewegungsgefühl, Beweglichkeit, Kraft, Koordination und Co. so einfach nachzuvollziehen ist, auf die kognitive und die emotionale/soziale Ebene übertragen werden?
Diese kritische Frage ist durchaus berechtigt. Aber auch hier liegt die Lösung beim Leser selbst. So wie Sie gelernt haben, Bewegung(en) zu beobachten und zu analysieren, sind Sie in diesen Fällen gehalten, nach Zuwächsen in puncto Konzentration, Reaktion, Taktik oder Einfühlungsvermögen, Kooperations- und Konfliktfähigkeit zu „forschen". Zugegebenermaßen ist dieses sicherlich nicht so unkompliziert wie auf der motorischen Ebene – aber vielleicht erinnern Sie sich an den langen Weg, bis Sie das mit dem „Bewegungssehen" automatisiert hatten. Und ganz sicherlich haben Sie auch jetzt schon dieses kaum zu beschreibende „Bauchgefühl", was die kognitive und die emotional/soziale Ebene betrifft. Dieses sollten Sie pflegen und trainieren, dann werden Sie auch in diesen Punkten Lernzuwächse und Transferleistungen wahrnehmen und einschätzen lernen.
All dies ist notwendig, da auch das Reiten selbst keine rein körperliche „Angelegenheit" ist, sondern immer auch die Psyche und auch das Zwischenmenschliche tangiert bzw. bewegt.
Bieten Sie also spielerische Angebote, um z.B. das Konzentrationsvermögen zu stärken (z.B. Memoryspiel siehe Seite 162) oder Alternativen zum (bisher vielleicht ausschließlich) gewohnten Konkurrenzverhalten kennenzulernen. Erwarten Sie aber bitte keine Wunder. Verhaltensänderungen sind eine langwierige Angelegenheit und brauchen oft sogar länger als die Korrektur eines falsch automatisierten Bewegungsablaufes.
Und der Vollständigkeit halber sei noch erwähnt: Bleiben Sie bitte selbstkritisch. Immer nur auf in Gang gekommene Lern-/Denk- oder Einstellungsprozesse zu verweisen, wenn ein Spiel keine greif- und beobachtbaren Transfer-Wirkungen gehabt hat, birgt die Gefahr des Selbstbetrugs.

Merke ⇨ **Vieles, was im/mit den „365 Ideen" erlebt wird, etabliert sich auch im Alltag. Dieses gelingt insbesondere dann, wenn sich alle beim Spielen wohlfühlen.**

Last but not least: Die „365 Ideen"

... sind keinesfalls nur etwas für Kinder oder Jugendliche – SPIELE(N) sollte(n) jeder Altersgruppe vertraut sein und kann(können) eine (tägliche) HERAUSFORDERUNG sein!

Merke ⇨ **In der Arbeit mit Kindern und Jugendlichen – mit mehr oder weniger ausgeprägten Störungen im sozial-emotionalen Bereich oder bei den vielen kleinen Kronprinzen von heute – lassen sich Regelakzeptanz und -verhalten fast immer von der ersten Minute – mit und ohne Spiel – in der Reithalle durchsetzen! Denn ohne Regelakzeptanz KEIN Reiten. Erwarten Sie aber deshalb keine Wunder im schulischen oder privaten Bereich! Geben Sie sich und Ihren Schützlingen ZEIT, diese neuen Erfahrungen (und Einsichten) auch ohne den „Helfer auf vier Hufen" anzuwenden und gute Mitspieler/Teamworker zu werden.**

Spiele können aber auch Lerneffekte auslösen, die nicht unmittelbar mit dem beim Spiel eingeübten Verhalten zu tun haben, sondern so etwas wie eine „Lehre" aus dem jeweiligen Spiel, eine allgemeine Folgerung daraus sind. Nehmen wir z.B. Reiterspiele, bei denen es um geniale Reit-Strategien geht (siehe Doppeloxer Seite 127 oder Zeitzonen-Derby Seite 192), damit es zu einem glänzenden Ergebnis kommt. Eine unmittelbare Übertragung des im Spiel Gelernten (gewählter Abstand, Tempo) auf die Wirklichkeit ist wohl ziemlich ausgeschlossen. Vorstellbar ist jedoch, dass die Mitspieler eine allgemeine Folgerung aus dem Spiel ziehen, die man etwa so umschreiben könnte: „Auch für Probleme, die zunächst keine zu sein scheinen oder völlig unlösbar erscheinen, lässt sich eine Lösung finden, wenn man (gemeinsam) nur hartnäckig am Ball bleibt und nicht aufgibt, bis einem ein gangbarer Weg einfällt!"

Merke ⇨ **Auch Reiten lernen ist ein langer – eigentlich nie endender Prozess, der sich aus ungebrochenem Durchhaltevermögen speist!**

Wir hoffen jedenfalls, mit dieser nun folgenden Ideensammlung brauchbares „Handwerkszeug" liefern zu können. Es richtig zu handhaben, sprich zu wissen, was kann ich mit welchen Pferdesportlern bzw. welchem Pferd wie machen, bleibt nach wie vor die Kunst des Ausbilders.

Uns bleibt da nur noch der Wunsch:
Viel Spaß bei | den folgenden Zusammenfassungen | den Ergänzungen in „3D" und anschließend beim Umsetzen der Ideen ...!

C* Clevere Ergänzungen (von Chancen und Nebenwirkungen)

Bevor sich gleich Idee an Idee setzt, ein letzter, kurzer/komprimierter Blick hinter die Kulissen bzw. auf all *das Wichtige* und *Hintergründige* und, und, und, was in Sachen Reitenlehren lernen/AUSBILDUNG stets mitbedacht werden muss, ohne es bei jeder Idee erneut mit aufzuführen … mit anderen Worten: hier und jetzt eine Vorstellung der Protagonisten mit ausführlichen Informationen zu den Schlagworten

+ Sicherheit,
+ Ausbildung und
+ Pferd (inkl. Ausrüstung),

die dann unter den einzelnen Ideen nur noch angerissen/konkretisiert werden oder dort ganz entfallen, weil sie von diesen vorgeschalteten Informationen (der 1. und 2. Ebene) gänzlich abgedeckt werden.

Die Protagonisten u.m.

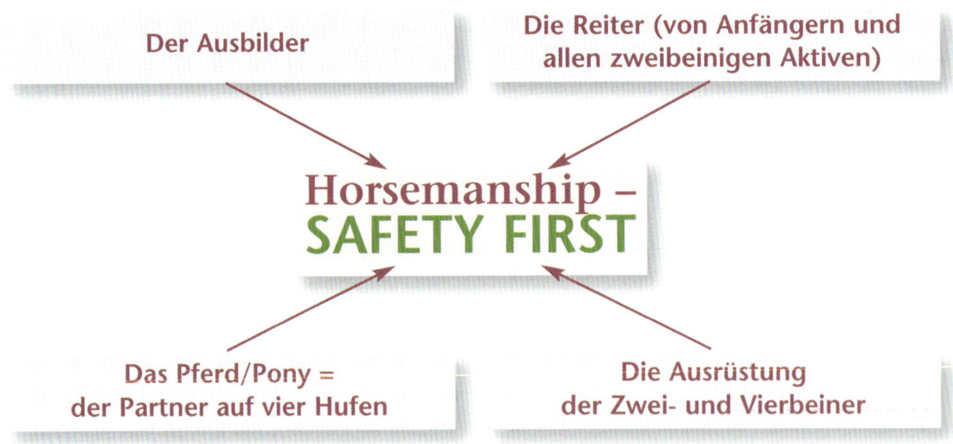

… und zum Nachlesen/Überdenken/Berücksichtigen u.v.a.m. nun alle Bereiche so ausführlich wie nötig und so knapp wie möglich …

Der Ausbilder (zwischen gestern und morgen)

Nachdem schon das vorausgehende Kapitel ausschließlich dem Ausbilder gewidmet ist, schon wieder Text zum/für/über den Coach? Ja, denn die einzelnen Abschnitte sollen ja auch in beliebiger Reihenfolge gelesen werden können und in sich stimmig sein – und zu einer Vorstellung der Protagonisten gehört nun mal ganz wichtig auch der Trainer und der wird erst an dieser Stelle rundum beleuchtet – Nachlesen lohnt also.
Wir gehen auch zu Beginn dieses Millenniums nicht so weit, dass der/ein Ausbilder im Pferdesport – um langfristig erfolgreich zu sein – neben einer Lehre zum Pferdewirt, Kindergärtner, Sattler und Rettungsassistenten am besten Betriebswirtschaft, Landwirtschaft und Medienwissenschaften studiert haben muss. „Sieben auf einen Streich" ist sicherlich märchenhaft, aber in der Regel/großen Masse handelt es sich bei den Trainern auch heutzutage bzw. in naher Zukunft noch um ambitionierte engagierte pferdeverrückte Zweibeiner, die ihr Wissen (in der eigenen Freizeit) gerne an andere weitergeben bzw. mit der nächsten Generation teilen möchten. Wie also aus diesem Spagat herauskommen, d.h. ohne auf traditionell Bewährtes zu verzichten auch den Anforderungen von morgen gerecht zu werden, und so aktuell ein herausragendes Ergebnis etablieren?
Diese Frage allgemeingültig zu beantworten würde den Rahmen dieser Lektüre ganz eindeutig sprengen. Wir möchten aber dennoch formulieren/skizzieren, welchen Ausbilder wir im Rahmen der „365 Ideen" so vor Augen haben, damit diese allgemein beim Reiten-Lehren lernen die Chance bekommen, die miteinander agierende Zwei- und Vierbeiner zweifelsfrei verdient haben.

Deshalb setzen wir konkret – auf die Geschichte schauend und dabei die Zukunft fest im Blick habend – beim Trainer(assistenten) auf eine Mischung aus:

Horseman – Persönlichkeit im Bewusstsein/Bezug auf Vorbildfunktion und (Gesamt-) Verantwortung

Sportler – Sporttheoretische Kenntnisse besitzend, z.B. in puncto Entwicklungsphasen, sowie Bewegungen analysieren und korrigieren/optimieren können oder über Skalen der Ausbildung oder Trainingsintervalle oder Stundenaufbau usw. sowie über sportfachliches Knowhow verfügend – im Idealfall basierend auf überdurchschnittlichen eigenen Kompetenzen im Sattel und optimaler Aus-/Fortbildung

Pädagoge – Kommunikationskünstler mit Kompetenzen/Kenntnissen von Lehr- und Erziehungsstilen sowie LERN(störung)EN, Motivation ... **und** Qualitäten als

Organisator von Lernen/Üben/Trainieren/Präsentieren/Sich-Messen

Und da diese Mischung/Energieleistung auch tatsächlich realistisch ist, wie viele Profi- und Amateurausbilder schon jetzt beweisen, kann sich auch niemand herausreden, diese Anforderungen erst gar nicht in Angriff nehmen zu können/müssen, da sie außerhalb des Erreichbaren lägen. Natürlich ist der Weg, der (noch) vor dem ein oder anderen Coach in diesem Zusammenhang liegt, unterschiedlich lang – aber er ist auf alle Fälle gangbar. Entscheidend ist, wie so oft, der erste Schritt. Und damit dieser möglichst leicht fällt, bieten wir auch in diesem Zusammenhang eine Skizze. Diese gibt in humorvoller/bedenkenswerter Weise die „TOP-TWENTY" wieder, die wir in unzähligen (Ausbilder-)Lehrgängen unter dem Motto „Der ideale Ausbilder (selbst gebacken) hat/sieht/ist/kann ..." gesammelt haben:

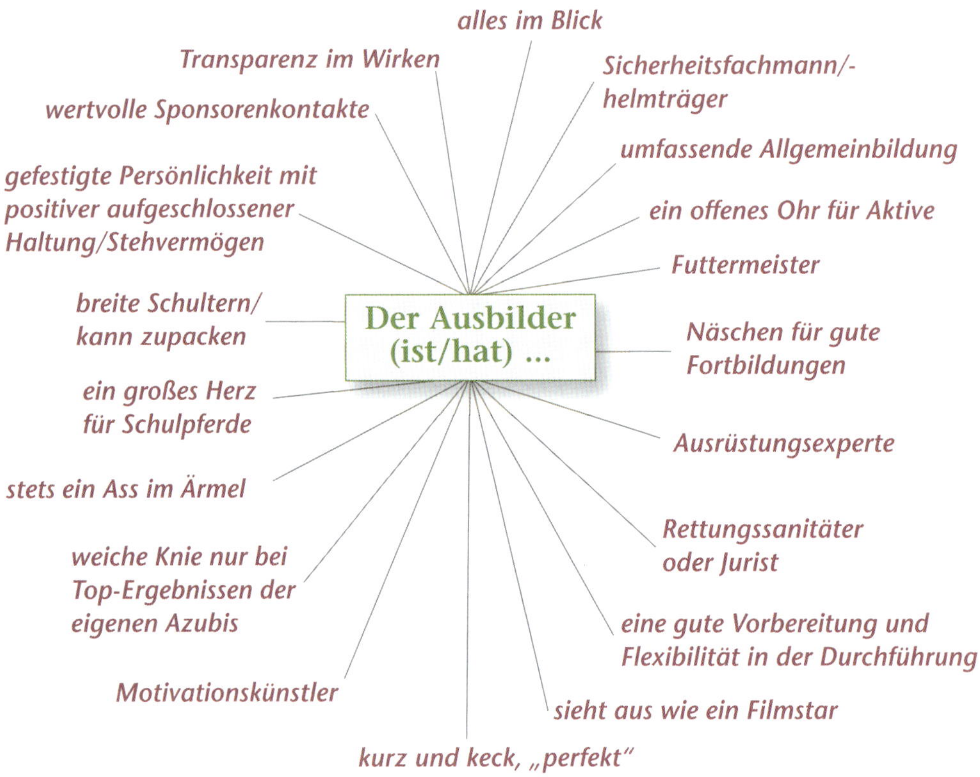

So viel komprimierte Infos rund um die Person des Ausbilders – ein Aspekt seine Rolle betreffend soll aber genauso kurz ebenfalls noch – seiner herausragenden Bedeutung gemäß – in den Fokus gerückt werden: Die Rede ist von der SPRACHE des Ausbilders.

Im Zusammenhang mit den „365 Ideen" denken wir an niemanden, der z.B. laut zu hören ist mit solchen Äußerungen wie:

- *„NEIN, nicht schon wieder …"*
- *„Wie oft habe ich dir jetzt schon erklärt …?"*
- *„Ganz zu Beginn der Stunde hatte ich ja noch gehofft …"*

Dementsprechend fast hörbar die Gedanken der betroffenen Reiter: „Bin mal gespannt, wie lange ich es noch schaffe – trotz aller Erfolge – diese Kommentare zu ertragen …"

Wir möchten ganz klar weg vom – in unseren Breitengraden leider sehr etablierten – **„defizit-orientierten" Sprachgebrauch hin zu Anerkennung / Transparenz / Handlungskompetenz … bzw. hin zu konstruktiver Kritik und LOBen lernen**.
Und wie kommt man dorthin, wenn doch die diesbezüglichen Vorbilder so rar sind? Nun auch in diesem Fall gilt: üben, üben, üben. Zum Beispiel in dem man sich die folgenden (o.ä.) Sätze auf Merkkarten notiert oder auswendig lernt und so oft wie möglich ausprobiert, individuell abändert und nutzt, nutzt, nutzt …

- *„Das ist es … schau mal, wie zufrieden er/sie jetzt ist!"*
- *„SPITZE – genau wie im Lehrbuch"*
- *„Super Linienführung …/… Raumaufteilung …/… Spielzug!"*
- *„Die Bahnfigur/Lektion/Strategie hätte nicht perfekter sein können – Kompliment!"*
- *„Trainingsfleiß wird eben doch belohnt – nicht immer, aber immer öfter, weißt du noch, als du behauptet hast ‚das schaff ich nie'?"*

Und dann sind dann auch die Reaktionen der Aktiven gleich ganz anders. Sie lauten in Nuancen dann fast immer wie: „ Ich muss mir unbedingt merken, wie sich das anfühlt, um es möglichst immer wieder so hinzubekommen …" oder „ … gerne jederzeit wieder …"

Wichtig wäre nur noch der Zeitpunkt, wann die Rückmeldung erfolgt. Natürlich ist es nicht unwichtig, die Aktiven resümierend mit positiven Äußerungen aus der Stunde zu entlassen, effektiv ist Feedback aber nur dann, wenn es möglichst zeitnah/direkt geäußert wird, da das menschliche Gedächtnis für ausgeführte Bewegungen leider nur rund 12 Sekunden beträgt.

Merke ⇨ **Und ganz nebenbei soll(te) Sprache …**
☞ (auf-)klären ☞ akzentuieren ☞ informieren ☞ integrieren ☞ motivieren ☞ regeln/ordnen ☞ verhüten/helfen …

Und da der Ausbilder im Rahmen von Unterricht auch gleichzeitig der Sicherheitsbeauftragte ist, gibt es an dieser Stelle alle lesens- und bedenkenswerten Sicherheitsaspekte, die für **alle Ideen** – egal ob mit oder ohne Pferde – von Bedeutung sind (= 1. Ebene). Ergänzt werden die nun folgenden allgemeingültigen Aspekte dann zu Beginn eines jeden Ideenblocks (rund um die Longe oder auf 20 x 40 m oder im Gelände oder bei den Specials) durch vertiefende Aspekte, die dann z.B. besonders bei allem rund um die Longe gelten (= 2. Ebene). Und abgeschlossen bzw. auf den Punkt gebracht, werden diese Gedanken rund um die Sicherheit (ebenso wie die um **Ausbildung** siehe Seite 41 **und Pferde** siehe Seite 43) dann ganz konkret unter jeder Idee – wann immer sich die zusätzliche Notwendigkeit ergibt (= 3. Ebene).

Klingt gerade sehr theoretisch und vielleicht sogar kompliziert? Keine Sorge, in Wahrheit ist in dieser Neuauflage nun wirklich alles durchstrukturiert **von A** (wie allgemeingültig) **bis Z** (wie Zusätzliches/Konkretes zum Abschluss) und hilft so auch den weniger Erfahrenen, erste kompetente Schritte in Richtung „ideenreiche Ausbildung" zu unternehmen, ohne die mit einer wenig motivierenden „Bleiwüste" zu konfrontieren, die schon lange die eine oder andere Idee weiter sind.

Sozusagen zum Beweis: Die allgemeingültige/einprägsame Übersicht zu dem alles dominierenden Thema **Sicherheit** ➜ Ihre stets aktuellen „6 Richtigen" in diesem Zusammenhang lautet:

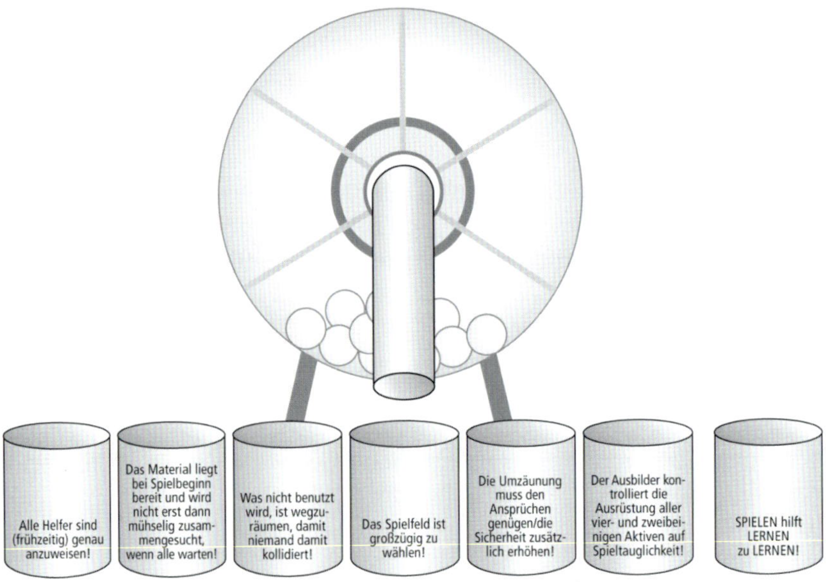

Die 6 Richtigen und Zusatzinfos

Für ALLE Spiele (ohne und mit Pferd)

Für Pferde/Ponys – die trotz aller behutsamer Angebote gewisse Materialien/Situationen ablehnen – gilt „time-out" bei den entsprechenden Ideen!

Der Aktive/der Anfänger – (k)ein großer Unbekannter

Natürlich kennen wir weder genau Ihre Aktiven noch die Anfänger, die Sie zu betreuen haben. Was wir Ihnen aber wünschen würden, wären zum einen die klassischen Anfänger – wie sie waren oder vielleicht auch noch sind. D.h. 8- bis 12-jährig mit ausgeglichenen Körperproportionen (= günstiges Verhältnis zwischen Längen- und Massenwachstum) plus gut entwickelter leistungsfähiger innerer Organe und einer Prise kindlich gesunden Ehrgeizes. Außerdem werden von diesen im Normalfall einfache Bewegungsverbindungen beherrscht bzw. gezielte Bewegungsaufgaben sicher gelöst. Hinzu kommt, dass Bewegungsmuster, die jetzt grundgelegt werden, auch solche Herausforderungen wie die Pubertät überstehen. Mädels zieht es nun vor allem in den Stall – die Möglichkeit der Pferdepflege ist ein konkurrenzloses Angebot! Jungs checken jetzt gern ihre Körperkräfte, lieben es, sich zu messen und vergleichen. Alle Kids dieses Alters möchten und sollten das Leisten erfahren.
Der Stolz auf die eigene Leistung verdient auf allen Ebenen unbedingt Anerkennung (durch die Mitreiter, den Ausbilder und die Eltern) und den Respekt des spielerisch Kindlichen.
ZIEL des Pferdesports ist, dementsprechend die vorhandenen Interessen, Kräfte und Anlagen zu schützen und entwicklungsgerecht zu fördern.
Zum anderen wünschen wir Ihnen motivierte/belastbare Aktive, also z.B. junge Erwachsene, die kognitiv und körperlich fit sind, auf ihren Körper achten (z.B. die Treppe anstatt den Aufzug nutzen), sich bewusst ernähren, beruflich nicht ausschließlich sitzen müssen, sich von klein auf sportlich betätigt haben, keine Gewichtsprobleme kennen, über ein gesundes Maß an Angst(-bereitschaft) sowie Durchhaltevermögen verfügen und so ganz nebenbei auch noch über das Geld verfügen, was ein (eigenes) Pferd und guter/regelmäßiger Unterricht nun mal kosten.
Nun ja, wenn wir ehrlich sind, ist dies wohl eher einer der Wünsche, die zu schön sind, um flächendeckend wahr zu sein. Viel wahrscheinlicher ist es da schon, dass Ihre Schützlinge bedroht oder bereits behaftet sind mit den unterschiedlichsten Blockaden, Defiziten, Störungen der Ich-/Fach- und Sozialkompetenz, die Ihr Reitangebot konterkarieren bzw. in unbekannte zeitliche Dimensionen katapultieren. Und da wir nicht wissen, welche der – neben den bekannten – leistungslimitierenden Faktoren, wie z.B. falsches Pferd oder Equipment oder alle möglichen ALTERsbeschränkungen oder Koordinationsmängel (wie fehlendes oder kaum vorhandenes/r Balance-/Takt-/Rhythmusgefühl, zeitliche und räumliche Orientierung, Differenzierungs- oder Kopplungskompetenz, Reaktionsfähigkeit) oder Über-/Unterforderung, Ihnen das Unterrichten und den Reitschülern das Lernen konkret so schwer machen, haben wir uns entschieden mögliche weitere Faktoren, die Reitenlehren lernen erschweren, alphabetisch unten auf Seite 40 dranzusetzen. Sie bilden sozusagen das „Kleingedruckte“, was sich ja immer und überall findet, in den meisten Fällen kaum bis keine Rolle spielt, aber manchmal eben

ganz wichtig werden kann; und dann sollte „man" wenigstens schon mal von der Existenz gehört haben bzw. wissen, wo es zu finden/nachzulesen ist. Mit der Vielzahl an Vorschlägen soll aber niemand verängstigt oder gar vom Reitenlehren lernen abgehalten werden – es wird lediglich das Prinzip umgesetzt, dass alles was auf Papier gebannt bzw. bekannt ist, seinen Schrecken verliert und sich genau wie der Nebel über dem Moor verzieht, sobald die Beleuchtung und der frische Wind stimmen.

Last but not least: Anfänger sollten wie alle Aktiven im Pferdesport auch bei/für den/die „365 Ideen" **angemessen ausgerüstet** sein: ein Schutzhelm, der der gültigen Europäischen Norm „EN" entspricht, anliegende Hose (ohne Beininnennähte), festes Schuhwerk mit ausgeprägtem Absatz, z.B. passende Stiefel oder Stiefeletten mit Chaps sowie Handschuhe (die schützen, aber nicht hinderlich sind) und unter Umständen noch eine Schutzweste. Manchmal werden auch noch Start- oder Rückennummern oder gleichfarbige Teamshirts benötigt – aber das steht dann ganz konkret bei den Vorschlägen dabei.
Den Gebrauch von Hilfsmitteln gilt es grundsätzlich konkret im Vorfeld zu besprechen, wir raten jedoch, wann immer möglich (wenn nicht sowieso schon in der Beschreibung ausgeschlossen), darauf zu verzichten.

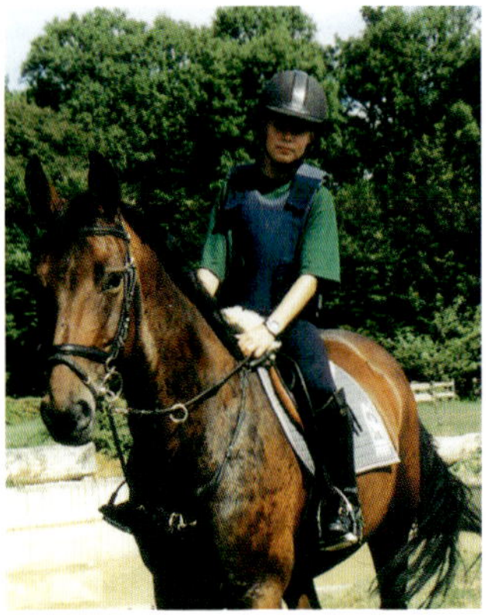
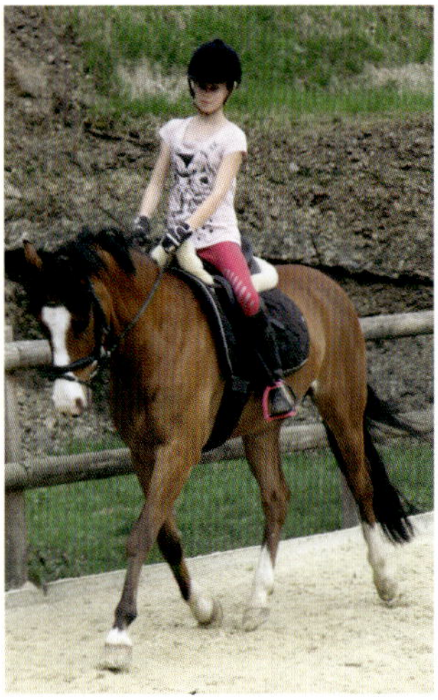
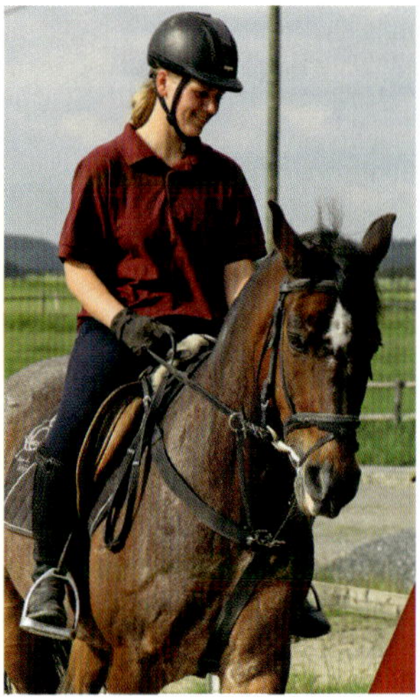

*Allergien * ausgeprägte Konsumhaltung * Empathiedefizite * Essstörungen und/oder Gewichtsprobleme * fehlende frühe Bewegungsangebote außerhalb des Sattels und daraus resultierend nicht angelegte Bewegungsgrundmuster * fehlende Geduld bzgl. der eigenen Fortschritte * fehlende Vorbilder * kaum vorhandene/s Körperwahrnehmung/-schema *Konzentrationsprobleme * Managerstundenplan selbst bei den Minis * Maximalprogramm für die Daumen – Minimalangebote für den „Rest" * nicht angebahnte Kritik- und/oder Konfliktfähigkeit * Smartphone- oder/und Facebook-Abhängigkeit * Tablettenmissbrauch *Teilnahmslosigkeit der Eltern oder „Eislaufmuttis" …*

Und da wir nun schon mal dabei sind, zur Abrundung/Vervollständigung:

Die Skala der Ausbildung des Reiters

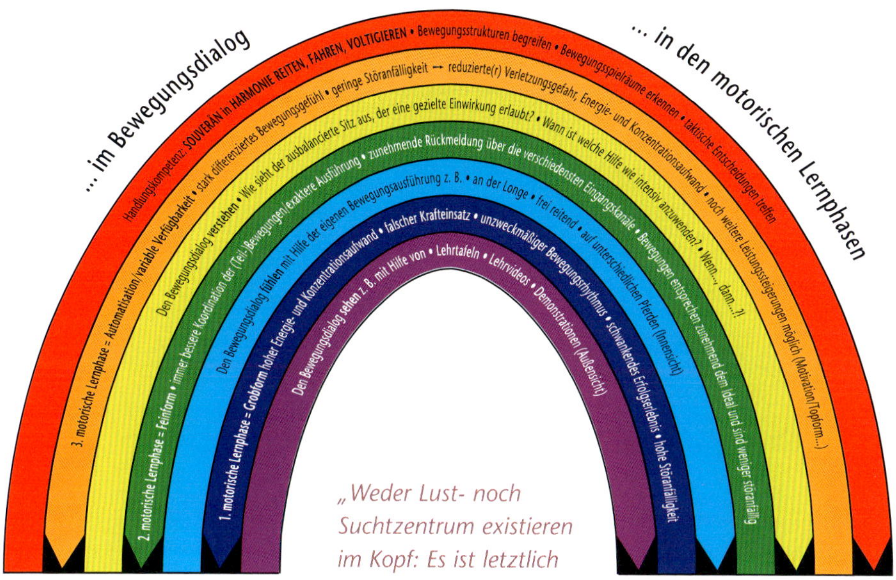

„Weder Lust- noch Suchtzentrum existieren im Kopf: Es ist letztlich das LERNzentrum!“
Manfred Spitzer

Ausbildungsweg des Reiters*

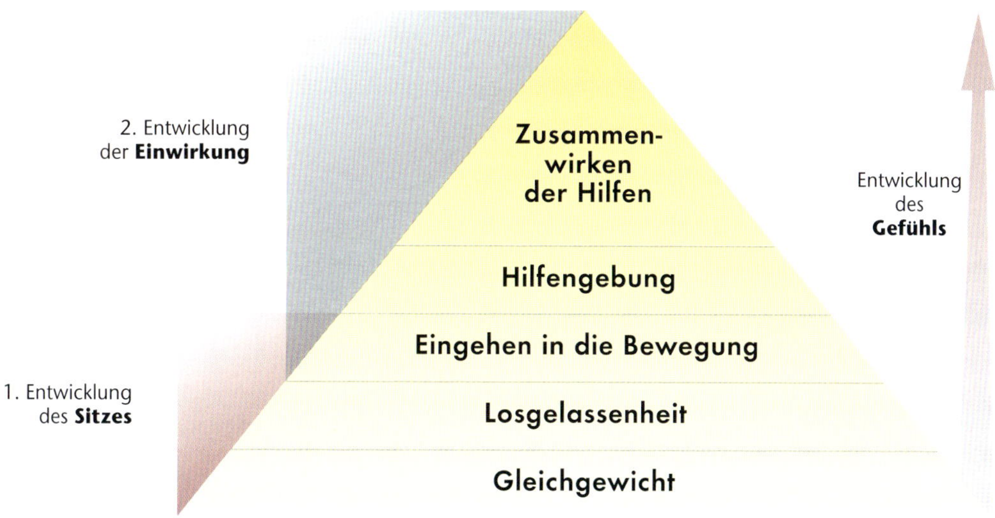

* Entnommen aus „Grundausbildung für Reiter und Pferd. Richtlinien für Reiten und Fahren, Band 1“, FN*verlag*, Warendorf 2012

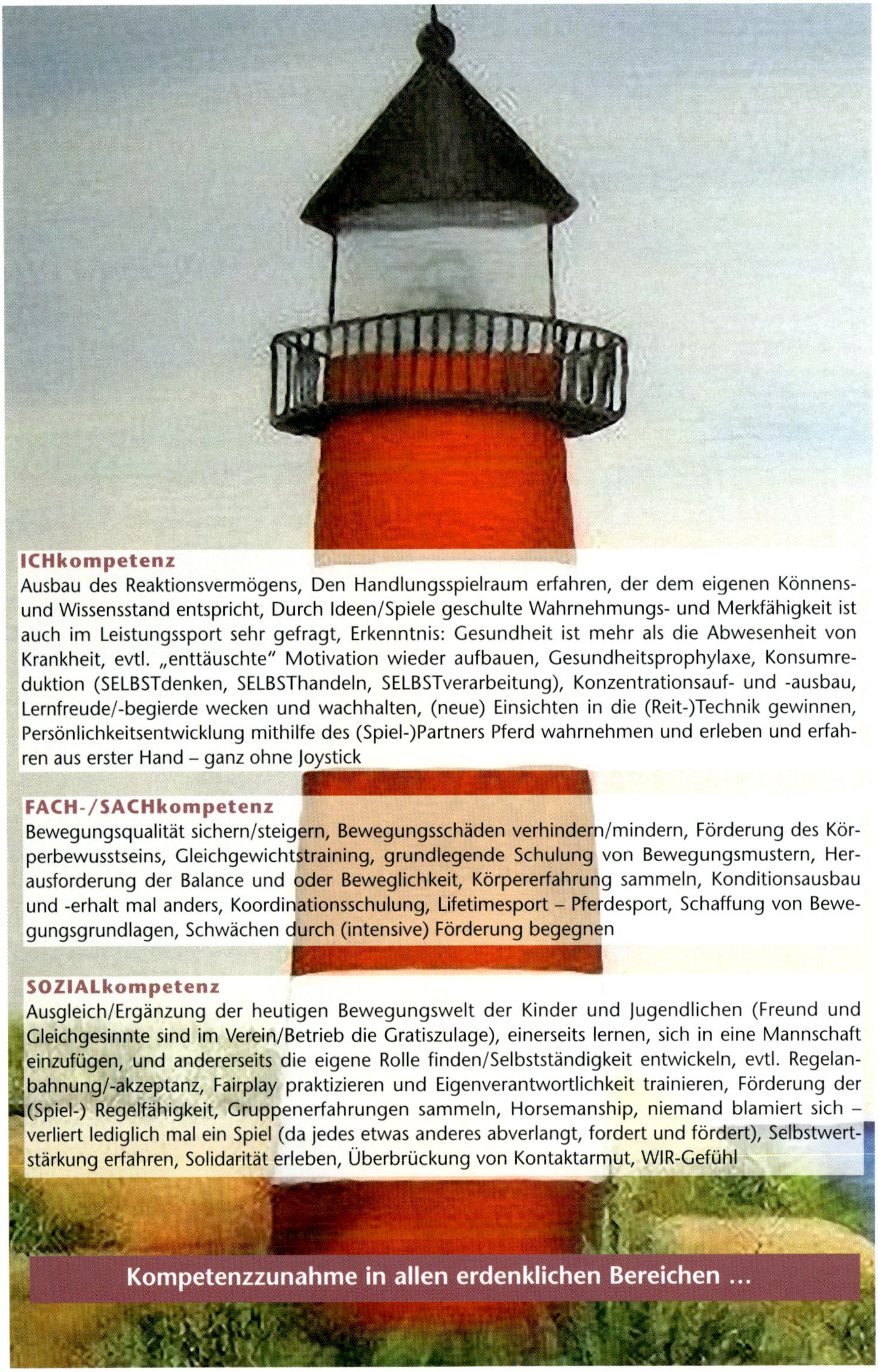

ICHkompetenz

Ausbau des Reaktionsvermögens, Den Handlungsspielraum erfahren, der dem eigenen Könnens- und Wissensstand entspricht, Durch Ideen/Spiele geschulte Wahrnehmungs- und Merkfähigkeit ist auch im Leistungssport sehr gefragt, Erkenntnis: Gesundheit ist mehr als die Abwesenheit von Krankheit, evtl. „enttäuschte" Motivation wieder aufbauen, Gesundheitsprophylaxe, Konsumreduktion (SELBSTdenken, SELBSThandeln, SELBSTverarbeitung), Konzentrationsauf- und -ausbau, Lernfreude/-begierde wecken und wachhalten, (neue) Einsichten in die (Reit-)Technik gewinnen, Persönlichkeitsentwicklung mithilfe des (Spiel-)Partners Pferd wahrnehmen und erleben und erfahren aus erster Hand – ganz ohne Joystick

FACH-/SACHkompetenz

Bewegungsqualität sichern/steigern, Bewegungsschäden verhindern/mindern, Förderung des Körperbewusstseins, Gleichgewichtstraining, grundlegende Schulung von Bewegungsmustern, Herausforderung der Balance und oder Beweglichkeit, Körpererfahrung sammeln, Konditionsausbau und -erhalt mal anders, Koordinationsschulung, Lifetimesport – Pferdesport, Schaffung von Bewegungsgrundlagen, Schwächen durch (intensive) Förderung begegnen

SOZIALkompetenz

Ausgleich/Ergänzung der heutigen Bewegungswelt der Kinder und Jugendlichen (Freund und Gleichgesinnte sind im Verein/Betrieb die Gratiszulage), einerseits lernen, sich in eine Mannschaft einzufügen, und andererseits die eigene Rolle finden/Selbstständigkeit entwickeln, evtl. Regelanbahnung/-akzeptanz, Fairplay praktizieren und Eigenverantwortlichkeit trainieren, Förderung der (Spiel-) Regelfähigkeit, Gruppenerfahrungen sammeln, Horsemanship, niemand blamiert sich – verliert lediglich mal ein Spiel (da jedes etwas anderes abverlangt, fordert und fördert), Selbstwertstärkung erfahren, Solidarität erleben, Überbrückung von Kontaktarmut, WIR-Gefühl

Kompetenzzunahme in allen erdenklichen Bereichen …

Und auch der tiefe Blick auf die Aktiven wird nun auf der 1. Ebene abgeschlossen mit den ergänzenden Gedankengängen zum Thema Ausbildung.
Ausbildung ist im Pferdesport natürlich immer ein Aspekt im und unter dem Sattel. Er könnte daher auch die Gedanken rund ums Pferd beschließen. Da dort aber der Sportpartner selbst schon diesen Raum einnimmt, versuchen wir hier das (im Zusammenhang mit den 365 Ideen) besonders Wichtige festzuhalten und empfehlen ergänzend die Richtlinien für Reiten und Fahren.
Ideenreiche Ausbildung – im Falle der Aktiven im Sattel ein endloses Meer mit herausragenden Möglichkeiten von dem Ich-, Sach- und Sozialkompetenz der Reiter ohne Ende profitieren können. Es gibt dazu derart viel Bedenkenswertes/Schlüsselwörter, dass an dieser Stelle ganz auf einen Fließtext verzichtet wird, um möglichst viele Aspekte zu benennen und dem „Kopfkino" freien Lauf zu lassen, wenn jeder Leser selbst den Begriffen mit eigenen Beispielen Bedeutung verschafft.

Der Partner Pferd/Pony

Weil sich das thematisch anschließt – obwohl von der Entwicklung ein halbes Jahrhundert „älter" – selbstverständlich hier nun auch die untrennbar dazugehörende Skala der Ausbildung des Pferdes.

Ausbildungssystem des Pferdes | „Skala der Ausbildung" *

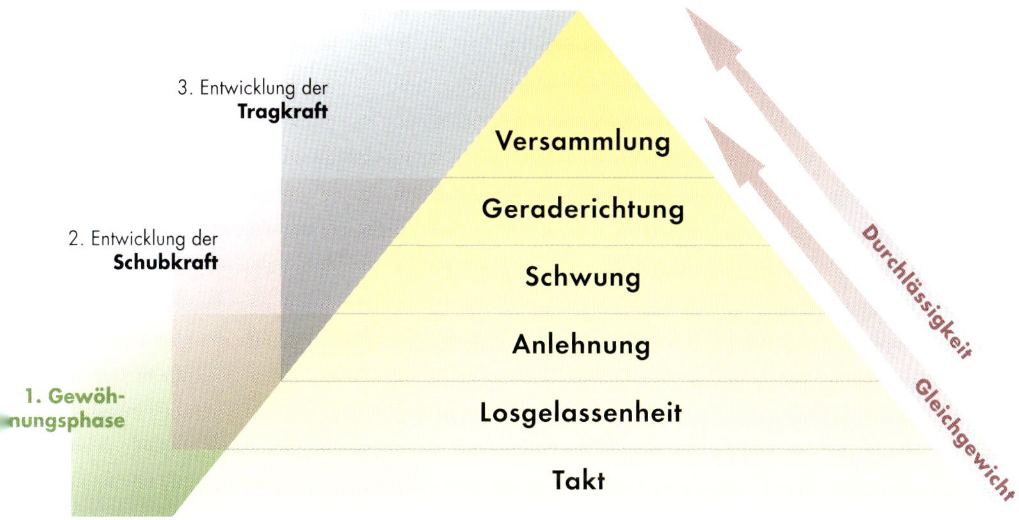

Mit fortschreitender Verbesserung von Takt, Losgelassenheit, Anlehnung, Schwung, Geraderichtung und Versammlung werden Gleichgewicht und Durchlässigkeit immer weiter verfeinert.

* Entnommen aus „Grundausbildung für Reiter und Pferd. Richtlinien für Reiten und Fahren, Band 1", FN*verlag*, Warendorf 2012

Grundsätzlich gilt: Es gibt (nicht nur, aber gerade im Zusammenhang mit den 365 Ideen) weder *das* Pferd noch *das* Pony – will heißen: nicht Rasse oder Stockmaß des Vierbeiners sind von Bedeutung, sondern die Größe seines Herzens gegenüber z.B. Anfängern im Sattel oder „komischen (Spiele-) Materialien" oder, oder, oder. Sollte er/sie/es dann auch noch gesund und fit und im Falle eines Falles vom Ausbilder sozusagen fernzusteuern sein, so ist das Ross unbezahlbar.

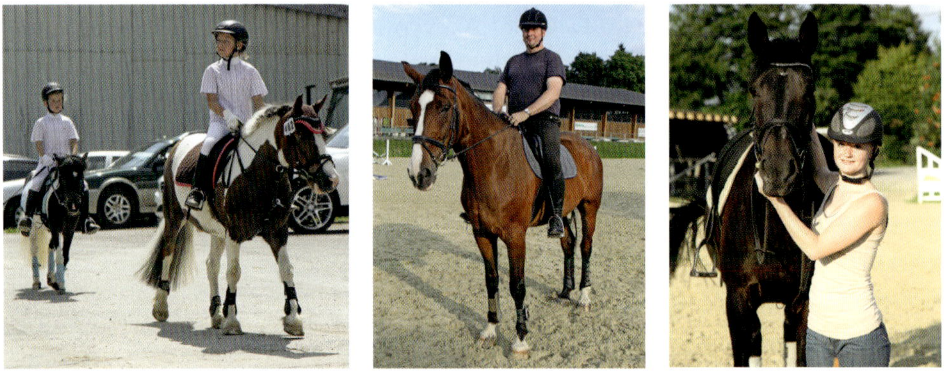

Für welchen „Typ" Sie sich auch immer entscheiden – er sollte zu Ihnen/Ihren Schülern/Ihrem Verein bzw. Betrieb passen! Und damit das Interieur ungetrübt glänzen kann, sollten Pflege-, Futter- und Gesundheitszustand sowie Beschlag stets tadellos sein!

Und nun zu unserem Sportpartner dem **Pferd (auf Ebene 1)**.
Alters-/ausbildungsgemäße Alleskönner unter dem Sattel sind kein Zufall, sondern das Ergebnis einfühlsamer konsequenter Ausbildung im Stall und auf dem Zirkel, dem Viereck, im Gelände oder Straßenverkehr.

Alle Materialien werden den Pferden immer nur unter Berücksichtigung der auch für Zweibeiner gültigen Aspekte …

- ***vom Leichten zum Schweren,***
- ***vom Einfachen zum Komplexen,***
- ***vom Bekannten zum Unbekannten …***

von Fortgeschrittenen/Profis im Sattel (und keinesfalls von Anfängern!) mit Helfern sowie viel Lob und Leckerlis nähergebracht.

Auch für Schulpferde gilt das „lebenslange Recht auf Ausbildung", wo sie doch (natürlich im übertragenen Sinn) jederzeit ihrer Pflicht der Ausbildung der Reitanfänger geduldig und kompromisslos nachzukommen haben, d.h., zu jedem „Lehrer unter dem Sattel" sollte z.B. ein Pate gehören. Dieser reitet das Pferd regelmäßig, damit dieses immer die korrekte Hilfengebung präsent hat und immer mal wieder Lektionen, Distanzen oder unbekanntes Terrain festigt oder erforscht, damit – auch unter dem Sattel – nicht der Kreislauf von FORDERN und FÖRDERN unterbrochen wird und infolgedessen der Aktionsradius aller Beteiligten immer weiter schrumpft. Nur so ist dauerhaft die erfolgreiche Teilnahme an Reitabzeichen oder die motivierte lernintensive Umsetzung der „365 Ideen" möglich.

Die Ausrüstung des Partners Pferd/Pony ...

- ☞ sollte DIN-entsprechend oder -zertifiziert und vor allem absolut passend/ gebrauchstauglich/richtig verschnallt sein!
- ☞ darf keinesfalls kaputt, eingerostet oder improvisiert repariert sein!
- ☞ ist bestenfalls in einem guten Pflegezustand und stets sauber!
- ☞ ist genau genommen eine Wertanlage, d.h. lieber mal öfter jemand mit Erfahrung zurate ziehen und evtl. etwas länger sparen oder Markenqualität secondhand erwerben, bevor man „Sachen für den Schrank kauft"!

Wenn an der Longe gearbeitet wird, empfehlen sich als Hilfszügel Dreieckszügel oder Lauffer-Zügel. Wechselt dabei häufig der Reiter, empfiehlt es sich (zwecks Gefühlsaufbau und Praktikabilität) einen Voltigiergurt zu nutzen – falls nicht vorhanden, werden sinnvollerweise am Sattel die Steigbügel entfernt (denn die machen ja nur Sinn, wenn sie jeweils in korrekter Länge verschnallt sind)!
Solange in der Halle und auf dem Platz „in einer Ebene" geritten/gelernt wird, kann es bei den oben genannten Hilfszügeln bleiben. Sobald es jedoch darum geht, kleine Hindernisse/Schikanen zu überwinden oder wenn gegen die Uhr angetreten wird, kommt als Hilfszügel das gleitende Ringmartingal oder ein Vorderzeug mit Martingalgabel ins Spiel!

Im Gelände gibt es dazu ja sowieso keine Alternative. Wer dann auch noch ein Handpferd/-pony mitnehmen möchte, der sollte das vorher nicht nur auf dem Platz (ohne Reitzwerg!) geübt haben, der sollte auch solch ein Equipment (Halfter/Strick etc.) einsetzen, welches unfallfreies Agieren nachhaltig unterstützt!

Und egal in welcher Örtlichkeit, es gilt: korrekter/gepflegter Beschlag bzw. Zustand der Hufe. Zum einen aus selbstverständlicher Fairness dem Partner Pferd gegenüber, zum anderen ist es absolut unnötig, dass z.B. das Pferdefußballspiel (siehe Seite 204) endgültig als beendet erklärt werden muss, weil auch der Ersatzball kaputt ist – und das nur, weil der Beschlag der Vierbeiner nicht gepflegt war.

Sollten Kopf-/Startnummern vorgesehen sein, so sind diese korrekt am Zaumzeug oder an der Schabracke (nötigenfalls mit sachkundiger Hilfe) anzubringen.

„Auch Pferde haben ihr Alter und das Recht auf Entwicklung."
RUDOLF G. BINDING

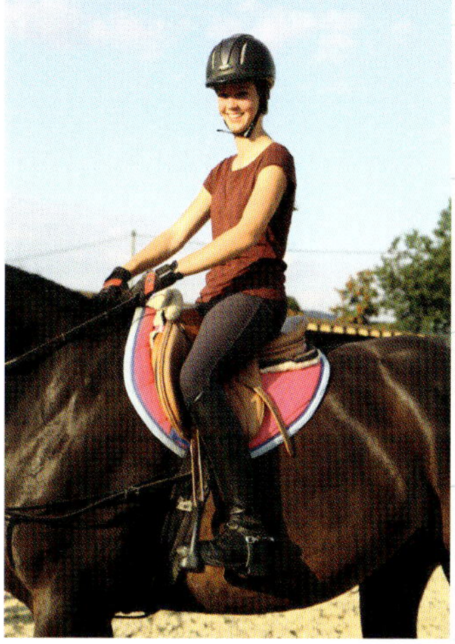

Nicht die Reitweise, sondern das Rüstzeug ist entscheidend! Daher bitte **keine** Kompromisse in Sachen Sicherheit, Sitz (= von der Größe passend), Sinn (z.B. Hilfszügel) und Sauberkeit!

Die Uhr bzw. das denkwürdige Dutzend ...

Neben der Vorgehensweise „vom Leichten zum Schweren“ sollten Sie – mit Rücksicht aufs Ross – möglichst am Bekannten anknüpfen, um Unbekanntes zu praktizieren.

Sport mit Pferden (und Hunden) sind die einzigen Sportarten, bei denen auch der Partner handelt, fühlt und denkt.

Verlangen Sie nie zu viel (auf einmal) von sich und erst recht nicht von Ihrem Pferd (jeder hat schließlich ein anderes Ausgangsniveau).

Fehler macht das Pferd NICHT mit Absicht, meist sind Missverständnisse die Ursache.

Lernen ist von vielen Faktoren abhängig und gelingt nicht jeden Tag gleich gut.

Gemeinsam mit Gleichgesinnten machen Training und Lehrgänge nicht nur mehr Freude, sie stärken auch das „Wir-Gefühl“ und helfen über die eine oder andere Klippe hinweg.

Genießen Sie (Teil-)Erfolge und nutzen Sie Lehrgänge/Medien – (auch) sportliche Grundlagen betreffend) –, um Lernen/Üben/Trainieren zu optimieren.

Variieren Sie Trainingsort und -zeit und beziehen Sie auch andere Übungsformen (z.B. Longieren, Sitzschulung, Geländeritte, Spiele ...) mit ein, um Interieur/Exterieur perfekt zu unterstützen.

Wenn Sie (beruflich oder privat) wenig Zeit zum Üben/Reiten/„Spielen“ haben, sollten Sie sich realistische Teilziele setzen.

Wenden Sie sich erst dann komplexen Übungen/ Richtungswechseln/Spielen zu, wenn die einfachen „blitzsauber“ funktionieren bzw. „sitzen“.

Üben/Trainieren/„Spielen“ unter sachkundiger Anleitung bringt in kürzerer Zeit meistens viel weiter und verhindert, dass sich „Bequemlichkeitsfehler“ einschleichen/automatisieren.

Fehler macht das Pferd nicht mit Absicht, meist sind Missverständnisse die Ursache.

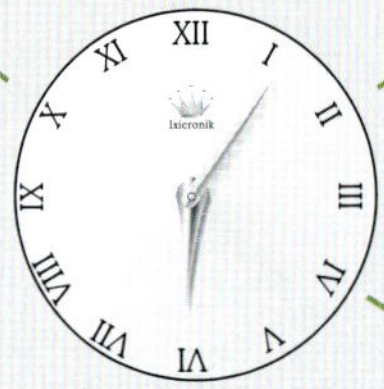

... und wenn Sie sich diese Aspekte von Zeit zu Zeit in Erinnerung rufen, dann ist es sicherlich gut bestellt um die angestrebte HARMONIE im SATTEL!

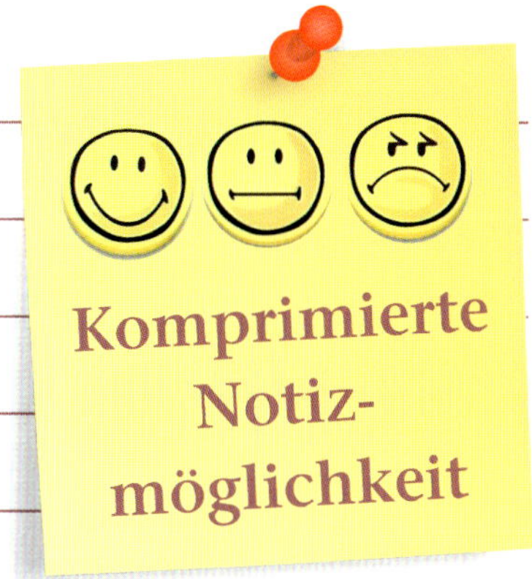

Auf dieser Seite ist z.B. Platz, um individuelle Kürzel, die überall im Handbuch „Gebrauchsspuren“ hinterlassen (haben), zu definieren …

- 🙂 = erfolgreich/mit großem Spaß selbst probiert
- 😐 = nur mit noch mehr kompetenten Helfern zu realisieren
- 🙁 = keine Chance, mit den „eigenen“ Kids
- ++ = unbedingt auch beim nächsten Tag der offenen Stalltür anbieten
- o = lieber noch ein paarmal „zu Fuß“ durchspielen, bevor es in den Sattel geht
- — = nichts für unsere aktuellen (Schul-)Pferde

Und wer dann noch mit dem gleichfarbigen Stift ein Datum direkt neben der Idee notiert hat, bei dem geht kein einziges Feedback verloren!

Die Ethischen Grundsätze des Pferdefreundes

1. Wer auch immer sich mit dem Pferd beschäftigt, übernimmt die Verantwortung für das ihm anvertraute Lebewesen.

2. Die Haltung des Pferdes muss seinen natürlichen Bedürfnissen angepasst sein.

3. Der physischen wie psychischen Gesundheit des Pferdes ist unabhängig von seiner Nutzung oberste Bedeutung einzuräumen.

4. Der Mensch hat jedes Pferd gleich zu achten, unabhängig von dessen Rasse, Alter und Geschlecht sowie Einsatz in Zucht, Freizeit oder Sport.

5. Das Wissen um die Geschichte des Pferdes, um seine Bedürfnisse sowie die Kenntnisse im Umgang mit dem Pferd sind kulturgeschichtliche Güter. Diese gilt es zu wahren und zu vermitteln und nachfolgenden Generationen zu überliefern.

6. Der Umgang mit dem Pferd hat eine persönlichkeitsprägende Bedeutung gerade für junge Menschen. Diese Bedeutung ist stets zu beachten und zu fördern.

7. Der Mensch, der gemeinsam mit dem Pferd Sport betreibt, hat sich und das ihm anvertraute Pferd einer Ausbildung zu unterziehen. Ziel jeder Ausbildung ist die größtmögliche Harmonie zwischen Mensch und Pferd.

8. Die Nutzung des Pferdes im Leistungs- sowie im allgemeinen Reit-, Fahr- und Voltigiersport muss sich an seiner Veranlagung, seinem Leistungsvermögen und seiner Leistungsbereitschaft orientieren. Die Beeinflussung des Leistungsvermögens durch medikamentöse sowie nicht pferdegerechte Einwirkung des Menschen ist abzulehnen und muss geahndet werden.

9. Die Verantwortung des Menschen für das ihm anvertraute Pferd erstreckt sich auch auf das Lebensende des Pferdes. Dieser Verantwortung muss der Mensch stets im Sinne des Pferdes gerecht werden.

Für Kinder sind die Ethischen Grundsätze in Form eines großen farbigen Wandposters in kindgemäßer Aufmachung von Text und Bild über die Abteilung FN-Service der Deutschen Reiterlichen Vereinigung e.V. (FN), Tel.: 02581·6362-222, Fax: 02581·6362-333, E-Mail: pschaffer@fn-dokr.de, www.pferd-aktuell.de erhältlich!

Teil 2

365 IDEEN Konkret

IDEEN rund um die LONGE

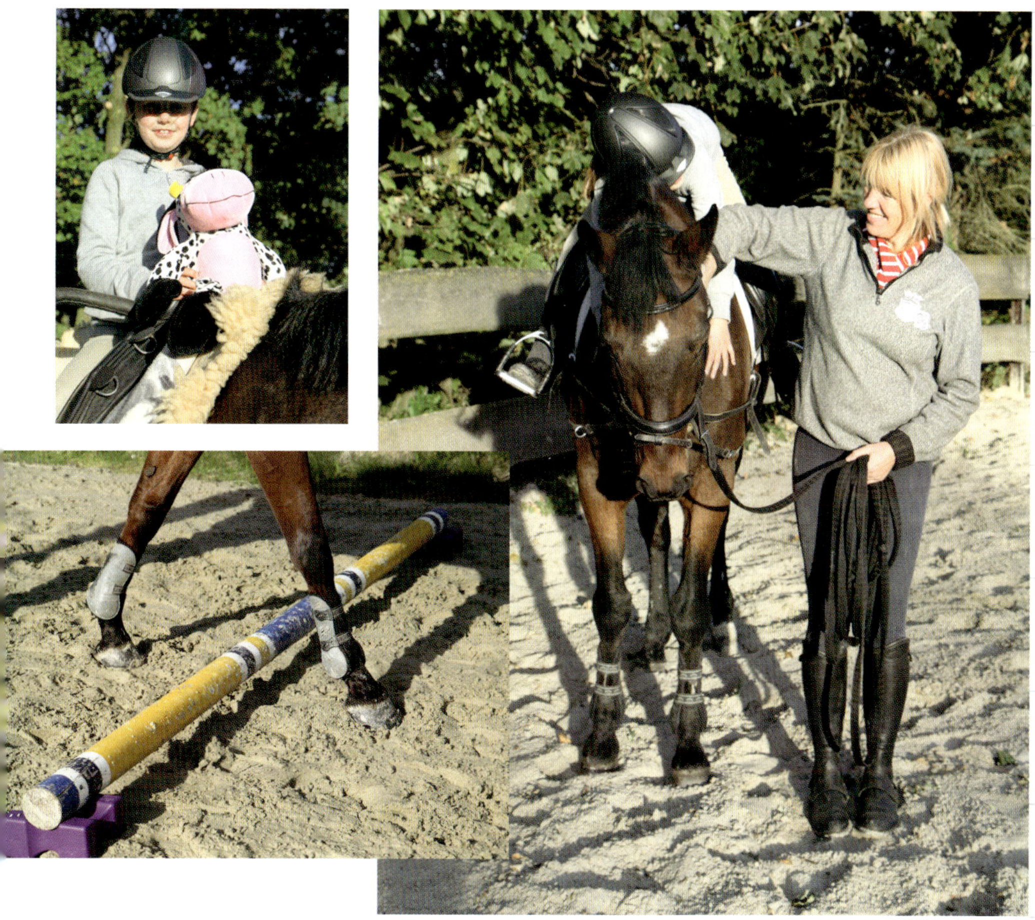

Bevor wir nun in die 2. Ebene eintauchen, einsteigend ganz kurz zurück zu unseren Gedankengängen bzgl. der Aktiven (bzw. zu den im Glossar näher beschriebenem) **Denkwürdigem rund um Harmonie/Handlungskompetenz im Sattel**.
Dort wurde/wird ja bereits deutlich, dass „kompetente Reittechnik“ auf vielen verschiedenen „Basics“ beruht ***und REITEN eine*** (wenn nicht sogar die gelungenste) ***Mischung aus Ich-, Fach- und Sozialkompetenz ist***. Selbstverständlich könnten wir das jetzt mithilfe ausführlicher Texte begründen, fürchten aber (vielleicht zu Unrecht), dass die größere Anzahl von Lesern bzw. Nutzern eher auf die maximal komprimierte Zusammenfassung aller Aspekte steht, und haben uns deshalb in gewohnter Manier für die zumeist bildhafte, eingängige Kurzfassung entschieden, damit möglichst viele Aspekte (zu den Themen: **Sicherheit, Ausbildung und Pferd**) von möglichst allen Interessierten aufgenommen und bedacht werden können.

1. Sicherheit

Einsteigend heben wir zunächst die „Bigpoints“ in Sachen Sicherheit rund um die Longe hervor:

- ➜ Wir gehen bei den Ideen an/um der/die Longe von einem mindestens 20 x 20 m großen Aktionsfeld aus – abweichende Maße stehen dann direkt zu Beginn des konkreten Bewegungsangebotes!
- ➜ Da Automatismen und Rituale Sicherheit bei allen Aktiven (Zwei- und Vierbeinern) schaffen, sollte immer „die gleiche Ecke“ als Materialdepot genutzt werden – außerdem ist bei der Nutzung immer ALLES so zu positionieren, dass sich NICHTS verselbstständigt oder gar im Wege steht!
- ➜ Selbstverständlich gehen wir davon aus, dass es sich bei den eingesetzten Pferden, gerade bei absoluten Reitanfängern, um absolute Verlasspferde handelt!
- ➜ Darüber hinaus setzen wir voraus, dass jeder als Longenführer bei einer Longenstunde zum Einsatz kommende Zweibeiner sicher im Umgang mit Longe, Peitsche und Ausrüstung sowie Hilfengebung ist. Das Longierabzeichen gemäß Ausbildungs- und Prüfungs-Ordnung (APO) ist Ziel eines jeden Ausbilders!

2. Ausbildung

→ Eine ca. 30-minütige Longenstunde (und das ist etwas anderes als z.B. eine Sitzschulungseinheit für Turnierreiter) für einen einzelnen Reiter stellt erfahrungsgemäß heutzutage für ca. neun von zehn Teilnehmern eine (motorische und kognitive) Überforderung dar! Planen Sie daher zeitgemäß/ökonomisch ca. vier bis fünf Reitanfänger für eine 60-minütige Longierstunde ein.
Wie sie alle sinnvoll mit nur einem Pferd „bewegt" bekommen? Dazu gibt es auf den folgenden Seiten gleich dutzendweise Vorschläge. Wagen Sie ruhig den „Sprung ins kalte Wasser" – Sie werden schnell beobachten, wie der ständige Wechsel zwischen Spannung und Entspannung Ihren Schützlingen guttut und sie in kurzer Zeit trotzdem größere Fortschritte machen. In der Gruppe lernt es sich eben viel schneller und intensiver!

→ Zur Frühfördermöglichkeit auf dem Pferderücken sollten Sie sich übrigens nicht scheuen, einen Voltigiergurt einzusetzen und unterschiedliche Sitzpositionen auf dem Pferderücken durchzuspielen! Wer spielend zur neuen Balance ohne Bodenkontakt gelangt, wird sicherlich mal ein guter Pferdesportler – egal in welcher Disziplin!

→ Nutzen Sie die Longenstunden, um Praxis und Theorie genial miteinander zu verbinden. Nutzen Sie Ihre Chance, von der ersten Stunde an das nötige „Fachchinesisch" an den Mann (die Frau/das Kind) zu bringen, dann werden Sie oder Ihre Kolleg/innen/en auch bei den Reitstunden sofort und eindeutig verstanden!

Und da der ideenreiche Unterricht an der Longe noch viele weitere denkwürdige Ansätze zu bieten hat, präsentieren wir diese nun in Kurzform auf Zirkeln … der etwas anderen Art

ICHkompetenz

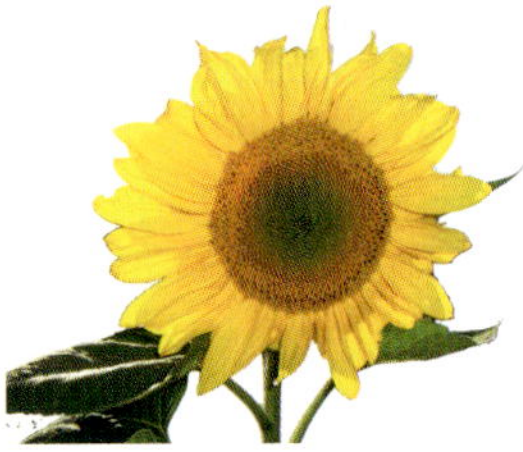

Abbau von Ungeschicklichkeit, Anbahnung von Selbstständigkeit, Berücksichtigung des individuellen Lerntempos, Die Bewegung/das Tempo des Pferdes „von unten“ abschätzen lernen, Genießen neuer/zusätzlicher Bewegungsanlässe, Kennenlernen des eigenen Körpers und den des Pferdes, Sanftes Wecken des Bewegungsgedächtnisses (durch kompetentes Aufwärmen), Wahrnehmungsschulung

FACHkompetenz

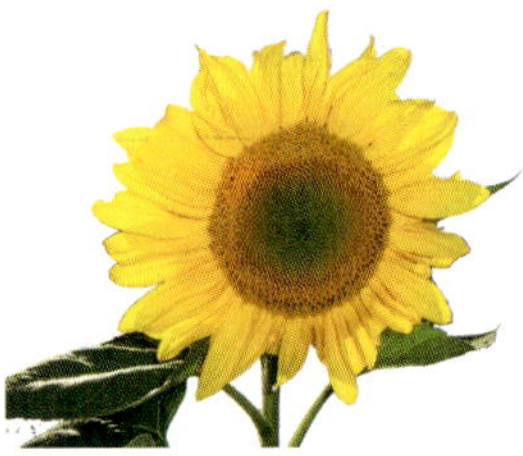

Abbau von Verkrampfungen, Angemessene Motivation spielend erreichen (sie ist die innere Waage, die das Becken in Harmonie mitschwingen und nicht blockieren lässt), Behutsamer Kraftauf- und -ausbau, Förderung von intervallähnlichen Belastungen, Kräftigung der Rumpf-, Bein- und Fußmuskulatur, Paralleles Training von Bewegungsverständnis und Bewegungskönnen, Portionierter Krafteinsatz, Rhythmusschulung, Schulung der Handgeschicklichkeit, Stimulation des Gleichgewichtsorgans (inkl. integrierender Wirkung auf andere Hirnbereiche)

SOZIALkompetenz

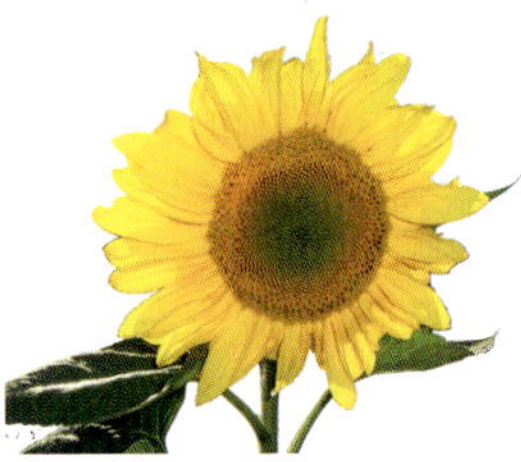

Abbau von und Umgang mit Angst, Erlebnisreiche Stundeneinstiege und oder -ausklänge, Mit-Arbeit in überschaubaren Grenzen, Mitwachsende Verantwortung, Positive Rückmeldung durch die Sammlung vieler (kleiner) Spiel-Erfolge, Umgang mit (Spiel-) „Stress“ erlernen, Wecken und Fördern des Teamgeistes

... und als Ausbilder freut man sich sicherlich nicht nur über dieses geniale Angebot aus „Risiko und Fürsorge“, sondern auch über das „Nebenprodukt“ Talentsichtungsmöglichkeit.

3. Pferd(e)

➜ Selbstverständlich dürften die Ideen rund um die Longe für vierbeinige Profis in diesem Bereich (sprich z.B. Voltigierpferde oder Ponys in der Frühförderung) keine Herausforderung darstellen. Damit die aber in der Woche nicht noch mehr „Kreisverkehr" absolvieren müssen, checken erfahrene Ausbilder mit fitten Reitern, ob nicht doch Interieur, Größe und Gangmaß weiterer Rösser zu der einen oder anderen Idee passen, um flexibel zu bleiben und so weitere Verlasspferde für die Arbeit mit den absoluten Reitanfängern zu gewinnen. Safety first und Horsemanship stehen jedoch über allem, d.h., Vorlieben und Abneigungen der Pferde werden grundsätzlich respektiert.

➜ Grundsätzlich sollte das Pferd einen Sattel ohne Steigbügel und Steigbügelriemen tragen, damit die Reiter während der Longenstunde häufiger wechseln können. Das verhilft einerseits zu einem unabhängigen, ausbalancierten Sitz, andererseits entfällt dadurch das ständige/lästige Passend-Schnallen der Steigbügel. Natürlich schließt dieser „Normalfall" die gelegentliche Nutzung von Bügeln nicht generell aus.

➜ Selbstverständlich kann zur abwechslungsreichen Erlebnis-Longenstunde ein Voltigiergurt eingesetzt und auf blankem Pferderücken gearbeitet werden. Ideen dieser Art können auch beim Voltigieren eingesetzt werden.

Absitzen mal anders

Helfer: 1 (als Hilfestellung)

Material: –

Ablauf: Es gibt viele Möglichkeiten, das Pferd „zu verlassen", und wenn man diese immer mal wieder übt bzw. durchführt, wird im Falle eines Falles meistens schneller und richtiger reagiert. Hier nun einige Beispiele, wie man auf unterschiedlichste Weise vom Pferd kommen kann:

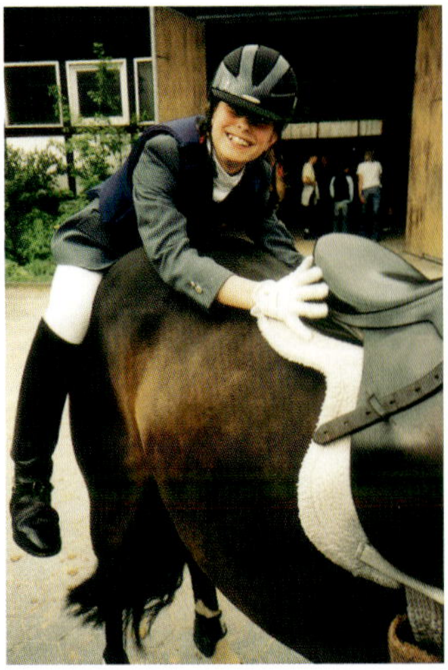

Die „**Normalversion**": Füße aus beiden Steigbügeln, sich mit den Händen am Sattel etwas abstützen, rechtes Bein über die Kruppe und auf der linke Seite abspringen ➜ versucht das doch alle mal zur rechten Seite, ihr werdet sehen, dass dabei schon komische Gefühle aufkommen.

Eine weitere, weitverbreitete „**Abstiegsversion**": Füße aus beiden Steigbügeln, das rechte Bein vorn über den Hals schwingen und runterrutschen ➜ auch das ist lohnenswert mal zur rechten Seite zu üben.

Eine weitere erprobenswerte Abstiegsvariante ist über den „**Hintern**" des Pferdes: Zuerst setzt man sich behutsam hinter den Sattel und dann schiebt man sich mit beiden Händen (am Hinterzwiesel des Sattels) nach hinten über die Kruppe, lässt sich los und rutscht runter (siehe Foto).

Sicherheit
- Der Ausbilder muss bei jeder Variante genau wissen, ob das Pferd und der Reiter der Aufgabe gewachsen sind. Das Pferd muss die Absitzvarianten als „absolut normal abbuchen" können. Die gilt insbesondere für die Absitzvariante über die Kruppe.

Ausbildung
- Ganzkörpersport ist Ganzkörpersport – nicht nur auf dem Pferderücken, sondern auch hinauf und hinab. Wessen Muskulatur ist also z.B. auf beiden Seiten gleich gut gedehnt/belastbar?

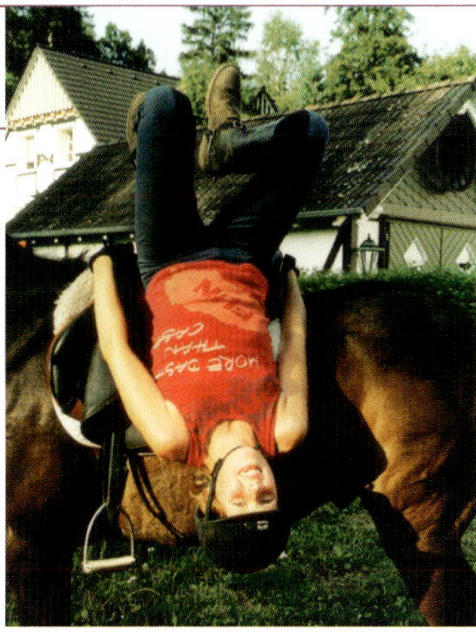

Variation: Die schwierigste Variante ist wohl die, die auf dem Foto (rechts) abgebildet ist: Der Reiter setzt sich seitlich auf das Pferd (beide Beine – und zu einem guten Stück auch der Po – zur rechten Seite), hält sich mit der linken Hand am Vorderzwiesel und mit der rechten Hand am Hinterzwiesel fest. Nun lässt er seinen Oberkörper nach hinten gleiten und folgt sofort mit den angewinkelten Beinen. Im richtigen Zeitpunkt, d.h., wenn er „Übergewicht" vom Pferd wegbekommt, lässt er los und rollt sich so weit ein, dass er auf seinen Füßen landet.

- *Sicherheit* Solche Aktionen sind selbstverständlich nur mit erfahrenen Pferden möglich.
- *Ausbildung* Wichtig ist es, von Beginn an das „Runterkommen" in den Trainingsplan zu integrieren, damit es nicht negativ assoziiert wird mit Stundenende oder gar Fallen.
- *Pferd* Hier ist der vorbereitende Einsatz eines Holzpferdes durchaus sinnvoll – genau wie bei der abschließenden Variante.

Variation: **Aufsitzen von rechts:** Wer schafft die höchste Anzahl von „Aufsitzern" auf das Holzpferd (und nur das!) innerhalb von 2 (3) Minuten? Da ungewohnt und gegen die Uhr, selbstredend nur so und nicht anders!

Hinweis: Selbstverständlich können Sie immer das ganze Handbuch mit zum Ort des Geschehens nehmen. Dann ist es z.B. möglich, dass sich die Teilnehmer ihr „Belohnungsspiel" am Stundenende selber aussuchen. Es bietet sich aber auch an, Ihre IDEENfavoriten z.B. auf Karteikarten zu kopieren und dann immer nur die Karteikarten mitzunehmen, die Sie an dem Tag/in der Stunde realisieren wollen.

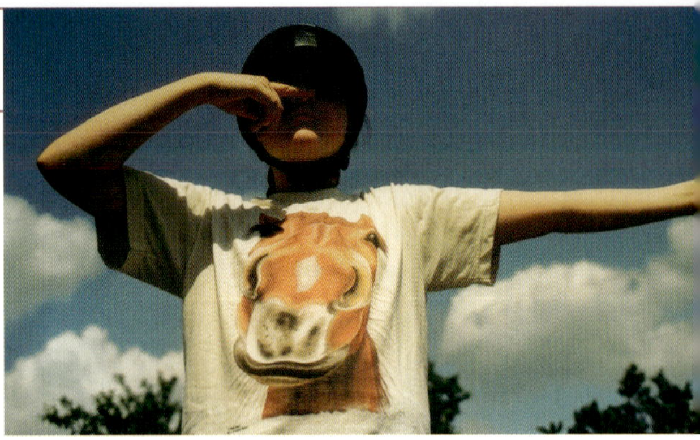

Augen zu und durch und mehr

Helfer: –

Material: –

Ablauf: Während der Reiter mit geschlossenen Augen auf dem Pferd an der Longe sitzt, streckt er die Arme seitlich aus und versucht nun mit beiden Zeigefingern abwechselnd seine Nasenspitze zu berühren.

Alternativ:

- Große Armkreise nach hinten (mit Stopp an der tiefsten Stelle)
- Kreise vor dem Körper (gegeneinander)
- Mit einer Hand Bauch reiben und mit der anderen Hand auf den Kopf klopfen
- Kniechen – Näschen – Öhrchen (siehe gleichnamiges Spiel)
- Aus dem Sattel heben (mit den Händen am Vorder- und Hinterzwiesel abstützen)
- Entlang der Zirkellinie/der Mittellinie „ups und downs"
- Ansagen, wann das Pferd über eine Stange schreitet
- Daumen an Zeigefinger und immer wechseln („Himmelsleiter")

Variationen: A) Schülern, die noch nicht losgelassen genug sitzen, wird ein langer schmaler Schal (oder ein Springseil ohne Griffe) durch das SOS-Riemchen gezogen. In diesen haben sie dann eine Schleife oder so viele „Knoten" wie möglich zu „basteln" – erst mit offenen, später mit geschlossenen Augen.

B) Während einer Schrittphase in einer Reitstunde verknoten die Reiter die Zügel (Ungeübte werden geführt) und probieren diese Übung auch einmal aus.

C) Zuschauer/wartende Teilnehmer werden in das Geschehen eingebunden und halten sich so ebenfalls warm/fit.

Sicherheit • Die Aktiven dürfen erst dann ohne Führer agieren, wenn sie wirklich sicher sind.

Ausbildung • Körperwahrnehmung und Koordinations- und Konzentrationstraining pur

Pferd • Frei reitend nicht unbedingt im Winter/Frühling zu Stundenbeginn einsetzen

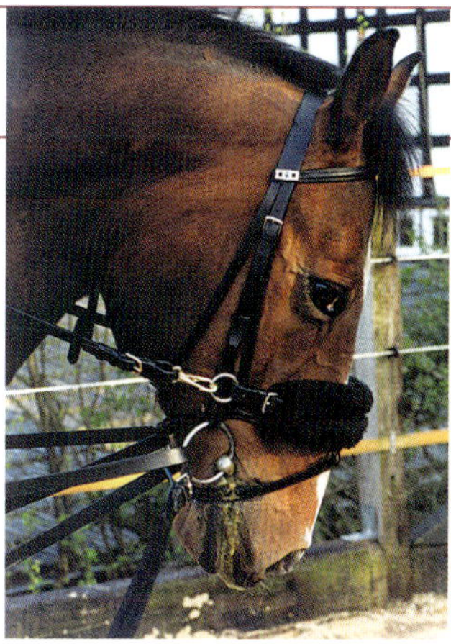

Auszeit

Helfer: Einer zum Bedienen der Musik

Materialien: 1 MP- oder CD-Player und CDs, 1 zusätzlicher Nasenriemen, Zügel

Ablauf: Das Pferd geht im Schritt an der Longe. Der Reiter ist kein absoluter Anfänger. Das Pferd ist zusätzlich mit einem gut gepolsterten Nasenriemen ausgestattet, der an den Backenstücken befestigt ist und zu dem (mittels kleiner Metallringe) die Zügel führen, damit die Zügel keine direkte Einwirkung auf das Pferdemaul haben, aber auch kein zu großer Zug auf das empfindliche Nasenbein entsteht (siehe Bild oben).
Sobald der Betreuer die Begleitmusik stoppt, hat der Reiter zum Halten (natürlich vorher genauestens besprochen/wiederholt) durchzuparieren und so lange ganz ruhig stehen zu bleiben, bis die Musik wieder einsetzt – und so reiht sich Auszeit an Auszeit.

Hinweis: Der Longenführer unterstützt das Halten/Anreiten mit den entsprechenden Hilfen. Das Ziel ist, dass der Reiter ein Gefühl dafür entwickelt bzw. sensibel dafür bleibt, unabhängig von der Hand zu sitzen, und dass der Reiter bereits an der Longe das korrekte Reiten mit Paraden – also weg vom „Bremsen durch Ziehen" – lernt bzw. evtl. Fehler wieder abstellt. Auch der vorausgehende Einsatz eines Halsrings hat sich als vorteilhaft herausgestellt.

Variation: Auszeit ist selbstverständlich auch während einer Reitstunde als Herausforderung zu integrieren – wer schafft es am längsten, nicht zu „zappeln"?

Sicherheit • Natürlich ist hierbei zuvor die Abteilung aufzulösen und die komplette Halle zur Nutzung freizugeben, damit niemand auf/in dem Vordermann zum Halten kommt.

Ausbildung • Koordination und (Re-)Aktion ... und wenn ganz auf Aufgabenstellung/Musik verzichtet wird und der Reitanfänger an der Longe im Schritt mithilfe der oben beschriebenen Zügel-/Nasenriemenvariante die Nickbewegung des Pferdes kennen- und fühlen lernt, dann handelt es sich nicht länger um ein Spiel, sondern eindeutig um spielerisches Üben.

Baccara

Helfer: Einer, der die (künstlichen) Blumen besorgt und evtl. verteilt

Material: Pro Außenstehenden 1 langstielige Rose

Ablauf: Die gleichmäßig um den Zirkel verteilt stehenden Mitreiter reichen dem Reiter (zunächst im Schritt, später selbstverständlich auch im Trab oder Galopp) ihre Rose. Der Reiter nimmt sie mit der einen Hand entgegen und sammelt sie mit der anderen. Jeder Teilnehmer ist auf jeder Hand (in dieser oder einer weiteren Stunde) einmal an der Reihe.

Variationen: **A)** Der Reiter sammelt die Rosen aus der ersten Runde und verteilt sie in der zweiten direkt wieder, dann ist wieder alles startklar, bevor sich der nächste als Rosenkavalier betätigt.

B) Damit sich die Anschaffung der Rosen so richtig lohnt, kann man sie natürlich auch beim Abteilungsreiten einsetzen. Auf dem dritten Hufschlag und/oder entlang der Mittellinie stehen die Rosen in oben offene Pilonen. Im Vorbeireiten nimmt jeder Ponyreiter eine Rose und stellt sie dann ganz einfach in eine andere Vase. Wer sie nicht trifft oder gleich mehrere Rosen aus der Vase zieht, muss selbstverständlich absteigen und die „Dekoration" richten.

C) Ballonsammeln: In einer vorgegebenen Zeit (z.B. 2 Minuten) versucht an der Longe jeder Reiter nacheinander (in der Abteilung natürlich parallel) so viele Luftballons wie möglich aus den Ständern zu nehmen und zu sammeln.

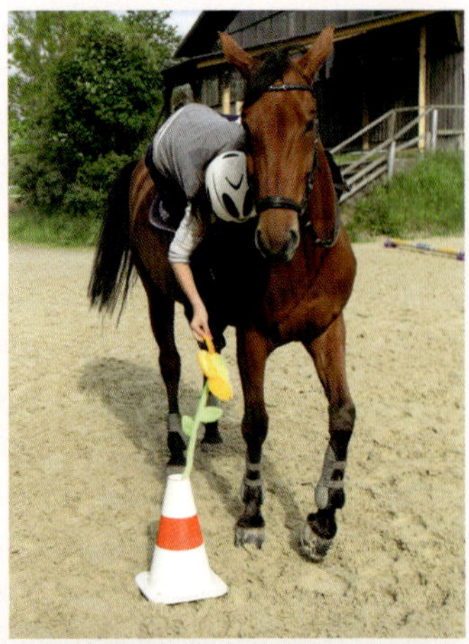

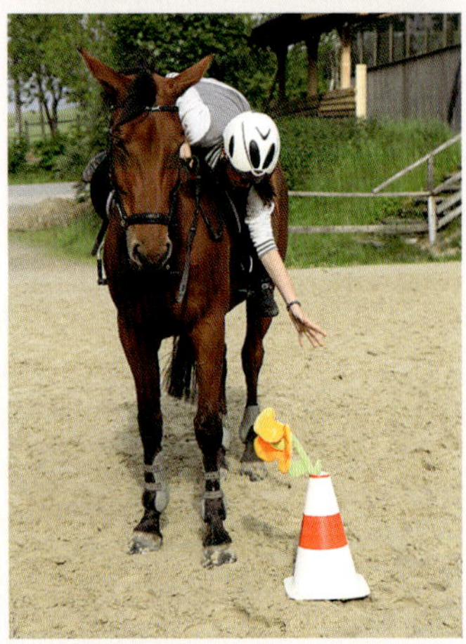

Natürlich können auch andere Stoffblumen zum Einsatz kommen.

Bierdeckeltransport von Ständer zu Ständer

Helfer: „Übrige" Teilnehmer an Ständern

Material: 4 Ständer um den Zirkel, auf jeden zweiten einen oder mehrere Bierdeckel legen

Ablauf: Der Reiter versucht (während er an den Ständern vorbeilongiert wird) einen Bierdeckel vom Stapel/Ständer zu nehmen und auf dem nächsten Ständer zu platzieren. Die Grundgangart ist beliebig, sollte aber dem Könnensstand des Reiters angepasst sein.
Im Schritt ist dieses Spiel gut als Aufwärmspiel zu verwenden. Pro Teilnehmer max. zwei bis drei Versuchsrunden.

Variation: Die übrigen Teilnehmer (Teenies, Twens – keine Kinder) stehen (an Stelle der Ständer) mit flachen Hüten (und Bierdeckeln) auf den Köpfen um den Zirkel, der Reiter transportiert dann die Bierdeckel im Schritt von Teilnehmer zu Teilnehmer. Außerdem muss es sich beim Longenführer in diesem Fall um einen Profi/„Millimeterkünstler" handeln.

Sicherheit
- Die Ständer müssen sicher stehen, um ein Kippen nach leichter Berührung auszuschließen. Achtung: Je weiter der Ständer vom Reiter entfernt ist, desto weiter muss sich dieser vom „sicheren Punkt" im Sattel wegbewegen, um erfolgreich zu agieren. (Armlänge und Könnensstand beachten!)

Ausbildung
- Wer bewusst mit dem sicheren Sitz spielt, der reagiert im Falle eines Falles nicht panisch/Aufbau von Flexibilität und Selbstvertrauen im Sattel.

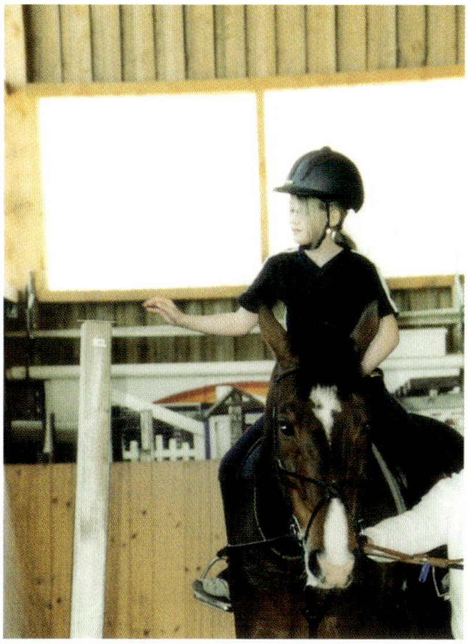

Catwalk (weil der Laufsteg der Mannequins so heißt)

Helfer: Einer, um die Ständer und Kleidungsstücke vor Spielbeginn aufzubauen und zu verteilen

Material: 5 Ständer, 1 Mütze, 1 Schal, 1 Paar Handschuhe, 1 Paar große Stulpen, 1 Weste, 1 Stoppuhr

Ablauf: Dieses Spiel kann sowohl ohne als auch mit Zeitnahme erfolgen oder endet grundsätzlich nach 2 Minuten für jeden Reiter.
Dieser sitzt zu Pferd an der Longe. Um den Zirkel verteilt stehen die Ständer – an jedem hängt ein Bekleidungsstück. Es geht immer bei dem Ständer mit der Mütze los. Diese versucht der Reiter – ebenso wie die übrigen Kleidungsstücke – möglichst schnell und ordentlich anzuziehen.

Hinweis: Die Zeitnahme erfolgt immer ab Mützenkontakt bis zum Überstreifen/Anziehen des letzten Teils oder es werden die Kleidungsstücke gezählt, die innerhalb der 2 Minuten angelegt werden konnten – dann gibt's meistens mehrere Sieger!

Variation: **A)** Es wird im Trab bzw. Galopp gearbeitet – natürlich muss der Longenführer sehr präzise „arbeiten" können, damit alles klargeht!

B) Der Reiter hat sich vorwärts oder rückwärts im Sattel sitzend einen Schlips oder Plastron zu binden.

Sicherheit
- (Kleidungs-)Ständer müssen auch dann sicher stehen, wenn die Mütze etc. davongenommen/-gezogen wird.

Ausbildung
- „Klamotten" und Grundgangarten sind dem Können der Reiter anzupassen, damit Fordern und Fördern in Sachen Balance und Geschicklichkeit Runde um Runde stimmen.

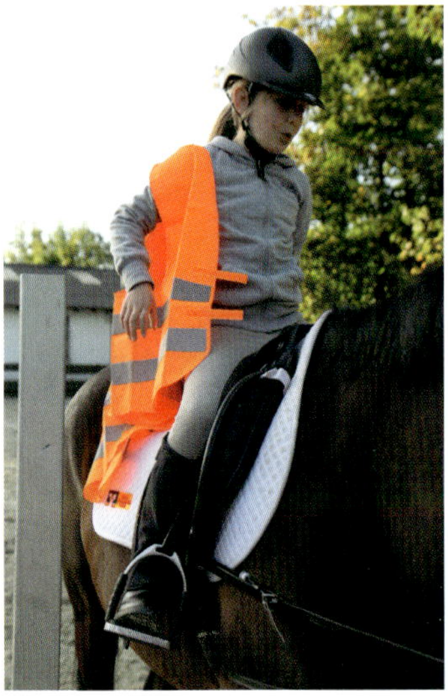

Das Hula-Hoop-Reifenspiel

Helfer: Einer zum „Einhängen“ der Reifen und zur Kontrolle am Kreis

Material: 2 Hula-Hoop-Reifen – evtl. 1 gesatteltes Holzpferd

Ablauf: Während das Pferd an der Longe trabt oder galoppiert, darf/muss der/ein Voltigierer so lange aufspringen, bis die sechs (acht) anderen im Kreis ihre Aufgabe erledigt haben (Reiter nutzen zur Schonung des Vierbeiners einfach beidseitig ein gesatteltes Holzpferd). Das Team steht außerhalb des Zirkels im Kreis bzw. bildet in Sichtweite dieses Zirkels einen separaten zweiten Zirkel. Alle haben ihren Nachbarn die Hände gereicht. Zwischen z.B. Nr. 1 und 2 sowie Nr. 4 und 5 „hängt“ jeweils ein Hula-Hoop-Reifen – diese müssen nun beide 1-(2-)mal gegeneinander an die alte Stelle/den Ausgangspunkt kreisen, indem die Aktiven – ohne dass sie den Griff lösen – geschickt durch die Reifen steigen. Welcher Akteur (einer nach dem anderen gegen die Gruppe) schafft in dieser Zeit die meisten Aufsprünge?
Lässt die Gruppe sich erkennbar viel Zeit, um den Aufspringenden „müde zu spielen“, dann sagt das zwar einiges über die Truppe aus, trifft aber nicht die gewünschten Effekte und der Spaß reduziert sich ebenfalls einseitig.

Sicherheit
- Zwischen die „Zirkel“ gehört ein angemessener Sicherheitsabstand.

Ausbildung Pferd
- Tolles paralleles Kraft-/Konditions- bzw. Beweglichkeitstraining
- Der Wechsel zwischen den Zirkeln hat ruhig abzulaufen, damit sich kein Pferd gezwungen fühlt zu reagieren.

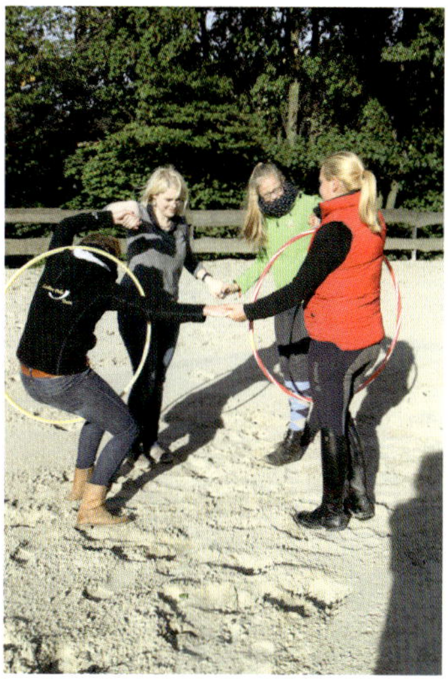

Das Jockey-Spiel

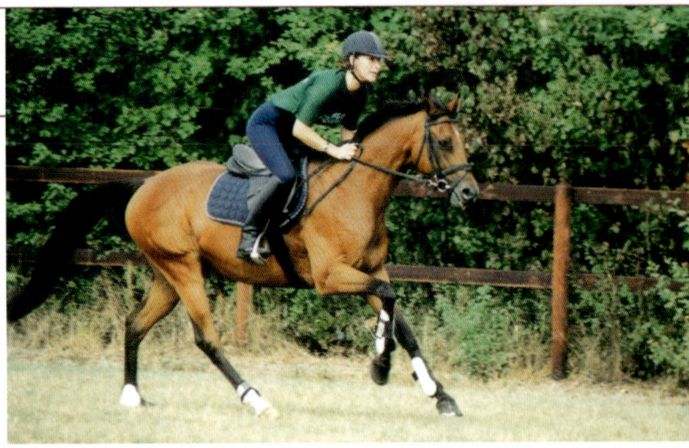

Dieser Braune kann seine Galoppade voll entfalten, da seine Reiterin sicherlich mehr als einmal mit der Steigbügellänge gespielt hat.

Helfer: –

Material: –

Ablauf: Das gesattelte Pferd geht an der Longe. Ein Reiter sitzt auf dem Pferd, die übrigen Teilnehmer sollten sich auf die nun folgende Reitweise im *Rennsitz* neben dem Zirkel mithilfe von Aufwärmtraining, Balanceübungen und evtl. Übungen wie Kniebeugen vorbereiten, bis sie an der Reihe sind.

Der (fortgeschrittene) Reiter auf dem Pferd hat (fast) genauso kurze Steigbügel wie die Jockeys auf der Rennbahn und weiß um die Bedeutung und Ausführung des geschmeidigen Einsitzens. Nun soll er zunächst im Schritt (später auch im Trab und Galopp) versuchen – ohne sich mit den Händen abzustützen –, so viele Runden wie möglich, bzw. vorgegeben mehr oder weniger „stehend“ (ohne mit dem Gesäß wieder den Sattel zu berühren) die Balance zu halten.

Wer schafft die meisten/vorgegebene Anzahl an Runden?

An der Longe werden die Arme entweder als Balancierstange ausgebreitet oder der Handrücken der inneren Hand wird auf die gleichseitige Gesäßtasche gelegt und die Handfläche der äußeren auf den Bauch oder die Hände rechts und links unter dem Mähnenkamm (natürlich ohne Pferdeberührung) getragen.

Sicherheit
- Der Longenführer sollte unbedingt einen Blick für die Kondition des Kandidaten haben und nötigenfalls frühzeitig unterbrechen.

Ausbildung
- Auch für Fortgeschrittene eine gar nicht so einfache Sache, weil die meisten (fast) nie das Bügelmaß verändern und unter veränderten Bedingungen manchmal erst merken, wo sie evtl. welche Defizite haben.

Pferd
- Da Jockey und nicht „Plumpsack“ gespielt wird, führt der Weg auch bei Disbalancen konsequent über vorne zurück in den Sattel – das sollte jeder, der Jockey spielen darf, zur Schonung des vierbeinigen Mitspielers draufhaben!

Die drei Fragezeichen

Helfer: –

Material: –

Ablauf: Das Pferd geht, trabt oder galoppiert an der Longe. Ein Reiter sitzt auf dem Pferd, die übrigen stehen gleichmäßig verteilt um den Zirkel. Dann schließt der Reiter die Augen und (mindestens) zwei Mitspieler tauschen den Platz. Nach dem Öffnen der Augen muss der Reiter angeben, wer gewechselt hat.

Hinweis: Der Reiter hat mindestens einen Fehlversuch, bevor die Rollen getauscht werden.

Variation: Drei (vier) Spieler tauschen gleichzeitig ihren Platz.

Ausbildung

- Beobachtungs- und Konzentrationsvermögen – außerdem ist auch diese „Ablenkungsidee"/Aufgabe gut geeignet, den Reiter nicht länger an seine evtl. Angst oder sein verkrampftes Becken oder ... denken zu lassen.

Elfmeter-Schießen

Helfer: Eigentlich nur einer (an Besen und Tor) – je „kleiner"/unerfahrener die Nichtreiter sind, desto empfehlenswerter ist jedoch ein weiterer

Material: 1 Reisstrohbesen, 1 (Soft-)Ball, 2 Ständer/Pylone als Tor

Ablauf: Beim Elfmeter-Schießen sitzt ein Reiter mit einem Reisstrohbesen zu Pferd und versucht, mit diesem in allen drei Grundgangarten einen (Soft-)Ball, der am Zirkel liegt, in ein ca. 4 (7) m entferntes Tor aus Ständern zu schießen. Wenn der Untergrund zu uneben ist, wird der Ball auf zwei parallele Stangen gelegt, damit er Speed aufnehmen kann.

Hinweis: Um von vorneherein „Nichtstun“ und „Langeweile“ bei den Außenstehenden zu vermeiden – und sie bereits neben dem Pferd zu schulen –, stehen (kleben) für sie kleine, nacheinander zu absolvierende Balance-/Koordinations-Ministationen an den Zirkelpunkten, z.B.:

X) beidbeinig über ein Cavaletti (mit selbst eingestellter Höhe) springen oder vorwärts, seitwärts und rückwärts (mit Hilfe) darüber balancieren;

O) hochspringen und dabei mit beiden Händen gleichzeitig die Fersen (hinter dem Po) berühren;

A) mit geschlossenen Augen (15 Sekunden) auf den Zehenspitzen stehen oder mit hängenden Armen rückwärts durch eine 50 cm breite Seilchengasse gehen;

O) hochspringen und dabei (also noch vorm Landen) 3-mal in die Hände klatschen.

Die Aufgaben sind auf DIN-A5-Karteikarten beschrieben und kleben in einer Folie am jeweiligen Punkt. Ein Helfer, der die Betreuung übernimmt, ist sehr zu empfehlen.

Sicherheit
- Wenn alles richtig liegt und das Pferd (Material-)Erfahrung oder Routine als Polopony hat, dann stehen sicherlich Auge-Hand-Koordination und optimaler Krafteinsatz im Vordergrund.

Ausbildung
- Eltern, die laut nach dem Sinn und Zweck der Aktivitäten um den Zirkel fragen, wird z.B. mit einer Gegenfrage geantwortet: „Kennen Sie eine einzige gewissenhaft betriebene Sportart, die nicht aus ganz vielen verschiedenen Trainingsmöglichkeiten und Übungseinheiten besteht? – Diesbezüglich ist Reiten nicht anders wie: Boxen, Fußball, Inlineskaten, Leichtathletik, Schwimmen, Skifahren, Turnen usw., und deshalb trainiert Ihre Tochter/Ihr Sohn hier – insbesondere mit Rücksicht auf das Pferd – auch daneben!“

Pferd
- Pferde stehen auf „fitte Sportler“ oder ganz sachlich formuliert: Je größer die Fitness-Diskrepanz unter, zum, im Sattel, desto mehr Ausgleichsarbeit ist vonnöten.

Esel raten

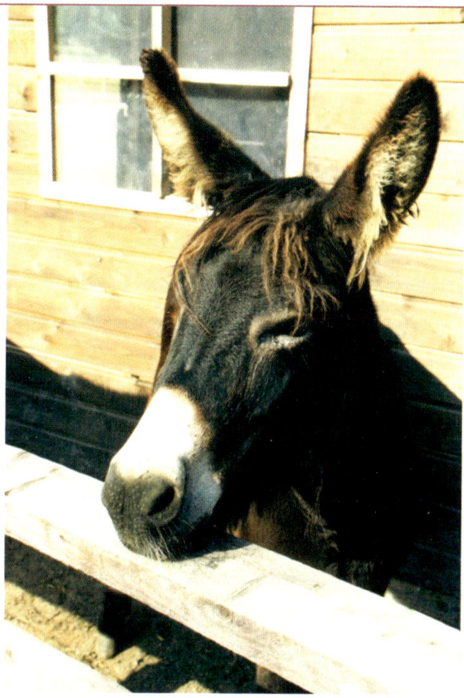

Helfer: –

Material: –

Ablauf: Ein Kind reitet im Schritt an der Longe. Die übrigen Teilnehmer stehen verteilt um den Zirkel.
Nachdem sich der Reiter die Standorte eingeprägt hat, schließt er die Augen (und öffnet sie erst wieder, wenn das Spiel vorbei ist). Nach ca. einer halben Runde ruft er: „Eselchen, Eselchen, ruf mal „**Iah**“.“
Der-/diejenige in der Nähe antwortet mit „**Iah**“ – woraufhin der Reiter versucht, seinen/ihren Namen zu nennen: „Heißt du vielleicht ‚**XY**’?“
Hat der Reiter recht, antwortet das Eselchen mit 3-maligem „**Iah**“. Stimmt der Name nicht, antwortet der Longenführer mit „Nein“.
Jedes Mal, wenn nun Reiter und Pferd einen Teilnehmer passieren, meldet sich dieser mit „Iah“ und der Reiter versucht sein Glück weiter, bis alle Namen erraten sind bzw. max. zwei Runden um sind.

Variation: Die Außenstehenden melden sich nur auf Aufforderung – also nicht automatisch! Das Wiedererkennen wird wesentlich schwieriger.

Ausbildung
- Natürlich gehört „Esel raten“ mit zu den Spielen, die schon die ganz Kleinen können und klasse finden – aber auch die Größeren entdecken häufig ihr schauspielerisches Talent und ihr „Iah“ klingt jedes Mal anders – teilweise so komisch, dass sich die Gruppe lachend verrät. Konzentration, Kreativität, Teamerlebnis.

Flaschenpost

Helfer: Einer zum Austeilen und Einsammeln der Materialien

Material: Pro Teilnehmer 1–2 möglichst unterschiedliche PET-Flaschen, ein Mini-Swimmingpool

Ablauf: Der Reiter/Voltigierer auf dem Pferd wird nacheinander an den drei Stationen um den Zirkel vorbeilongiert. Dort nimmt er zunächst eine Flasche aus dem ersten Korb. Die haben übrigens alle keine Verschlüsse mehr, die sind im zweiten Korb und werden dort entweder vom Reiter/Voltigierer selbst in Bodennähe herausgefischt oder er bekommt den Korb von einem anderen TN hochgehalten. Nachdem erstens die Flasche und zweitens der Verschluss aufgenommen und dann miteinander verschraubt wurden, versucht der „Reiter" abschließend seine Flaschenpost im Swimmingpool, 2–3 m vom Zirkel weg „zu versenken".

Variation: **Als Teamstafettenspiel für Reiter**
Zwei Reitteams starten auf zwei „Bahnen" gegeneinander, d.h. von der Start-/Ziellinie reitet der erste Reiter jedes Teams los, um sich auf der Strecke mit Flasche und Verschluss zu versorgen und sie am Ende in der See zu versenken. Auf gerader Strecke geht es zurück und bei Erreichen der Start-/Ziellinie startet der/die Nächste.

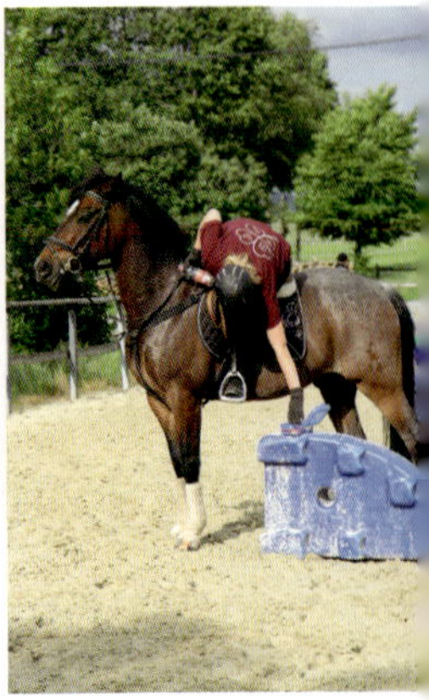

Sicherheit • Bei Anfängern sollte an den Spielstationen angehalten werden.

Ausbildung • Auge-Hand-Koordination kann gar nicht früh genug gepuscht werden.

Pferd • Pferde müssen mit „Wurfmaterialien" vertraut sein.

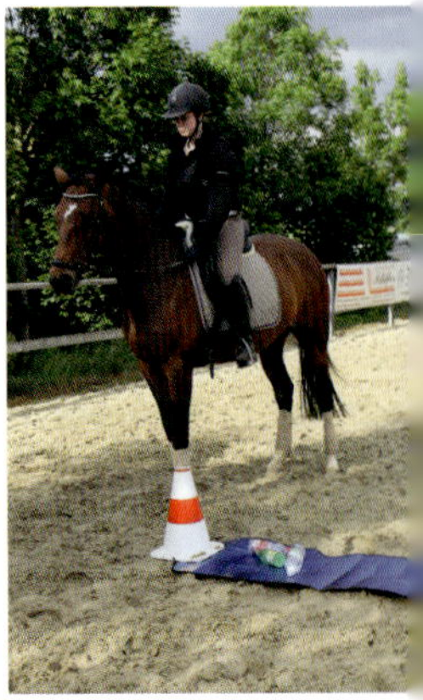

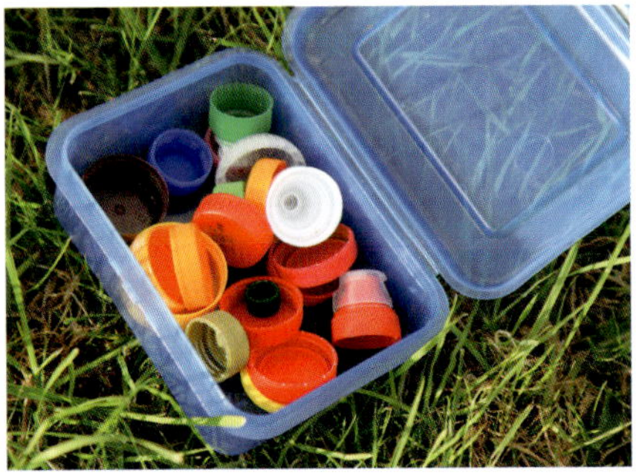

Fühlen – Denken – Wissen

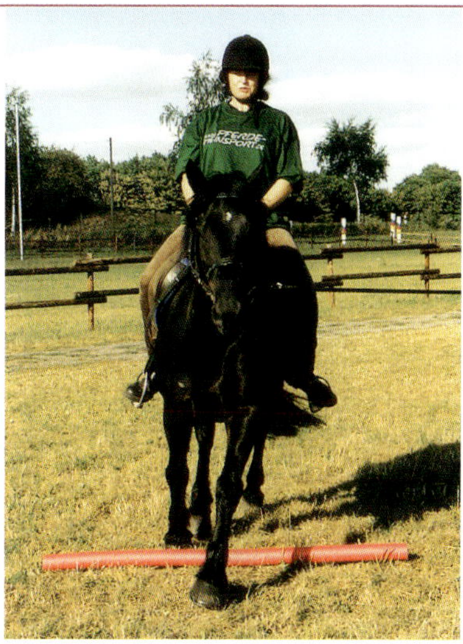

Helfer: –

Material: –

Ablauf: Der Reiter auf dem Pferd schließt die Augen und ruft „jetzt", wenn er glaubt, z.B. eine Runde getrabt zu haben, oder er zählt im Galopp laut die einzelnen Galoppsprünge mit, während er vorwärts, seitwärts oder auch rückwärts auf dem Pferd sitzt.

Variation: 300-m-Rallye: Ein Reiter nach dem anderen soll zwischen einer Schritt- und einer Galoppphase genau 300 m an der Longe im Trab zurücklegen. Selbstverständlich erfolgt die Auflösung erst, nachdem alle dran waren, oder jeder Teilnehmer bekommt, damit es gerecht bleibt, eine andere Meterzahl vorgegeben. Nachmessen kann man übrigens sehr gut mit dem Messrad des Parcoursbauers.

Ausbildung

- Wer später ohne Probleme im Viereck oder Parcours klarkommen möchte, profitiert besonders von solchen Ideen/Spielen, bei denen es darum geht, Gefühl für die Pferdebewegung und die „blinde" Orientierung in puncto Raum/Lage/Zeit zu entwickeln.

Sie finden **Konzentration und Co** können gar nicht genug gefordert und gefördert werden? Dann hätten wir da noch ein sehr attraktives Zusatzangebot – siehe „Logicals" Seiten 88/89, 94/95 und 128/129.

Viel Spaß beim Bearbeiten bzw. Knobeln!

Genau, genau

Helfer: Evtl. Zeitnehmer, kann aber auch durch Longenführer miterledigt werden

Material: Uhr mit Sekundenanzeiger oder andere Messmöglichkeit (z.B. Handy)

Ablauf: Während sich die übrigen Teilnehmer der Longenstunde z.B. Puzzeln, Rätseln oder der (Dehn-)Gymnastik widmen, erhält der Reiter zu Pferd folgende Aufgabe: „Nachdem du angetrabt bist, sollst du möglichst genau 2 Minuten (30 Sekunden/3 Minuten) traben."
Die übrigen Teilnehmer werden das später ebenso versuchen. Wer schafft es wohl ganz genau?

Hinweis: Damit niemand bis 120 zählt, um so das Zeitlimit zu treffen, erzählt der Longenführer während der laufenden 2 Minuten z.B. etwas von der Fußfolge im Trab oder gibt zwischendurch ein paar unlogische Zahlenreihen „als Störfeuer" vor: „17, 31, 48 ..."

Alternative: Selbstverständlich auch in den anderen GGA durchführbar.

Variation: Auch in der Abteilung eine tolle Sache. Die wechselnden Tetenreiter geben jeweils „den Ton" an und die anderen folgen ihnen. Damit sich niemand die Runden merken kann, sollten häufig Bahnfiguren und Handwechsel durchgeführt werden. Außerdem sollte hierbei der Helfer die Zeiten notieren und erst anschließend (wenn alle an der Reihe waren) bekannt geben.

Ausbildung

- Selbst viele Fortgeschrittene haben ein erschreckend wenig trainiertes Zeitgefühl. Eine schöne Möglichkeit, „schnell, schnell, schnell" zu regulieren.

Hotspot

Helfer: 1–3 (zum Ballwerfen und evtl. Fragen)

Material: Kleiner Fragekasten Basispass oder Kl./Gr. Hufeisen (findet sich bestimmt im gut sortierten Vereinsarchiv) oder eigene/selbst gefertigte Fragen z.B. rund um die Abzeichen, 1 Ball (pro 4–5 Kids)

Ablauf: Das Pferd trabt oder galoppiert (je nach Kondition bzw. Vermögen der Kids) an der Longe. Die vier (fünf) Kids stehen in Zirkelnähe mit gleicher Blickrichtung in einer Reihe, der Helfer mit Ball in 3 m Abstand (diese anschauend) davor. Dann beginnt der Helfer damit, dem Ersten in der Reihe den Ball zuzuwerfen. Dieser schnappt, wirft zurück und geht so tief in die Hocke, dass alle Weiteren nacheinander so angespielt werden können. Diese hocken sich nach Anspiel selbstverständlich auch. Wenn der Ausbilder die Akteure nicht sehen kann, ruft er: „Hotspot". In dem Moment kommt Helfer Nr. 2 ins Spiel. Dieser stellt dem Reiter in der Reihe (der gerade in Ballbesitz ist bzw. angespielt wird) eine der Fragen. Ist die Antwort richtig, darf der aufs Pferd und z.B. eine Runde leichttraben, während das Spiel weiterläuft und der nächste „Wissende" ihn ablöst.

Sicherheit • Anlaufen nur nach Blickkontakt mit dem Longenführer
Ausbildung • Verbindet Wissensüberprüfung mit bewegten Erlebnissen
Pferd • Pferde können so ganz gut an „Randprogramm" gewöhnt werden.

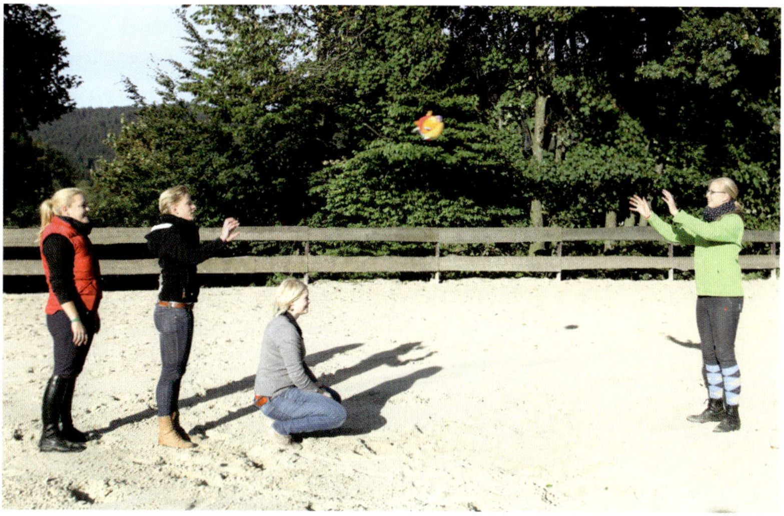

Im Gleichschritt „marsch“

Helfer: –

Material: –

Ablauf: Der erste Teilnehmer geht im Schritt (Trab) neben dem Pferd im Gleichschritt her. Dazu wird die Hand auf die Schulter des Pferdes gelegt. Wenn die Teilnehmer sehr konzentriert sind (und Erfahrung damit haben), können mehrere gleichzeitig üben – auch an der Hinterhand möglich, aber nur wenn das Pferd das kennt und problemlos mitmacht!
In diesem Fall ist der Ablauf: Reiter Nr. 1 übt zunächst an der inneren Pferdeschulter. Dann ruft der Longenführer „wechseln“. Nr. 1 lässt sich an die Hinterhand zurückfallen und Nr. 2 übt (an der Longe entlanggekommen) am alten Platz von Nr. 1.
Dann ruft der Longenführer wieder „wechseln“. Nr. 1 wechselt daraufhin an die äußere Hinterhand, Nr. 2 übt an der inneren Hinterhand und Nr. 3 an der inneren Schulter.
Die äußere Pferdeschulter ist für alle die letzte Station. D.h., während Reiter Nr. 4 etwas auf seinen Einsatz warten musste, muss Reiter Nr. 1 warten, bis alle durch sind.

Alternativ: Mit geschlossenen Augen mitlaufen.

Variation: Wenn das Pferd noch nicht so „berührungserfahren“ ist, wird die Alternative „Im Gänsemarsch“ genutzt. D.h., die Reiter folgen dem Pferd an der Longe im Sicherheitsabstand in einer Reihe auf der Zirkellinie. Sie haben ihre Beine/Füße im Takt der Hinterhand zu bewegen. Gute/erfahrene Longenführer und Pferde wechseln selbstverständlich nicht nur die Grundgangarten, sondern auch die Tempi.

Sicherheit
- Nur etwas für Profis an beiden Enden der Longe; Souveränität einerseits und Kommandotreue andererseits sind daher selbstverständlich.

Ausbildung
- Auf gleichen/identischen Takt/Bewegungsablauf achten! Eine ganz elementare Übung, denn der Erfolg im Sattel ist schließlich davon abhängig, wie gut sich der Reiter in die Pferdebewegung hineinfühlen/den Takt aufnehmen kann.

Pferd
- Nichts für Pferde mit Berührungsängsten oder für „Bewegungsneurotiker“

Jonglieren

Helfer: Einer, der die Bälle/Tücher anreicht

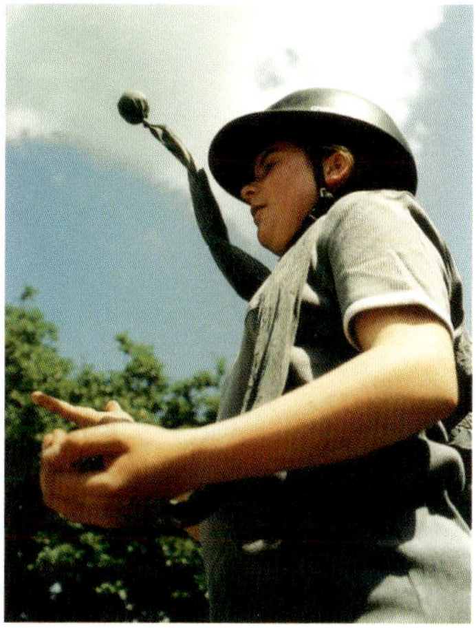

Material: 2 Bälle in einer Feinstrumpfhose (in jedem Fußteil einer), Seidentücher

Ablauf: Der Reiter legt die Feinstrumpfhose so um seinen Nacken, dass er mit den Bällen jonglieren kann. Das Pferd kann in allen drei Grundgangarten dabei longiert werden, es kommt immer darauf an, wie weit der Reiter in seiner Ausbildung schon fortgeschritten ist. Der Reiter kann zur Abwechslung dabei auch mal mit Steigbügeln reiten.

Sicherheit
- Diese Übung ist hervorragend dazu geeignet, dass die Reiter einen ausbalancierten Sitz erlernen und dabei auch noch unabhängig von der Hand sitzen, denn später mit Zügeln dürfen sie diese auch nicht als „Festhaltegriffe" ansehen. Die Bälle stecken deshalb in der Strumpfhose, damit der Reiter zum einen keine Angst haben muss, die Bälle zu verlieren, und zum anderen fliegen sie dann auch nicht ungewollt an die Pferdebeine.

Variation: Der Spieler übt zunächst auf dem Boden, mit drei (Seiden-)Tüchern zu jonglieren, bevor er die Übung auf dem Pferd (vw-, sw-, rw-sitzend oder kniend oder stehend) ausprobiert.

Sicherheit
- Bei der Variation sollte das Pferd dann sicherheitshalber einen Voltigiergurt tragen.

Ausbildung
- Körperteile isoliert voneinander kompetent einsetzen/nutzen – wer möchte dies nicht können. Damit sich das Bewegungszentrum – Hüfte – auf das Pferd einstellt/einlässt, sollten dem Reiter immer wieder Bewegungsaufgaben gegeben werden, deren Erledigung ihn weg von der „gedanklichen Beckenblockade" führen. Außerdem hat ein Reiter mit solch „exotischen Erlebnissen" und zu bewältigenden Aufgaben keine Angst vor „natürlichen" Herausforderungen im Sattel.

Pferd
- Etwas für „Materialprofis" auf vier Hufen.

Kniechen – Näschen – Öhrchen

Helfer: –

Material: –

Ablauf: Der Reiter klopft sich mit beiden Händen auf die Oberschenkel, dann führt er die rechte Hand zur Nasenspitze und gleichzeitig die linke Hand zum rechten Ohr, dann klopft er sich wieder mit beiden Händen (rechte Hand rechter Oberschenkel und linke Hand linker Oberschenkel) auf die Oberschenkel und führt dann die linke Hand zur Nasenspitze und die rechte Hand ans linke Ohr, und immer wieder im Wechsel so weiter. Wer schafft es, eine Runde – in jeder Gangart –, ohne sich zu vertun?

Eigene Erfahrung: Selbstverständlich sollten die Ausbilder bei solchen „Spielchen" auch die Zuschauer an der Bande auffordern, ihr Glück zu versuchen – es kann zu sehr komischen, spannenden oder spektakulären Szenen kommen. Lassen Sie sich überraschen.

Sicherheit
- Wenn der Ausbilder auf absolute Amateure trifft, empfiehlt sich ein Helfer, der das was, der Ausbilder sagt, geschickt in Szene setzt/vormacht

Ausbildung
- Auch tolle Bereicherung der obligatorischen zehnminütigen Schrittphase zu (Reit-) Stundenbeginn oder ein sinnvolles Intermezzo – Wechsel von An- und Entspannung.

Pferd
- Pferden sollte das Klopfen auf die Schenkel vertraut sein und nichts ausmachen.

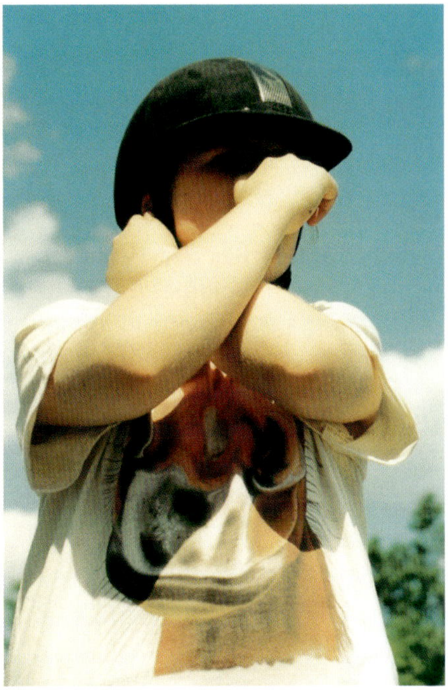

Koordination ganz modern

Helfer: –

Material: –

Ablauf: Die obige Koordinationsvariante ist bereits ein Klassiker aus der SW-Fernsehzeit. Die moderne Variante verlangt vom Reiter den rhythmischen Wechsel des Viktoryzeichens auf der einen Seite mit dem Handzeichen für Telefonieren (abgespreizter Daumen und kleiner Finger) auf der anderen Seite.

Ausbildung
- Wer das Publikum ins Üben einbezieht, bekommt garantiert immer neue/viele weitere Vorschläge. Außerdem sorgt der Wechsel von An- und Entspannung für einen gewissen Rhythmus bzw. ein gesundes Lernklima, und das nicht nur bei Kindern oder (Reit-)Anfängern.

Pferd
- Sind die Aktivitäten der Zuschauer derart „gebündelt"/homogen, ist dies gerade für sensible Pferde wesentlich angenehmer, als z.B. einige ruhig sitzende und einzelne überaktive/lärmende/plötzlich auftauchende Zweibeiner am Rande.

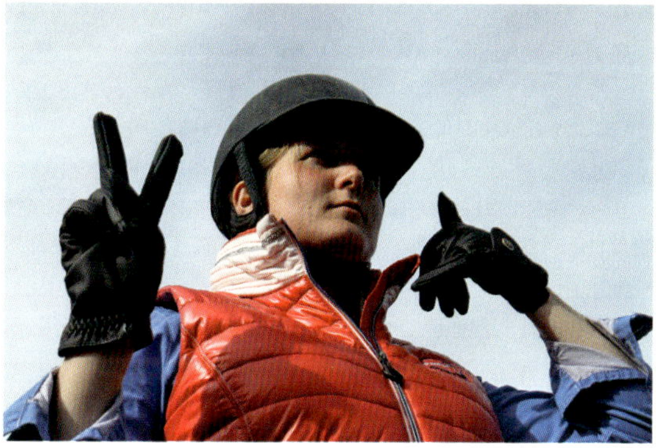

Koordinationsaufgabe hier: „Probier mal, ob dein Kuscheltier einen Purzelbaum kann."

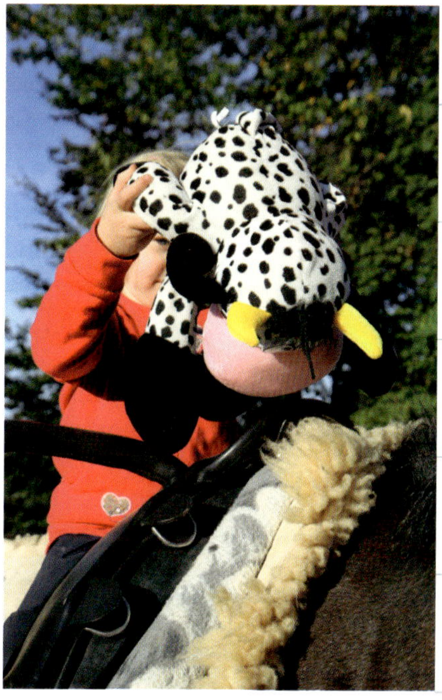

Koordinationsübungen

Helfer: –

Material: 1 Softball

Ablauf: Während der Reiter im Schritt (Trab, Galopp) an der Longe zu Pferd sitzt, versucht er mit Armen/Händen/Fingern folgende Koordinationsübungen:
A) Mit der einen Hand den Bauch reiben und mit der anderen Hand auf die Kappe klopfen.

B) Daumen und Zeigefinger beider Hände werden im Rechteck aneinandergedrückt. Dann werden die beiden „unteren" Finger gelöst und oberhalb des anderen Fingerpaares wieder gegeneinandergedrückt. Dann ist das andere Fingerpaar dran.

C) Die Zeigefinger werden vor dem Körper aneinandergehalten. Dann beschreibt z.B. die rechte Hand Kreise Richtung Pferdekopf und die linke Hand Kreise Richtung Sattel.

D) Hände drehen mit gleichzeitigem Öffnen und Schließen: Dabei werden beide Unterarme (bei anliegenden Oberarmen) gerade nach vorn gehalten. Beide Handflächen zeigen zunächst nach oben. Dann wird die linke Hand (mit anliegendem Daumen) zur Faust geschlossen und um 90 Grad so nach oben gedreht, dass sie aussieht wie eine zügelführende Faust. Nun gilt es abwechselnd die rechte und die linke Hand in die „Zügelposition" zu drehen und die jeweils andere flach (mit dem Handrücken nach unten) zu präsentieren – die Arme sollten (positionstreu) nicht mitbewegt werden.

Hinweis: Bei jeder neuen Koordinationsübung wechselt der Reiter.

Ausbildung

- Die Aktiven außerhalb des Sattels probieren selbstverständlich alle Angebote direkt mit aus. Solche Angebote sind unheimlich wichtig, damit der Reiter lernt/übt, mit einzelnen Körperteilen gegensätzliche Dinge zu tun, denn um nichts anderes handelt es sich bei vielen Hilfen mit Gewicht, Schenkeln und Händen bzw. Zügeln. Selbstverständlich können die Aktiven außerhalb des Sattels auch ihre Koordination trainieren. Sie spielen z.B. eine Runde lang „Storch", d.h., sie stehen (erst auf ihrem „Lieblingsbein", dann) auf dem (anderen) Bein und die Fußsohle des jeweils anderen Beines wird seitlich ans Knie des Standbeins gestellt. Die Arme hängen locker runter. Nachdem der „Storch" dann sicher auf beiden Beinen zu stehen gelernt hat, wird dann noch mit geschlossenen Augen der „schlafende Storch" ausprobiert. Der Reiter lässt in dieser Zeit z.B. mit beiden Händen einen Softball um seine Hüfte kreisen.

Variation: Auch während einer Schrittphase in einer Reitstunde gut einzubauen, denn einmal von der Longe weg heißt noch lange nicht, alle seine „Glieder" im Griff zu haben. Ein Knoten in die Zügel, und los geht's.

Sicherheit
- An der Longe keine Herausforderung

Ausbildung
- Koordination und Durchhaltevermögen (nicht aufgeben, bevor es geht)

Pferd
- Beim freien Reiten sollten die Pferde möglichst mit Gewichts- und Schenkelhilfen – also ohne Zügel – auf Linie zu halten sein.

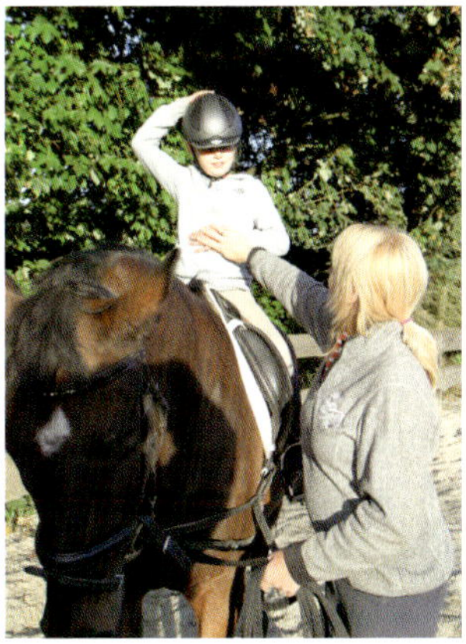

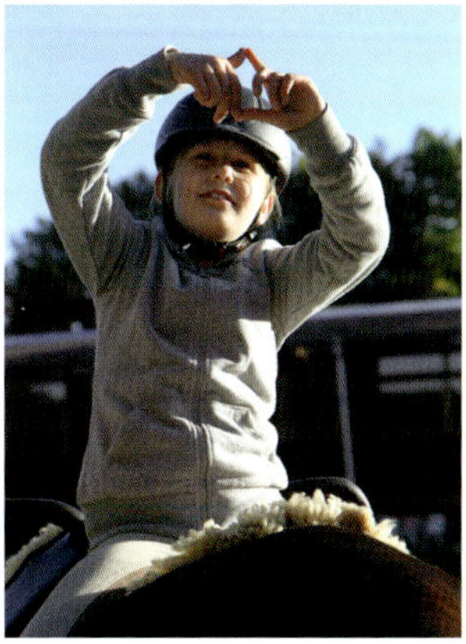

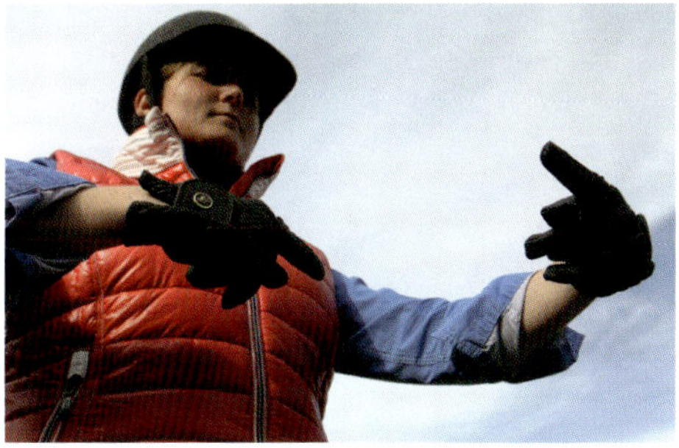

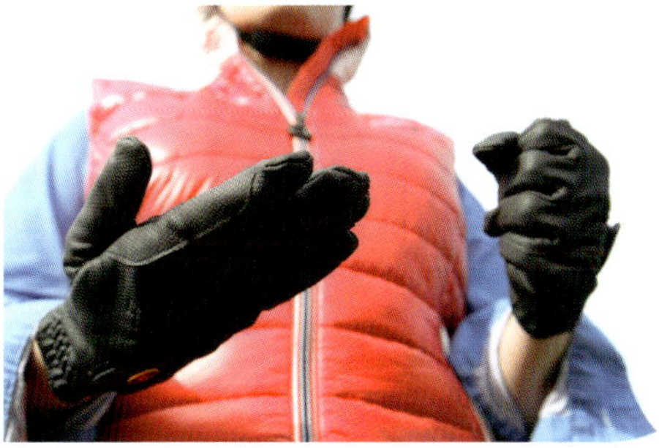

Krabbelsack

Helfer: –

Material: Einen Sack gefüllt mit Gegenständen (z.B. Zahnbürste, Haargummi, Radiergummi, Stofftier, Baumrinde, Socken, Steine ...)

Ablauf: Das Pferd geht an der Longe, am Sattel oder Gurt ist ein Krabbelsack befestigt. Ein Reiter sitzt zu Pferd, die übrigen stehen verteilt um den Zirkel. Der Reiter greift in den Sack und beschreibt nach Gefühl einen Gegenstand darin.
Die ***übrigen Spieler raten***, um was es sich handelt.
Ist der Reiter der Meinung, eine Antwort ist richtig, zieht er zwecks Kontrolle den Gegenstand heraus. Stimmt das, werden die Rollen getauscht.

Sicherheit
- Wichtig ist, dass das Pferd zuvor an den evtl. klappernden Sack gewöhnt sein sollte.

Ausbildung
- Rätsel-/Ratespiele schärfen nicht nur das Gedächtnis sowie das Beobachtungsvermögen und Zuhören-Können, so kann man auch noch „Sehen mit anderen Sinnen" üben und gleichzeitig spielend Fachvokabular sichern.

Ausgerechnet DEINE/IHRE Lieblingsspielidee an der Longe ist zwischen den 365 Ideen nicht zu finden? Nicht wirklich ein Problem, denn hier ist Platz, um sie nachzutragen:

NAME: __________

Helfer: __________

Material: __________

Ablauf: __________

Musik in Bewegung umsetzen

Helfer: Einer zum Musikmachen

Material: MP3- oder CD-Player und CDs

Ablauf: Das Pferd steht oder geht im Schritt. Die Teilnehmer wechseln sich nacheinander ab. Ein Helfer bedient den CD-Player.
Nach je 20 Sekunden muss der Reiter sagen, welche Grundgangart seines Erachtens zur Musik passt. Hat er recht, darf er max. 2 Minuten Pferd und Musik genießen.

Variation: Jeder der Reiter bringt zu einer festgelegten Longenstunde eine/n CD/MP3-Datenträger mit. In der Galoppphase für jeden Reiter bekommt dieser insgesamt fünf (acht) Titel für je 10 Sekunden angespielt (natürlich nicht von der eigenen CD). Wer kann möglichst viele Titel und/oder Interpreten benennen? Der/die Sieger ist/sind der/die Hit-Gigant/en und darf/dürfen das Pferd anschließend trocken führen, während die übrigen Reiter z.B. Hufschlag und/oder Zirkel mit Harken pflegen bzw. sich der Lederpflege widmen.

Ausbildung

- Wer später erfolgreich „Kür" reiten möchte, der kann gar nicht früh genug Erfahrung im Umgang mit Takt und Tönen sammeln. Und auch in diesem Fall darf wieder an den wohltuenden Wechsel von Spannung und Entspannung erinnert werden, der sich als sehr förderlich – nicht nur für das Lernklima – erwiesen hat.

Sicherheit:

Ausbildung:

Pferd:

Putzzeug raten

Helfer: –

Material: Pro Außenstehenden ca. 3 Teile Putzzeug

Ablauf: Der Teilnehmer sitzt (im Schritt) zu Pferd und merkt sich das ihm gezeigte Putzzeug, welches ihm von den – gleichmäßig um den Zirkel verteilt stehenden – Mitreitern präsentiert wird.
Dann schließt er die Augen. Das ist der Moment, in dem der Longenführer auf einen Außenstehenden zeigt, der sein Putzzeug gegen ein anderes auszutauschen hat.
Der Longenführer bittet den Reiter, die Augen wieder zu öffnen und den Teilnehmer mit dem ausgetauschten Putzzeug zu benennen. Gelingt ihm dies, ist er noch eine weitere Runde dran, bei der dann zwei Teilnehmer ihr Putzzeug austauschen werden.

Ausbildung

- Dieses Spiel kann man schon mit den Jüngsten erfolgreich spielen, um so bereits ein gewisses Maß an Theorie mit einfließen zu lassen. Nicht im Spiel befindliches Putzzeug steckt dann am besten sichtgeschützt in entsprechenden Beuteln oder Kisten.

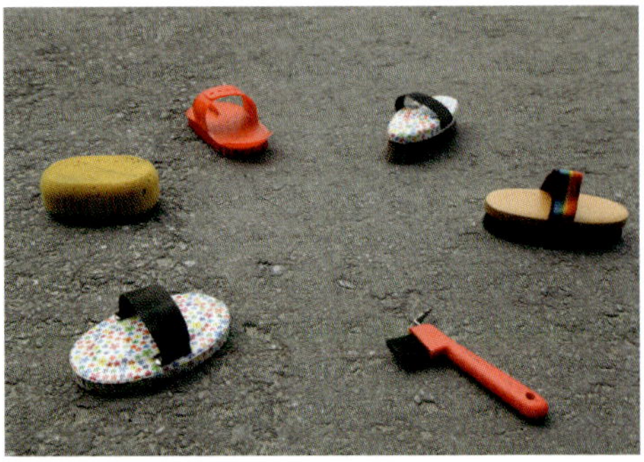

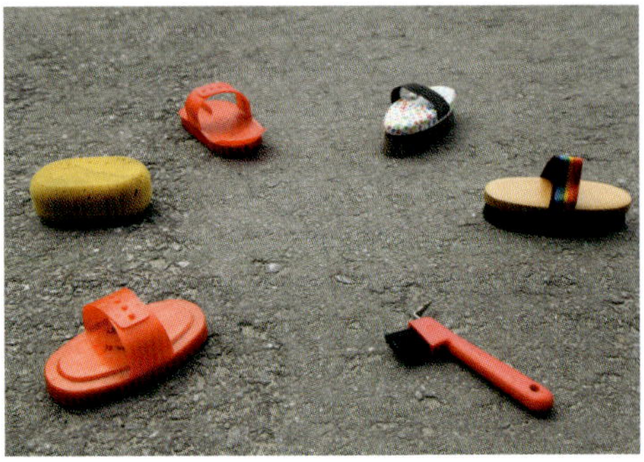

„Spiele haben eine hohe Bedeutung für Bildungsprozesse."
MARGARETE BLANK-MATHIEU

Variante Osterhase

Helfer: 2–3 zum Bemalen von DIN-A4-Pappkarton-Eiern

Material: Pro Außenstehenden ca. 3 Ostereier

Ablauf: Der Osterhase (Teilnehmer) sitzt (im Schritt) zu Pferd und merkt sich die ihm gezeigten Ostereier, die ihm von den – gleichmäßig um den Zirkel verteilt stehenden – Mitreitern präsentiert werden. Dann schließt er die Augen. Das ist der Moment, in dem der Longenführer auf einen Außenstehenden zeigt, der sein Osterei gegen ein anderes auszutauschen hat. Dann bittet der Longenführer den Reiter, die Augen wieder zu öffnen und den Teilnehmer mit dem ausgetauschten Osterei zu benennen. Gelingt ihm dies, ist er noch eine weitere Runde dran, bei der dann zwei Teilnehmer ihr Osterei austauschen werden.

Hinweis: Den Osterhasen kann man schon mit den Jüngsten erfolgreich spielen. Je nach Alter der Spieler sind die Eier dann auch eingefärbt, d.h., bei den jüngeren Teilnehmern wird auf ein Muster verzichtet, da geht es nur um Farben. Bei den Fortgeschrittenen spielen Farbe und Muster eine Rolle.

Variation: A: Wird direkt um Ostern mit echten Eiern gespielt, darf der Osterhase seine „Treffer" selbstverständlich behalten.

Hinweis: Nicht im Spiel befindliche Ostereier stecken dann am besten sichtgeschützt in entsprechenden Eierkartons, die zum Transport üblich sind. →

→

Variation: **B:** Ostern in der Reithalle (für Reitabteilungen)

Helfer: 5–6 zum Präsentieren der Eier entlang der Zirkellinie

Material: Pro Helfer/Halter mindestens 1 großes (Deko-)Ei

Ablauf: In einer Schrittphase verteilen sich die Reiter auf einer Hand auf dem ersten (zweiten oder dritten) Hufschlag in der gesamten Halle. Die Helfer stehen in gleichmäßigen Abständen entlang der Mittellinie und zeigen ihr Dekoei, dann schließen die Reiter nach Ausbilderinfo die Augen und öffnen sie auch wieder gemäß Info. Inzwischen wurden zwei Eier vertauscht – wer von den Reitern findet es (als Erster) heraus?

Sicherheit
- Die Umstehenden haben einen angemessenen Abstand zum Zirkel zu wahren.

Ausbildung
- Herausforderung und Förderung des Konzentrationsvermögens. Richtig anspruchsvoll wird's, wenn die Eier sich kaum voneinander unterscheiden – dann ist vor allem das optische Differenzierungsvermögen gefragt.

LUST auf mehr?

Bei unseren Ideen geht es ja vielfach um „Spiele ohne Sieger" – wer Gefallen an: SCHNELLER – HÖHER – WEITER hat, der sollte sich eine WBO besorgen.

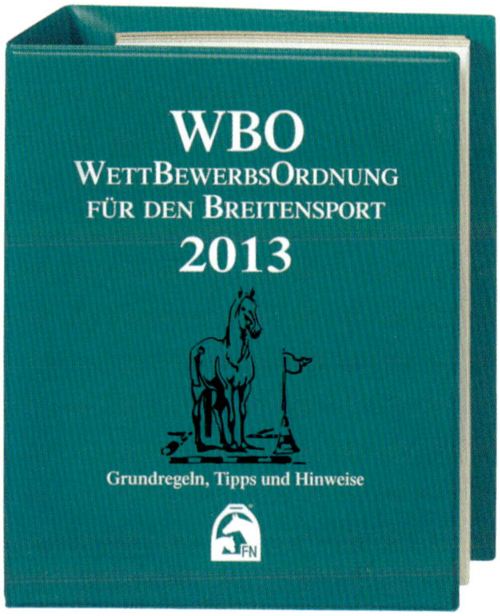

Regen in der „Reithalle“

Helfer: Einer

Material: 1 geräuschemachender Regenstab,
4 Pappscheiben mit Himmelsrichtungen

Ablauf: Das Pferd geht an der Longe. Ein Reiter sitzt zu Pferd und merkt sich, welcher Mitspieler in welcher Himmelsrichtung (mit Pappscheiben gekennzeichnet) steht. Dann schließt er die Augen. Ein Helfer reicht dann einem Spieler einen Regenstab. Dieser „lässt es regnen“ – der Reiter muss nun mit geschlossenen Augen sagen, wo schlechtes Wetter ist.
Hat der Teilnehmer recht, lässt ein weiterer Mitspieler es zum zweiten Mal regnen, mal hören, ob er beide Male richtig liegt. Danach wechseln die Teilnehmer.

Ausbildung
- Ein sicheres Agieren z.B. auf dem Abreiteplatz Springen fängt eben ganz klein an – akustische Differenzierungsfähigkeit kommt eben nicht von ungefähr.

Pferd
- Selbstverständlich wird dem Pferd „der Regen“ mit Lob und Leckerlis „schmackhaft“ gemacht.

Variation: liegend lauschen und lösen

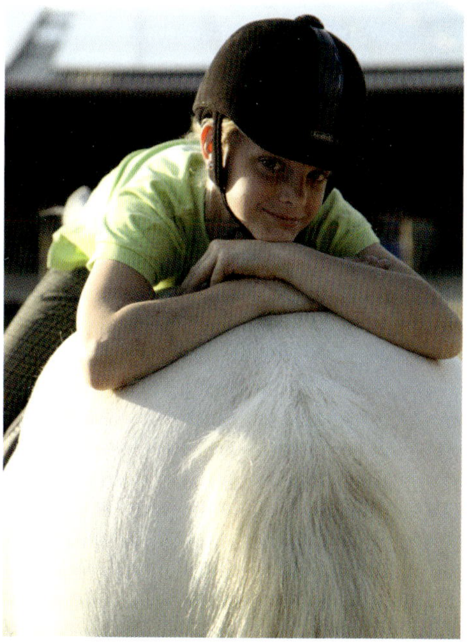

Variation: liegend lauschen und lösen

Reitermikado

Helfer: 2 (zwecks „Hindernisaufbau“)

Material: 1–2 Stangen/Cavaletti/2 Poolnudeln mit Stecker

Ablauf: Der Reiter sitzt mit geschlossenen Augen auf dem Pferd an der Longe, der Helfer legt die Poolnudeln an beliebiger Stelle (vom Zentrum weg) auf den Zirkelbogen.
Sobald der Reiter glaubt, über „das Hindernis“ zu gehen, sagt er laut vernehmlich: „Jetzt“

Variation: Weitere „Hindernisse“/andere Grundgangarten/andere Hand

Sicherheit
- Routinierte Helfer sind wichtig. Beim „Einarbeiten“ nur im Schritt üben.

Ausbildung
- Auch für Profis im Sattel noch eine Herausforderung mit viel Spaß (Wie steht es um Bewegungserfahrung/-gedächtnis?) Und für alle gilt: Reitermikado ist eine interessante Herausforderung an den eigenen Körper/die eigene (partielle) Leistungsfähigkeit.

Sherlock Holmes

Helfer: –

Material: –

Ablauf: Das Pferd geht oder trabt an der Longe. Ein Reiter sitzt auf dem Pferd, die übrigen stehen gleichmäßig verteilt in genügendem Abstand um den Zirkel.
Der Reiter schließt die Augen, nachdem er sich alle Spieler genau angesehen hat. Dann verändern alle etwas an ihrer Kleidung/Frisur, bevor der Reiter die Augen wieder öffnet, um möglichst viele Veränderungen – wie ein Detektiv – zu ermitteln (z.B. Kappe jetzt mit Schirm nach hinten, zwei Zöpfe seitlich anstatt einen Pferdeschwanz hinten, Pullover auf links oder Brille von jemand anderem oder, oder, oder ...).

Variation: **A:** Die Außenstehenden können auch Statue spielen, d.h. zuerst Mozart spielen und dann sitzender Buddha sein.

B: In einer Schrittphase auch von Reitgruppen realisierbar. Die (drei bis vier) Helfer stehen dabei entlang der Mittellinie. Die Reiter (alle auf der gleichen Hand auf evtl. unterschiedlichen Hufschlägen) versuchen sich die Statisten entlang der Mittellinie genauestens einzuprägen, dann schließen sie – auf Kommando des Ausbilders – kurz die Augen, um dann später anzusagen, was der Helfer wie an sich verändert hat (s.o.).

Sicherheit • Ängstliche können (wenn die Augen geschlossen sind) durch einen Helfer begleitet/gesichert werden

Ausbildung • Ratespiele trainieren Gedächtnis und Beobachtungsvermögen – diesbezüglich geübte Reiter können auch zwei oder drei Teile gleichzeitig an der Kleidung ihrer MitstREITER ändern lassen.

Pferd • In der Abteilung/Variation sollte kein Pferd dazu neigen, die kurze „Blindheit" seines Reiters auszunutzen.

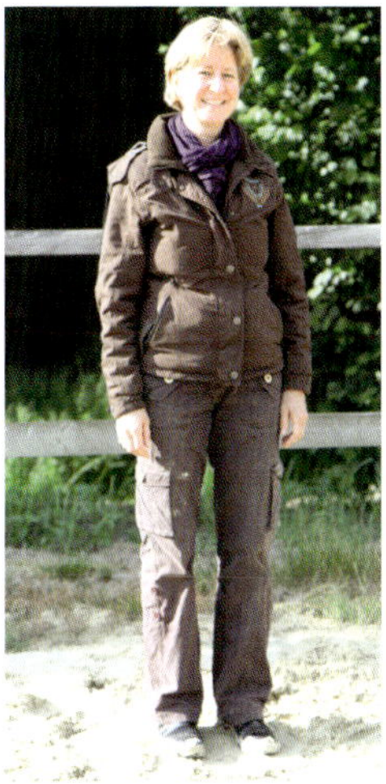
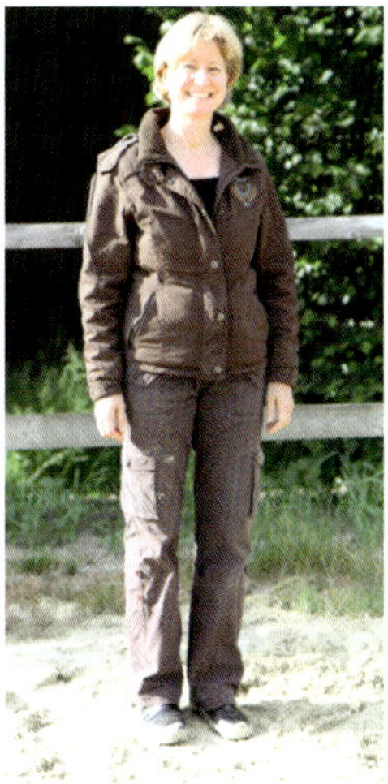
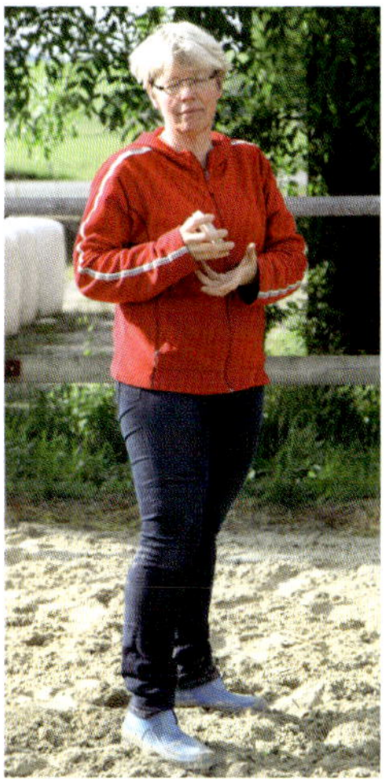
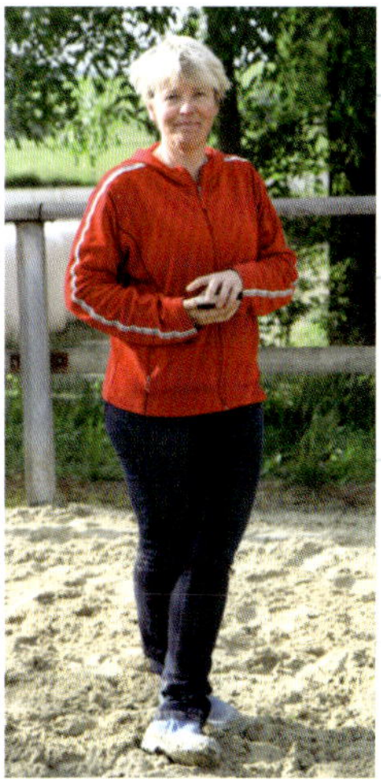

Umtopfen

Helfer: Einer zum Verteilen des Materials

Material: 8 oben offene Pilonen („Vasen") mit 4 großen Stoffblumen

Ablauf: An den Zirkelpunkten werden aus den Pilonen „Tore" gebaut. Die Blumen kommen in die „Vasen" auf dem Innenzirkel. Sobald der Reiter/Voltigierer durch das Tor longiert wird, muss er die Blume aus der Pilone auf dem Innenzirkel herausziehen und sie dann in die Vase auf dem Außenzirkel stecken.

Hinweis: Wenn nur die „leeren" Pilonen außen herum an den Zirkelpunkten stehen und die Pilonen mit Blumen innen (sozusagen „auf dem 3. Zirkel") auf halber Strecke dazwischen, ist die Aufgabe eigentlich immer/von allen zu schaffen, da diese Aufgabenstellung weniger ausbalancierten Reitern im wahrsten Sinne des Wortes entgegenkommt, weil sie viel Zeit zusätzlich für den Seiten-/Positionswechsel erhalten.

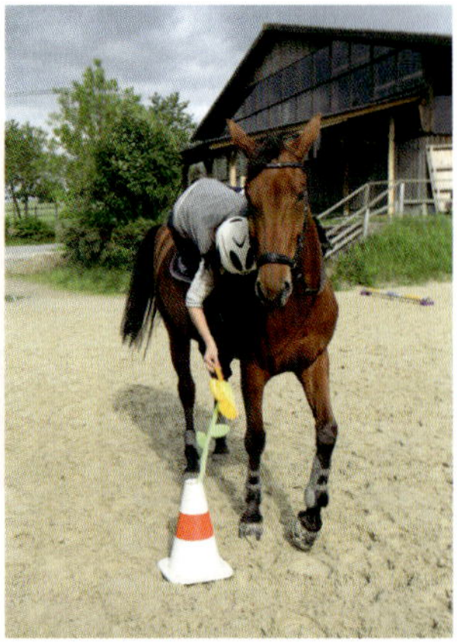

Variation: Blümchenpflücken und/oder -pflanzen z.B. während der Schrittphase. Immer wenn der Reiter an einer Pilone mit Textilblume vorbeikommt, bückt er sich herab, um diese zu pflücken, und sobald er an einer Vase ohne Inhalt vorbeikommt, pflanzt er diese wieder ein.

Sicherheit
- Der Longenführer sollte den Weg des Rosses schon sehr genau vorgeben können.

Ausbildung
- Herausforderung der Balance und der Geschicklichkeit im Quadrat

Pferd
- Die Pferde brauchen „Indianerponyqualitäten", d.h. an der Seite hängende Reiter sollten toleriert werden, ebenso wie die übergroßen Blumen.

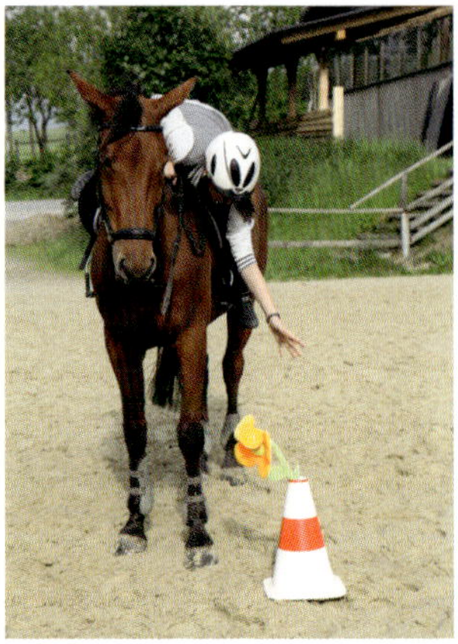

Wer bin ich?

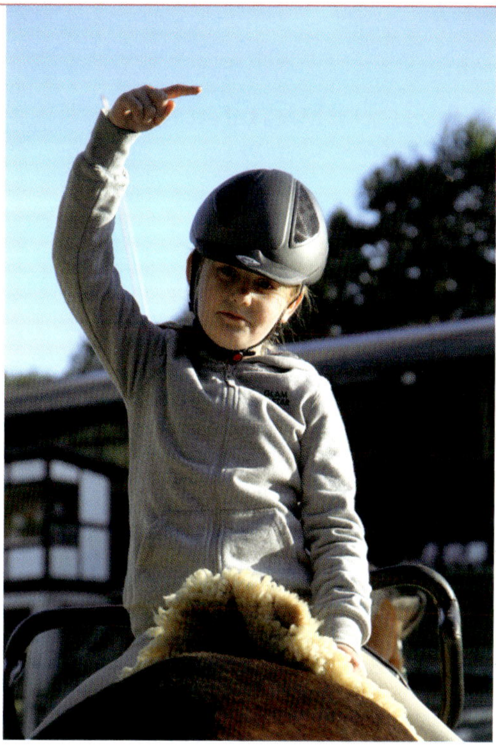

Helfer: –

Material: –

Ablauf: Das Pferd geht an der Longe (allgemein gilt ja: egal ob mit Sattel oder Voltigiergurt ausgerüstet – hier ist aber eindeutig Letzterer alternativlos). Ein Reiter sitzt verkehrt herum auf dem Pferd. Die übrigen Spieler folgen dem Pferd in sicherem Abstand. Der Reiter schreibt nun **in Spiegelschrift** in einzelnen Großbuchstaben mit einer (oder beiden) Händen den Namen eines Promis vor sich in die Luft.
Die Spieler raten. Der Gewinner wechselt aufs Pferd und fragt nun auch schreibend: „Wer bin ich?"

Sicherheit
- Voltigierpferd von Vorteil

Ausbildung
- Koordination und Kreativität – je lustiger/origineller/gruppenangemessener die „Autogramme", desto mehr Spaß macht es bzw. desto positivere Impulse zur Stärkung des Wir-Gefühls können gesammelt werden.

Winkelvorgaben

Helfer: –

Material: –

Ablauf: Ein Reiter sitzt auf dem Pferd (zunächst im Schritt, später beliebig), während die übrigen Teilnehmer dieser Longenstunde gleichmäßig verteilt um den Zirkel stehen. Sie geben dem Vorbeireitenden jeweils unterschiedlich gewinkelte Armhaltungen vor, die dieser so lange nachmachen darf, bis er sich vertut und von Reiter Nr. 2 abgelöst wird. Spätestens nach zwei/drei Zirkelrunden erfolgt ein Reiterwechsel.

Hinweis: Arm- oder Winkelvorgaben wären z.B.:

➜ beide Oberarme waagerecht und beide Unterarme nach oben oder unten (beide Oberarme waagerecht nach vorn und beide Unterarme nach oben, einen Oberarm waagerecht nach vorn mit Unterarm nach oben und den anderen Oberarm nach hinten mit Unterarm nach unten).

Ausbildung

- Konzentration und Koordination stehen im Vordergrund (und ohne die läuft im Sattel nun mal überhaupt nichts).

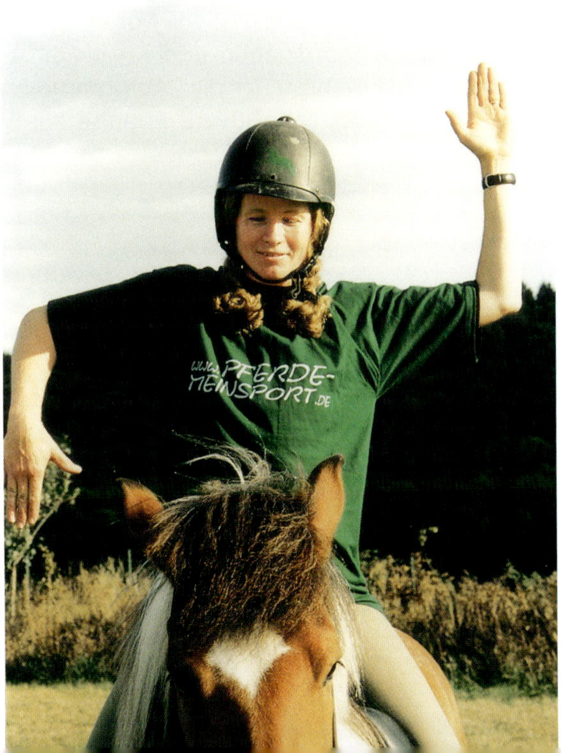

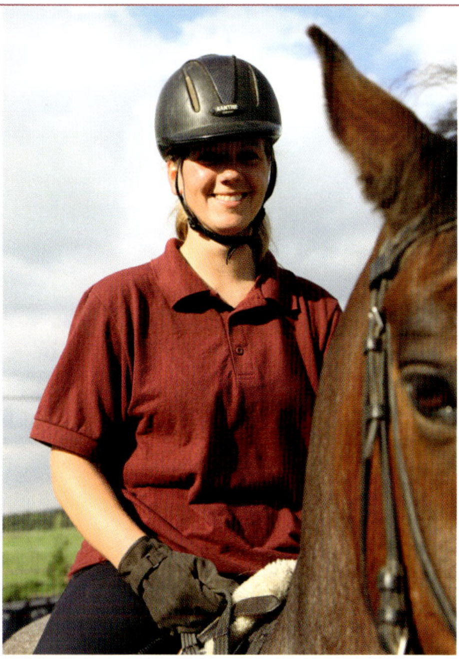

Wo ist meine Box?

Helfer: Einer, der die Teppichfliesen gleichmäßig um den Zirkel verteilt

Material: Pro Reiter (Teilnehmer) 1 Teppichstück (-1)

Ablauf: Bei diesem Spiel stehen alle Reitgruppenmitglieder (bis auf den zu Pferd) im Sicherheitsabstand gleichmäßig verteilt auf Teppichstücken um den Zirkel. Der Reiter im Sattel schlüpft in die Rolle des Shetty.

Wenn er ruft: „Wo ist meine Box?“, antworten alle Reiter/um den Zirkel Stehenden mit: „Hier!“ – machen dabei „ihre“ Box (= das Teppichstück) frei und suchen sich um den Zirkel laufend eine neue. In der eigenen darf man nicht bleiben und auch nicht zurück.

Der Reiter springt schnell aus dem Sattel und stellt sich dabei seinerseits auf eine Teppichfliese (nun seine Box). Der Spieler, der nach dem Boxenwechsel ohne Box ist, ist nun das Shetty, steigt in den Sattel und ruft: „Wo ist meine Box?“

Sicherheit
- Wer sich nicht an die Sicherheitsregeln hält – sprich z.B. durch den Zirkel läuft –, der wechselt auf den anderen Zirkel und macht dort z.B. 20 Hampelmänner und 20 Liegestützen.

Ausbildung
- Reaktionsvermögens- und Geschicklichkeitstraining pur – gerade bei der heutigen Reizüberflutung helfen (Re-)Aktionsspiele, um zu üben, sich (wieder) aufs Wesentliche zu konzentrieren.

Pferd
- Hier sind Profis unter dem Sattel gefragt, die kein Problem mit schnell um den Zirkel rennenden Zweibeinern haben und auch nicht ambitioniert sind, diese ein- oder zu überholen.

11 – 22 – 33 ...

Helfer: –

Material: –

Ablauf: Das Pferd geht auf beliebiger Hand in beliebiger Gangart an der Longe. Die Reiter haben drei Paare gebildet und stehen nun so gleichmäßig um den Zirkel verteilt, dass der Ausbilder quasi jeweils in der Mitte eines jeden Paares steht. Die Paare sind durchnummeriert (11 – 22 – 33).
Sobald der Longenführer nun eine Zahl aufruft, wechseln die Aufgerufenen hinter dem Rücken des Longenführers den Standort.
Der Platzwechsel kann vorwärts-, seitwärts-, rückwärtslaufend oder hüpfend vollzogen werden.

Hinweis: Zuhören ist angesagt, denn läuft man einfach los, weil man irgendeine Zahl gehört hat, kann es zu Kollisionen führen und gefährlich werden, denn das Longenpferd sollte zwar solche Spiele gewohnt sein, ist und bleibt aber immerhin ein Fluchttier.

Sicherheit
- Der Ausbilder muss unbedingt darauf achten, dass er die Kommandos so erteilt, dass die Teilnehmer beim Durchlaufen des Zirkels hinter ihm herlaufen und somit auch hinter der Longe, damit es keinen Zusammenstoß mit der Longe gibt.

Ausbildung
- Anspruchsvolles Üben und Trainieren rund um die Reaktions-, Umstellungs-, Differenzierungs- und Orientierungsfähigkeit.

Pferd
- „Mitdenkende Pferde" (und die gibt es trotz aller notwendiger Sachlichkeit ganz bestimmt), die auch dann den Überblick behalten, wenn er bei den zweibeinigen Mitspielern kurzfristig verloren geht, sprich selbstständig Vorfahrt gewähren, noch bevor der Longenführer aktiv wird/werden muss, sind sehr von Vorteil.

①

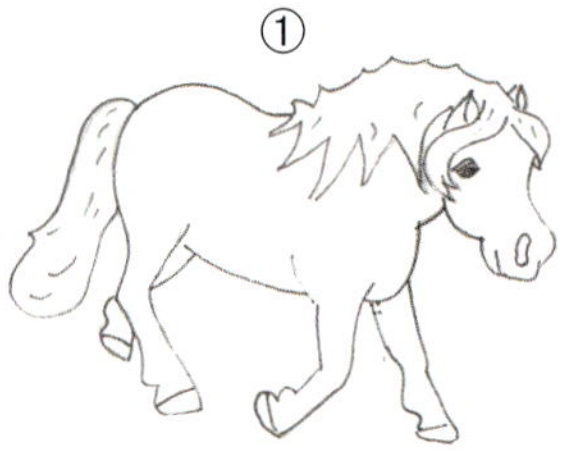

Name:

②

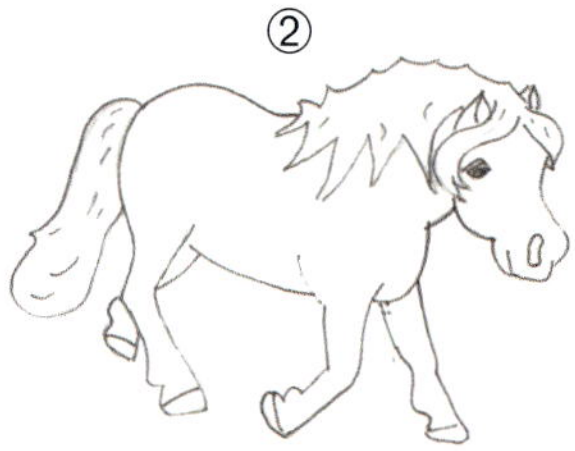

Name:

③

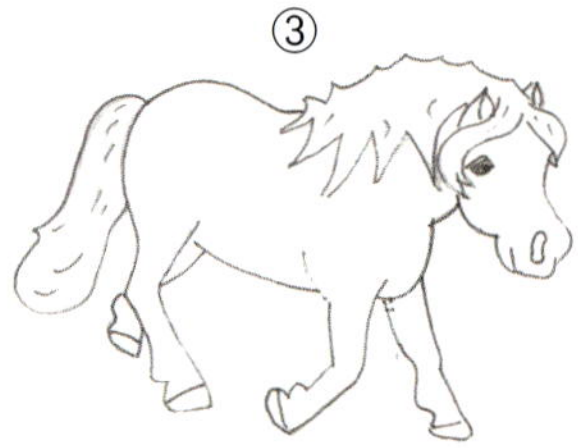

Name:

„Hör mal, wer da spricht!“

Helfer: –

Material: –

Ablauf: Bei diesem Spiel sitzt der Reiter zu Pferd. Die übrigen hocken hinter der Bande(ntür). Sobald der Ausbilder ruft: „Hör mal, wer da spricht!", antwortet einer der Reiter hinter der Bande mit einem Satz oder Wort.
Der Reiter muss nun versuchen, den Reiter hinter der Bande an der Stimme zu erkennen?

Sicherheit
- Niemand sollte hinter der Bande einfach mal so hoch schießen – alle tauchen auf Kommando des Ausbilders gemeinsam wieder auf.

Ausbildung
- Dieses Spiel funktioniert nur dann, wenn es kaum/keine Nebengeräusche gibt. Eine tolle Variante, um wieder Ruhe in eine „Chaos"-Truppe zu bekommen. Eine richtig schöne Mischung aus Konzentrations- und Kooperationstraining, denn jenseits der Bande gilt es, sich abzusprechen.

Pferd
- Das Pferd sollte keine Probleme mit dem „Radio", also mit Stimmen haben, zu denen es keine Menschen sieht.

LOGICAL „Die drei Ponys“

Malen nach Zahlen war gestern –
für fortgeschrittene Maler mit Lesekompetenz

Male die Ponys auf der linken Seite und deren Abzeichen passend zum nachfolgenden Text – vergiss die Namenschilder nicht!

1. Das mittlere Pony heißt nicht Elvis
2. Das braune Pony hört auf den Namen Momo
3. Das Fuchs-Scheck-Pony steht nicht außen
4. Zwischen dem Pony mit der Schnippe und dem mit dem Stern steht das mit der Blesse
5. Das Pony mit dem Stern heißt nicht DJ
6. Das Pony Momo steht rechts vom Pony mit der Blesse
7. Das Rapp-Pony steht nicht neben dem Pony mit der Schnippe

Lösung: siehe Seite 92

„Hund aus der Hütte/Reiter vom Pferd“

Helfer: –

Material: –

Ablauf: Ein Teilnehmer sitzt auf dem Pferd an der Longe. Um den Zirkel stehen drei Paare (je einer steht und der Partner hockt vor ihm). Ruft der Reiter: „Hund aus der Hütte“, müssen die Hockenden die Plätze tauschen, der Reiter versucht dabei (weil inzwischen vom Pferd gesprungen), auch eine Hütte zu ergattern.
Der Teilnehmer ohne Hütte ist nun der/die nächste Reiter/-in ...
Ruft der Reiter: „Reiter vom Pferd“, müssen die Stehenden die Plätze tauschen.

Hinweis: Gegenseitiges Helfen beim Aufsitzen sollte selbstverständlich sein, da das Pferd am besten einen Sattel ohne Steigbügel trägt. Je nach Erfahrung auch in anderen GGA möglich.

Sicherheit
- Zirkeldurchquerungen sind für die Zweibeiner tabu und jedes Pärchen sollte auch in sicherer Entfernung vom Zirkel positioniert sein.

Ausbildung
- Die Angst vorm „Absitzen“ wird spielend überwunden. Außerdem schulen die Menschen um den Zirkel ihre Konzentration und ihre Koordination, teilweise sogar die Kondition. Und neben dem Training der kognitiven und körperlichen Beweglichkeit ist nicht zuletzt Bewegungsfreude durch das bewegte Miteinander garantiert.

Pferd
- Pferde, die so ein „Gewusel“ und lautes Rufen oder Absitzen nach außen/rechts nicht tolerieren, sind dann wieder bei einer anderen Idee im Einsatz.

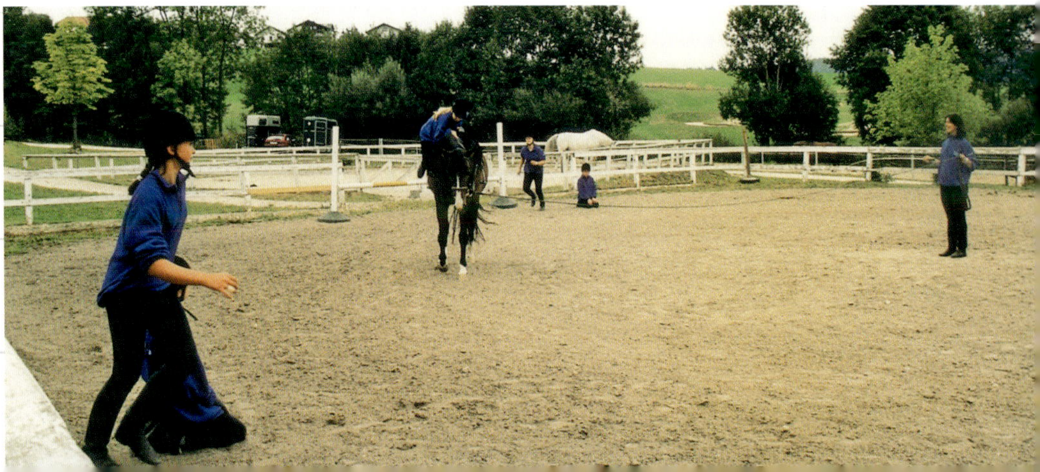

In der Halle ist es duster

Helfer: Einer für Hilfestellung beim Aufsitzen

Material: Evtl. ein Holzpferd, wenn das Pferd eine Impfung o.Ä. bekommen hat

Ablauf: Das Pferd geht an der Longe. Der Reiter schließt die Augen, danach setzt sich ein vom Longenführer bestimmter Teilnehmer hinter den Reiter aufs Pferd, der Helfer kann ihm dabei helfen (natürlich wird der Reiter vorher darüber aufgeklärt).
Auf Zuruf des Ausbilders fragt der „Beifahrer" (mit verstellter Stimme): *„1, 2, 3, 4 – wer sitzt hinter dir?"* Nun muss der Reiter erraten, mit wem er das Pferd teilt.
Für sofortiges Erraten gibt es 2 Punkte, im zweiten Anlauf 1 Punkt, und wer es dann noch nicht erraten hat, muss auf den nächsten Durchgang hoffen.

Variation: Um das Spiel für die Kleinsten interessanter zu machen, können die um den Zirkel stehenden Teilnehmer (ähnlich der Melodie von „Backe, backe Kuchen") das Lied „In der Halle ist es duster, da reitet ein armer Schuster, er hat kein Licht, er hat kein Licht, er sieht die liebe Sonne nicht" singen.

Sicherheit
- Die Augen zu schließen bedeutet für manche Menschen ein Gefühl von Orientierungs- und Machtlosigkeit zu haben – sie können dann schnell verkrampfen, was auf einem gehenden oder stehenden Pferd sicherlich kein Problem ist.

Ausbildung
- Reiter müssen immer mit allen Sinnen auf Empfang/Zack sein – es sollte daher eine Selbstverständlichkeit sein, den „Hauptinformationskanal", sprich die Augen, immer mal wieder zu schließen, um auch andere Infos wahr- und aufzunehmen.

Pferd
- „In der Halle ist es duster" eignet sich gut als Stundenabschlussspiel, da es bei den Teilnehmern auch dann noch gut ankommt, wenn das (nicht stark schwitzende) Pferd „nur" steht/entspannt und auf die nächste kleine Rasselbande wartet.

Pat und Patachon

Helfer: Einer, der den Holzpferd-Reiter beobachtet/betreut

Material: 1 Holzpferd (mit Sattel plus Steigbügel ausgerüstet)

Ablauf: Während bereits ein Reiter auf dem Pferd (gekonnt) leicht trabt, versucht sich ein weiterer im Leichttraben auf dem Holzpferd – und zwar exakt im gleichen Tempo mit identischer „Auf- und Nieder-Bewegung" wie das Original auf dem lebendigen Vierbeiner.
Im nächsten Durchgang wechselt der Reiter vom Trockentraining aufs Ross und ein anderer Reiter nimmt seine Rolle ein.

Variation: **A:** Routinierte Reiter bekommen natürlich keine Steigbügel zur Verfügung, wenn sie auf dem Holzpferd Schatten spielen.

B: Natürlich kann auf diese Weise auch z.B. mit dem Rennsitz gespielt werden.

Ausbildung
- Da der Impuls durch das Pferd auf dem Holzpferd fehlt, ist die Übung evtl. schwieriger als vermutet. Auf jeden Fall weiß der „Holzpferdjockey" jedoch, was er üben soll, da er Rhythmus und „Machart" permanent vorgemacht bekommt. Neben Bewegungssehen (als Grundlage von Bewegungsverstehen) auch noch Koordinations- und Konditionstraining, welches das Pferd zu null belastet.

Pferd
- Pferde profitieren von ihrem Double aus Holz, da die Reiter hier bereits versuchen, überflüssige Bewegungen zu dezimieren und im eigenen Interesse möglichst „weich" einzusitzen.

LÖSUNG zu Logical „Die drei Ponys" von Seiten 88/89
① *Elvis, Rappe mit Stern*
② *DJ, Fuchs-Schecke mit Blesse*
③ *Momo, Brauner mit Schnippe*

Spiegelspiel

Helfer: –

Material: Pferd mit Gurt an der Longe

Ablauf: Es werden Paare gebildet, die nacheinander wie folgt auf dem Pferd sitzen:
Einer rückwärts vor dem Gurt und einer vorwärts hinter dem Gurt – sodass sich beide anschauen und festhalten können.
Der Spieler auf dem Hals macht nun einhändig Bewegungen vor, die der lebendige Spiegel gegenüber nachmachen muss.
Haben die beiden schon Routine/sehr gutes Balancegefühl, kann auch beidhändig bzw. in jeder Grundgangart gearbeitet werden. Auf dem Hals sollte der Sicherere von beiden sitzen.

Hinweis: Der Spieler auf dem Hals kann sich z.B. kämmen, rasieren, duschen, schminken oder er putzt ein Fenster. Dieses Spiel ist gerade zur Förderung der Kleinsten sehr beliebt.

Variation: Es werden keine Paare gebildet, sondern Nr. 1 und Nr. 2 beginnen – Nr. 1 verlässt das Pferd wieder und Nr. 2 wechselt auf den Hals, Nr. 3 kommt hinzu und so weiter.

Sicherheit
- Am besten neben dem Gurt gleich das ganze „Voltigiergespann" ausleihen, für die so etwas Routine ist.

Ausbildung
- Nur wer immer mal wieder mit seiner Position auf dem Pferderücken bewusst spielt, schafft Bewegungserfahrung, um immer wieder zurück in den ausbalancierten Sitz zu finden – ohne groß/bewusst darüber nachzudenken. Außerdem sind „Ablenkungsmanöver" mit den Armen wichtig, damit sich das Bewegungszentrum Hüfte (ohne falsche/bewusste Kontrolle) auf den Partner Pferd einzustellen/-lassen lernt. Darüber hinaus können so – nicht nur in der Frühförderung – Unängstliche und Ängstliche unauffällig miteinander weiterkommen, Teilziele erreicht und kleine Erfolge (weil losgelassen, ohne darüber nachzudenken) gefeiert werden.

Stadtler und Waldorf
(spielerische Sitzschulung für Fortgeschrittene)

Helfer: –

Material: –

Ablauf: Die beiden alten Herren in der Loge bei der Muppetshow sind für ihre gute Beobachtungsgabe und ihre Motzerei bzw. Frotzeleien bekannt. Während einer Longenstunde zur Sitzkorrektur sind daher immer zwei andere Teilnehmer für eine vorher festgelegte Zeit/Phase Stadtler und Waldorf. Sie sitzen auf der Tribüne (evtl. sogar hinter Namensschildern, Karneval mit den entsprechenden Masken) und korrigieren den Reiter von außen.

Ausbildung

- Dieses Spiel ist für bereits erfahrenere Teilnehmer. Die Teilnehmergruppe sollte sich außerdem schon länger kennen, damit niemand ernsthaft sauer auf Stadtler und Waldorf ist. Gerade wenn der Longenführer noch nicht perfekt ist, von innen z.B. die Lage des äußeren Schenkels zu „sehen“, geht in einer Stadtler- und Waldorf-Einheit nichts verloren. Andererseits werden Stadtler und Waldorf genial zum Bewegungssehen und zum Formulieren konstruktiver Kritik angehalten, wenn es aus der Zirkelmitte lauter zitierfähige Vorlagen gibt.
  Dieses Spiel belebt also insbesondere Sitzschulungseinheiten an der Longe von fortgeschrittenen Reitern.

LOGICAL „(Hof-)Hunde“

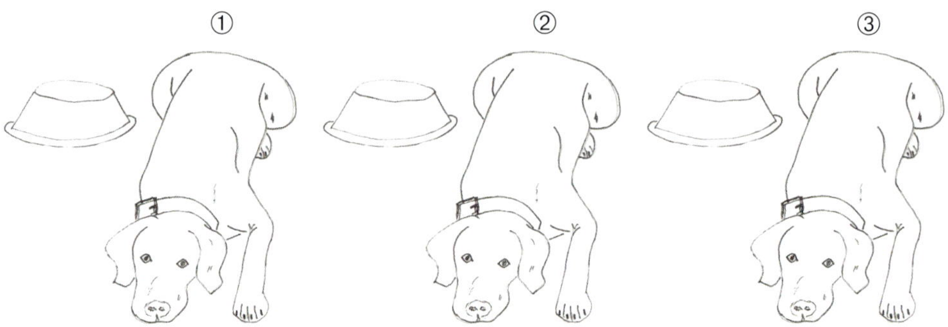

Würfelkönig

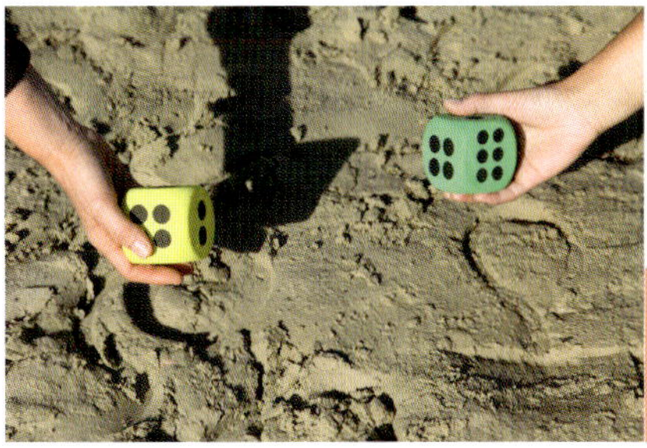

Helfer: –

Material: 2 Schaumstoffwürfel

Ablauf: Das Pferd geht an der Longe, die Reiter haben Paare gebildet und eine Reihenfolge festgelegt.
Das erste Paar würfelt mit zwei großen Schaumstoffwürfeln um die Wette die vom Ausbilder vorgegebene Zahl. Derjenige, der die Zahl zuerst hat, d.h. der Würfelkönig, geht aufs Pferd und macht eine Koordinationsübung vor, die der „Unterlegene" anschließend nachmachen muss – während Paar 2 bereits würfelt.

Variation: Neben Koordinationsübungen können auch Bewegungsaufgaben vorgegeben werden, z.B. abwechselnd 3-mal aussitzen und 3-mal leichttraben, insgesamt 3-mal hintereinander oder auf zwei Zirkelrunden drei Grundgangartenwechsel usw.

Ausbildung

- Jeder Würfelkönig sollte daran denken, dass das Spiel nur dann allen Spaß macht, wenn die jeweilige Übung wirklich nachzumachen ist. Neben der gegenseitigen Rücksichtnahme geht's so ganz nebenbei dann auch noch um Bewegungssehen und Auf- und Ausbau des Bewegungsrepertoires.

Male die (Hof-)Hunde und ihre Halsbänder wie im Text beschrieben an.
Außer der Rasse erfährst du auch, wie die Hunde heißen. Du kannst ihre Namen auf ihren jeweiligen Näpfen notieren:

1. Der Hund ganz rechts trägt ein dunkelbraunes Halsband.
2. Der Hund, der weder links noch rechts liegt, trägt ein Strasshalsband.
3. Der Hund mit dem schwarzen Halsband ist ein Dalmatiner.
4. Der Hund mit dem dunkelbraunen Halsband ist ein Blonder Labrador.
5. Der schokoladenfarbene Deutschkurzhaar heißt Nele.
6. Der Blonde Labrador hört auf den Namen Greta.
7. Der Hund, der weder blond noch schokobraun ist, wird Mia gerufen.

Lösung: siehe Seite 104

American Football

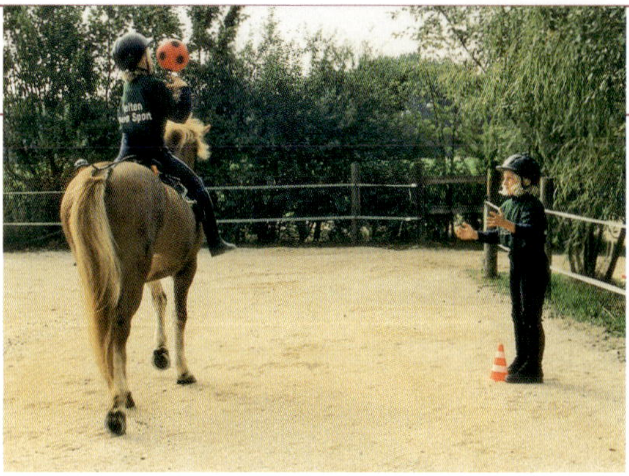

Helfer: –

Material: Softball

Ablauf: Das Pferd geht im Schritt oder Trab an der Longe. Ein Reiter sitzt mit einem Softball zu Pferde, die anderen stehen gleichmäßig verteilt in genügendem Abstand um den Zirkel.
Nun versucht der Reiter jeweils denjenigen mit dem Ball anzuspielen, mit dem er fast auf gleicher Höhe ist. Der Mitspieler fängt den Ball und spielt ihn wieder zurück

Variation: **Der Ball ist heiß:** Im Reitunterricht stehen vier (sechs) so auf/in dem Mittelzirkel, dass alle den Mittelpunkt anschauen. Zwischen jedem Teilnehmer sind ca. 2 m Platz. Dann werden die Zügel auf den Hals gelegt. Nun kommt der Ball ins Spiel. Er ist von Spieler zu Spieler weiterzugeben/-werfen. Der Ausbilder steht so, dass er nicht sieht, wer in Ballbesitz ist. Irgendwann sagt er „Stopp“ und stellt dann dem Ballbesitzer eine Frage. Nach der richtigen Antwort wandert der Ball in die andere Richtung weiter usw. (Ideal, um nebenbei ein wenig Theorie zu üben.)

Sicherheit
- Selbstverständlich muss gerade beim Gebrauch von „fliegenden Materialien“ daran gedacht werden, dass Pferd vorher professionell damit vertraut zu machen (siehe Intro) – keinesfalls darf die Toleranz des Fluchttieres überstrapaziert werden. Außerdem wird ein auf den Boden gefallener Ball erst nach Freigabe durch den Ausbilder – gemäß Sicherheitsaspekten – aufgehoben.

Ausbildung
- Distanzen und ein Gefühl für Geschwindigkeiten/Tempo sowie angemessene Zeitfenster für die eigenen Aktivitäten (in Bewegung) plus die der anderen erobert man sich am einfachsten spielerisch. Mit diesen taktischen Grundlagen ist die Auge-Hand-Koordination in anderen Zusammenhängen sicherlich viel belastbarer, da „sie“ schon einschlägige Erfahrungen verbucht und gemeistert hat.

Pferd
- Nichts für Pferde, die mit Flugobjekten nicht vertraut sind oder diese nicht tolerieren.

David und Goliath

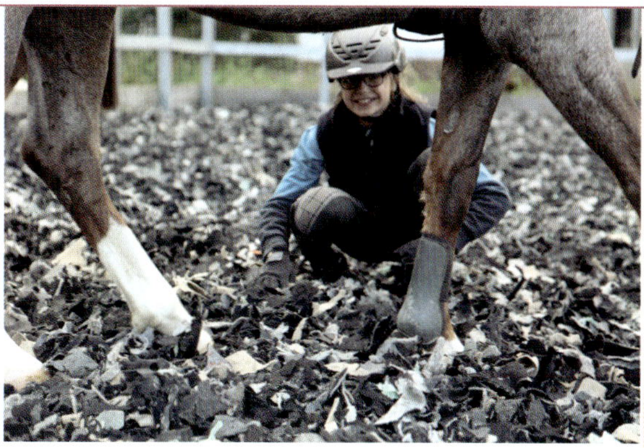

Helfer: –

Material: –

Ablauf: Das Pferd geht in beliebiger Gangart an der Longe. Die Spieler stehen gleichmäßig verteilt um den Zirkel mit dem Gesicht zum Ausbilder. Sobald das Pferd vorbeikommt, bücken sich die Reiter in spe, um unter dem Pferdebauch hindurch dem Ausbilder in die Augen zu schauen, oder sie springen mit Unterstützung der Arme kräftig hoch (Strecksprung), um über den Pferderücken hinweg die Schuhe des Ausbilders sehen zu können.

Variation: **Rund geht's, weiter geht's:** Jeder Spieler erhält eine Gymnastikmatte. Dann gibt der Ausbilder Dehn- und Kräftigungsübungen vor, die den Teilnehmern namentlich und ausführungstechnisch bekannt sind und die diese dann so lange einnehmen/machen, bis das Pferd wieder bei ihnen vorbeikommt. Neue Übungen werden selbstverständlich von einem kundigen Helfer vorgemacht, da der longeführende Ausbilder ja die Hände gebunden hat und auch positionsmäßig festgelegt ist.

Sicherheit
- Selbstverständlich können die Außenstehenden mit anderen Bewegungsaufgaben beauftragt werden. Es sollte aber nichts vorgegeben werden, wobei die Spieler sich evtl. vergessen und im Extremfall vor dem Pferd landen.

Ausbildung
- Nicht nur, aber gerade im Anfängerbereich machen Gruppenstunden an der Longe viel Sinn. Durch den durchdachten Wechsel von Anspannung im und Entspannung neben dem Sattel sind die Aktiven viel belastbarer und die Bewegungsergebnisse bis zum Stundenende gleich gut oder gar ansteigend und nicht – wie leider immer wieder zu beobachten – überanstrengungsbedingt auf dem absteigenden Ast. Und dass es neben dem Sattel nicht langweilig sein muss, sondern entspannt und dennoch sehr aktiv zugehen kann, dafür sind David und Goliath gelungene Beispiele.

Pferd
- Auch hier sind wieder nur Pferde im Einsatz, die sich auf ihren Longenführer konzentrieren, denen das restliche Programm sprichwörtlich egal ist.

„Komm mit ... lauf weg ...“

Helfer: –

Material: –

Ablauf: Ein Teilnehmer sitzt auf dem Pferd, die übrigen drei (vier) Teilnehmer stehen gleichmäßig verteilt (z.B. direkt an den Zirkelpunkten) um den Zirkel. Sobald der Reiter „vorbei“kommt, erteilt er diesen Kommandos. Bei „komm mit“ muss der Außenstehende auf Schulterhöhe des Pferdes an der Longe mitlaufen, bei „lauf weg“ muss derjenige 1-mal entgegengesetzt im Sicherheitsabstand um den Zirkel zu seinem Ausgangspunkt zurücklaufen. Bei dem Kommando „lauf in die Mitte“ hat der Angesprochene 1-mal zum Longenführer in die Mitte und zurück zu laufen.
Nach vier Runden wird der Kommandogeber auf dem Pferd ausgetauscht.

Sicherheit
- Bei Teilnehmern ohne Spielerfahrung kann das Kommando „lauf in die Mitte“ auch erst später erklärt und hinzugenommen werden, wenn absolut allen klar ist, wann unfallfrei in die Mitte gelaufen werden kann.

Ausbildung
- Konzentrations-/Reaktions-/Orientierungs- und Konditionstraining pur! Profis nutzen selbstverständlich alle Grundgangarten.

Pferd
- Wenn es sich bei dem Pferd nicht um einen Routinier handelt, sollte als Grundgangart Schritt gewählt werden!

Lauf A B C

Helfer: –

Material: –

Ablauf: Das Pferd geht (oder trabt) an der Longe. Die Reiter folgen dem Pferd in genügendem Abstand einer hinter dem anderen.
Dann wird der erste aufgefordert, sich innen (oder außen) an der Reihe zurückfallen zu lassen und sich hinten anzuschließen oder der letzte Teilnehmer soll die Reihe (innen oder) außen überholen, um dann als „Erster" zu gehen.
Schwieriger wird es, wenn der Erste oder der Letzte Slalom durch die Reihen laufen muss, um ans andere Ende zu gelangen. Die Reiter müssen dann nämlich gleichmäßig große Abstände halten, um sich nicht zu behindern.

Variation: Rückwärtslaufen, Vorwärtslaufen, beidbeinig Hüpfen, „Galoppieren" wie ein Pferd sind alles mögliche Fortbewegungsstrategien.

Sicherheit
- Der Longenführer muss darauf achten, dass das Pferd die Kinder nicht überrundet. Diese sollten mental und körperlich fit genug sein, die Anweisungen umzusetzen – im Zweifelsfall lieber mit Helfern arbeiten, die kritische Situationen vermeiden helfen.

Ausbildung
- Ein geschickter Aktiver im Sattel verfügt daneben bereits über eine große Bewegungserfahrung, denn Reiten ist und bleibt ein Ganzkörpersport mit nicht unerheblichen Ansprüchen an z.B. Koordination, Kooperation und Kondition, und die werden hier vom Feinsten gefordert und gefördert.

Pferd
- „Toleranz" (ein abgeklärtes Interieur) seitens des Vierbeiners ist auch bei dieser Idee gefragt.

Mein Pulli, dein Pulli, unser Pulli

Helfer: –

Material: 1 übergroßer Pulli, 1 Pylone zur Markierung, Voltigiergurt, 1 Handy mit Stoppuhr

Ablauf: Die Mannschaft (Teilnehmer) steht nebeneinander bei X an der Pylone. Der Erste in der Reihe trägt den übergroßen Pulli. Er läuft zum Pferd (sobald er die Griffe anfasst, läuft die Zeit) und springt auf.
Dann zieht er den Pulli aus und steckt ihn durch die Mittelschlaufe oder einen Griff und springt nach außen ab.
Nr. 2 springt so schnell wie möglich aufs Pferd, zieht den Pulli an, springt ab, rennt zur Gruppe zurück und zieht den Pulli wieder aus und reicht ihn an Nr. 3 weiter. Dieser sprintet wieder zum Pferd, springt auf, zieht den Pulli aus, macht ihn fest, springt außen ab und Nr. 4 übernimmt. Die Zeitwertung erfolgt, wenn der Pulli zum 6. Mal auf dem Pferd ist.
Auch für Reiter eine tolle Alternative, einmal das „Auf und Ab“ mit dem Voltigiergurt zu praktizieren.

Variationen: **A)** Für den Fall, dass kein Gurt zur Verfügung steht und mit Sattel gearbeitet wird, werden die Steigbügel pferde- und nicht unbedingt teilnehmerfreundlich verschnallt. Da die Teilnehmer in diesem Fall außerdem Kappen tragen, wird aus dem Pulli ein Hemd oder Kittel.
Damit es dann aber doch nicht so ganz einfach wird, sind zusätzlich Arbeitshandschuhe anzuziehen/weiterzureichen.

B) Sind die Aktiven in puncto Auf- und Abgang noch nicht ganz so fit, wird das Holzpferd gesattelt und in 15 m Entfernung von der Pylone aufgestellt.
Mindestens Ihre (Schul-)Pferde werden begeistert sein.

- *Sicherheit* • Wer wenig Routine mit außergewöhnlichen Angeboten hat, erklärt den Aktiven nochmals genau den Anlaufkorridor und die Tabuzonen. Außerdem wird zunächst nicht gegen die Uhr und nur mit den Arbeitshandschuhen plus Helfer agiert.
- *Ausbildung* • Da es im Pferdesport auch immer mal wieder ums Tempo (machen) geht, sollte auch dieses in gewohnter Umgebung (mit steigendem Stressfaktor) geübt werden, um andernorts/unter anderen Bedingungen darauf zurückgreifen zu können.
- *Pferd* • Auch hier sind wieder „Teamplayer“ gefragt, die sich durch nichts aus der Ruhe bringen lassen.

Platzwechsel

Helfer: –

Material: Zusätzliche Lederschlaufe am Sattelgurt

Ablauf: Das Pferd geht im Schritt, trabt oder galoppiert an der Longe. Alle Reiter fassen sich an und laufen nebeneinander hinter der Longe her. Das erste Kind am Pferd fasst die Schlaufe am Gurt an. Sobald der Ausbilder ruft „wechseln", lässt dieses die Schlaufe los und läuft hinter der Reihe zur Zirkelmitte zurück. Während die anderen je einen Platz aufrücken, schließt es sich hinten an.

Variation: Der Teilnehmer direkt am Pferd muss im Gleichschritt mitlaufen.

Sicherheit
- Pferde müssen hufschlag- bzw. zirkeltreu arbeiten, aber dennoch sollte man die Zweibeiner daran erinnern, dass es sich um Lebewesen handelt, man also immer auf Zack sein sollte, um neue Anweisungen des Ausbilders (z.B. wenn das Pferd hereindrängen sollte) schnellstmöglich umzusetzen.

Ausbildung
- Wer nicht nur seine Vierbeiner vor Stundenbeginn ablongiert, sondern gerne auch Zweibeiner auf „Betriebstemperatur" hat, weiß diese Idee zum Aufwärmen sicherlich sehr zu schätzen.

Pferd
- Das Pferd sollte vom Interieur und Ausbildungsstand her der Aufgabe gewachsen sein.

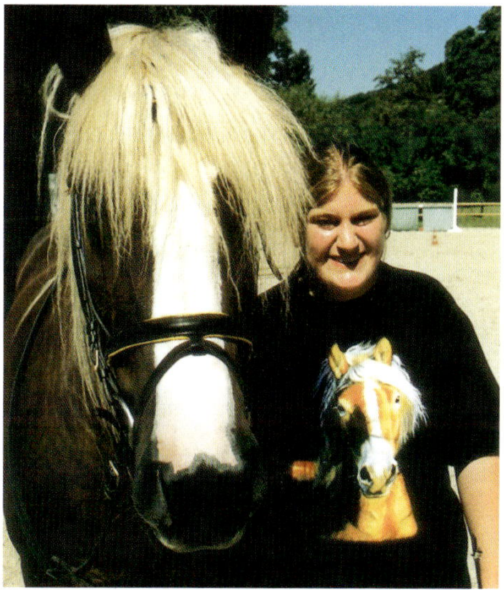

Stuart Little

Helfer: –

Material: –

Ablauf: Während des Ablongierens/Aufwärmens halten sich die Reiter bei E und/oder B auf und betätigen sich mit gymnastischen Übungen. Anlaufkorridore (und Tabuzonen) zum Pferd sind erprobt/bekannt. Kurz bevor das Pferd an der Gruppe vorbeikommt, ruft der Longenführer, wer das Pferd (außen/innen auf Schulterhöhe) laufend begleiten soll. Und zwar ist das immer der/die kleinste der Angesprochenen:

- → Stuart *Little* in blond (oder mit schwarzen, roten oder braunen Haaren)
- → Stuart *Little* mit blauen (braunen, grünen, grauen) Augen
- → Stuart *Little* mit den kleinsten Füßen
- → Stuart *Little* mit der niedrigsten Kappengröße
- → Geburtstagskind Stuart *Little*

Variation: **Stuart Little flieg** (für fortgeschrittene Voltigiergruppen): Sie laufen nicht mit, sondern an und machen ein oder zwei Kastensprünge oder überspringen (zu einem späteren Zeitpunkt in der Stunde) das Pferd. Wenn die Sache mit dem/der **Kleinsten** (Stuart Little) ausgereizt ist, ist es selbstverständlich auch möglich, in Analogie **„Langer Lulatsch"** zu spielen.

Sicherheit
- Auch hier empfiehlt es sich, den Anlaufkorridor und die Tabuzonen nochmals zu thematisieren!

Ausbildung
- Wenn der/die längste Reiter/-in der/die einzig blonde ist, läuft natürlich er/sie mit. Sinn und Zweck des Spiels ist ja, dass immer jemand anders laufen muss. Außerdem handelt es sich um pures Reiz-Reaktionstraining, da die Gruppe schnellstens den/die Betroffene(n) ermitteln muss. Die Gymnastik kommt hierbei – gerade die ersten paar Male – meist schnell zu kurz, da viele Teilnehmer mit beidem gleichzeitig überfordert sind. Das ist aber nicht so schlimm, da laufend etwas für die Kondition getan wird. Ausbilder, die ihre Schüler so richtig gut kennen, bekommen garantiert alle gleichmäßig häufig ans Laufen und sorgen letztlich auch fürs Bearbeiten der Gymnastik.

Pferd
- Pferde sollten „Teamsportler" sein – Gewusel und Gehopse um den Zirkel/auf Schulterhöhe dürfen nicht als störend empfunden werden.

Waldfee

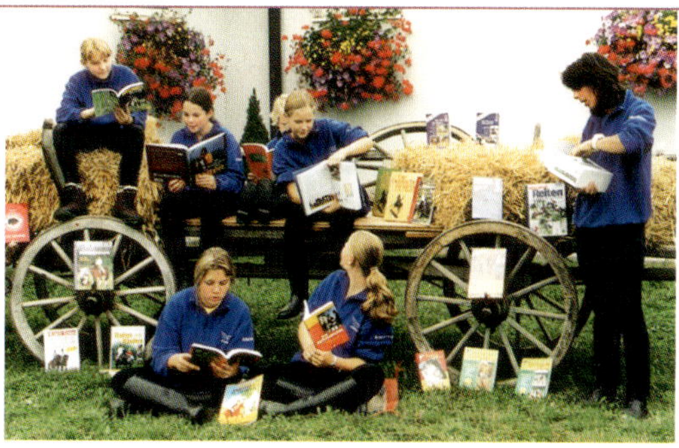

Neben Pferdebüchern lohnt sich das Schmökern in Bestimmungsbüchern, dann klappt es auch mit der Waldfee!

Helfer: Evtl. 1–2, die helfen, die Blätter zu sammeln und einzulaminieren

Material: Mindestens 8 verschiedene Blätter, die einlaminiert sind und in einer Stofftasche an den Sattel gebunden sind

Ablauf: Reiter Nr. 1 sitzt auf dem Pferd, greift in die Stofftasche, holt sich ein Blatt nach dem anderen heraus und versucht sie richtig zu benennen. Wer die meisten Treffer hat, ist Waldfee und darf nach dem „Bestimmungsdurchgang" eine Zusatzrunde im Sattel verbringen.

Hinweis: Wir sind deshalb für das Einlaminieren der Blätter, da sie dann ohne Ende nutzbar sind und sonst evtl. nicht einmal eine Spielrunde aushalten. Zu den bekanntesten Blättern zählen sicherlich: Birke, Eiche, Linde, Ahorn, Kastanie, Esche, Haselnuss.

Alternative: Wer keine Laminiermöglichkeit hat, der sammelt verschiedene Zapfen und/oder Zweige und/oder „Früchte", um diese bestimmen zu lassen. In diesem Fall würden sich sicherlich Bucheckern, Fichtenzapfen, Kastanien, Kiefernzapfen und z.B. Lärchenzweige anbieten.

Variation: Natürlich kann die Waldfee auch mit Abteilungsreiten kombiniert werden. Auf der Bande oberhalb eines Bahnpunktes liegt dann jeweils eine andere zu bestimmende Sache. Wer in der Schrittphase zu Stundenbeginn die meisten errät/bestimmen kann, ist Waldfee und darf z.B. die Hintergrundmusik/den Radiosender für die Reitstunde bestimmen.

Sicherheit • Wenn kein Ross vorhanden ist, das das evtl. Geraschel mit den Blätter in der Stofftasche nicht stört, wird ein Helfer eingesetzt, der die Blätter jeweils zeigt.

Ausbildung • Pflanzenkunde sollte bereits vor dem ersten Ausritt oder dem Basispass Thema sein.

Pferd • Wenn das Bewegungspensum des Pferdes schon sehr hoch war, kann der Akku jetzt aktiv geschont/neu geladen werden.

Zeitungen austragen auf amerikanisch

Helfer: 1–2 zuständig für Briefkästen(ständer) und Zeitungen

Material: 4 amerikanische Briefkästen an/auf Ständern mit Schaumstoff o.Ä. ausgelegt/ausgekleidet, 12 (zusammengerollte und mit Haarband gehaltene) Zeitungen

Ablauf: Das Pferd trabt an der Longe, neben dem Longenführer ist die Zeitungszentrale (d.h., die Zeitungen liegen aufgerollt so dort, dass sie nicht stören. Nacheinander versuchen alle Gruppenmitglieder im Team die Zeitungen aufzunehmen, aufzuspringen und dann in den Briefkästen (in Zirkelpunktnähe) zu deponieren. Welche Gruppe braucht in welcher KW die wenigsten Zirkelrunden dafür?

Sicherheit
- Bei den ersten Malen – wie mehrfach betont – bitte nur mit Profis ausprobieren und nur dann schrittweise weitermachen, wenn das Pferd auf Ausprobieren/Mitmachen gepolt ist.

Ausbildung
- Je nach Nähe des Pferdes zu den Briefkästen gestaltet sich das Ganze einfach bis sehr komplex. Eine sichere Auge-Hand-Koordination erleichtert das Ganze zusätzlich.

Pferd
- Damit das Pferd akustisch nicht überfordert wird, sind die Briefkästen ausgekleidet; eine Unempfindlichkeit gegenüber „Flugobjekten" ist ebenfalls förderlich.

LÖSUNG zu Seite 94 Logical „(Hof-)Hunde"

① *Mia*	② *Nele*	③ *Greta*
Dalmatiner	*Dt. Kurzhaar*	*Blonder Labrador*
schwarzes Halsband	*Strasshalsband*	*dunkelbraunes Halsband*

Zug um Zug

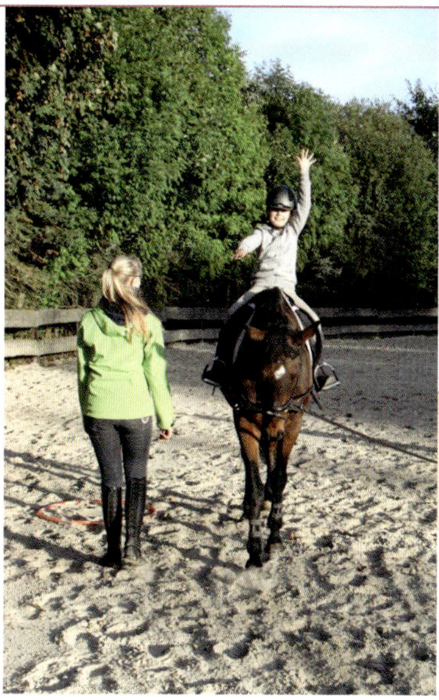

Helfer: –

Material: Evtl. Teppichstücke zum Markieren der Spielerposition

Ablauf:

Das Pferd geht im Schritt, trabt oder galoppiert an der Longe, die Kinder stehen gleichmäßig verteilt in genügendem Abstand um den Zirkel. Sobald das Pferd vorbeikommt, rennt ein Kind auf gleicher Höhe mit dem Pferd bis zum nächsten Kind. Dort bleibt es stehen und das nächste Kind läuft mit usw.
Der Weg bis zur nächsten Haltestelle wird alternativ beid- oder einbeinig hüpfend, galoppierend, rückwärtslaufend, mit hochgezogenen Knien, anfersend oder im Krebsgang usw. zurückgelegt!

Variation: Natürlich kann man auch „mit Flossen oder auf Stelzen" bis zur nächsten „Haltestelle" laufen und selbstverständlich gibt es keine Altersbeschränkung.

Sicherheit
- Solange der Abstand zwischen den Standorten/den Teppichstückchen und dem Zirkel stimmt und alle Aktiven umsichtig agieren, eine einfache Angelegenheit.

Ausbildung
- Immer mehr Ausbilder setzen bewusst auf eigene Trainingseinheiten neben dem Sattel, da Fremdangebote rar sind und „Bewegungslegastheniker" im Sattel nicht nur schlechte Karten haben, sondern endlos lange brauchen, bevor sie dort erste zarte Erfolge verbuchen können.

Pferd
- Pferde „genießen" weitsichtige Ausbilder und Zweibeiner, die in möglichst kurzer Zeit nicht mehr nur in Grob-, sondern vor allem in Feinform agieren. Und das ist ganz bewusst so formuliert, denn neben dem Sport mit Hunden ist der Pferdesport der einzige Sport – obwohl vom Gesetz her Tiere eine „Sache" sind, also eher so etwas wie ein Ball oder Schläger –, bei dem das „Sportgerät" selber handelt, „denkt" und sich von „Gefühlen" steuern lässt … Wer das weniger emotional zu beschreiben weiß: Chapeau – wir stehen jedoch zu dieser Formulierung und wissen (wie vielleicht unzählige oder gar die allermeisten Leser dieser Zeilen) seit Jahrzehnten, warum.

Und abschließend dann noch ein paar Arbeitsaufträge:
Der Aufbau der Ideen ist nun sicher vertraut genug, um es selber einmal auszuprobieren – konkret: den ABLAUF zu den folgenden Skizzen zu Papier zu bringen! Nur Mut & viel Freude!

①

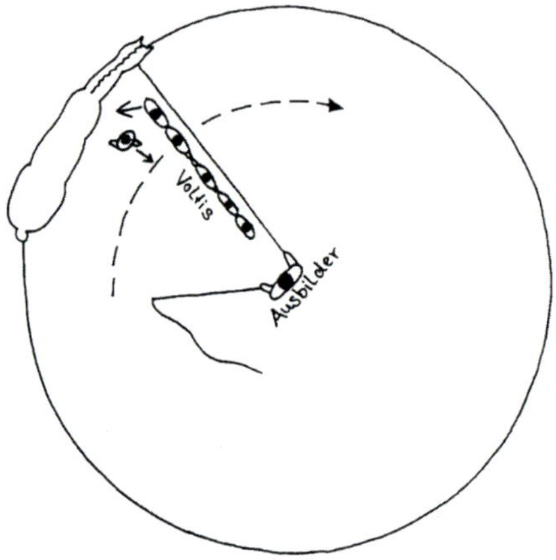

②

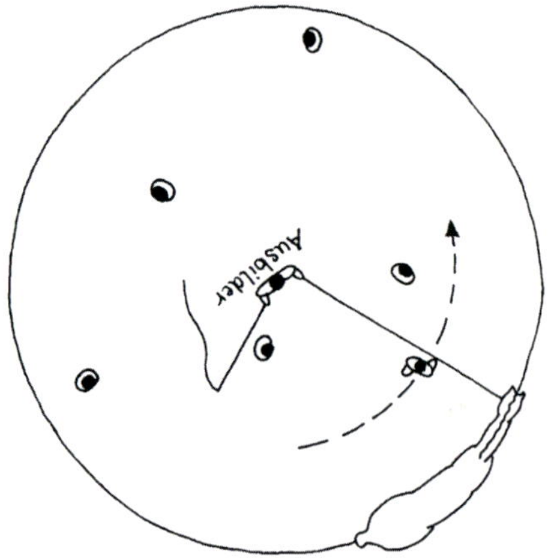

③

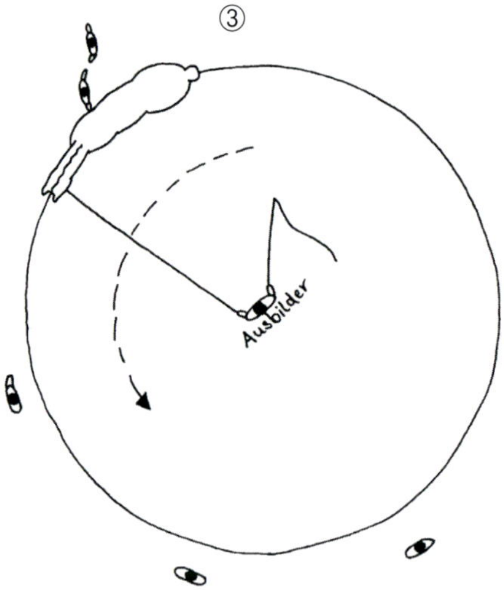

④

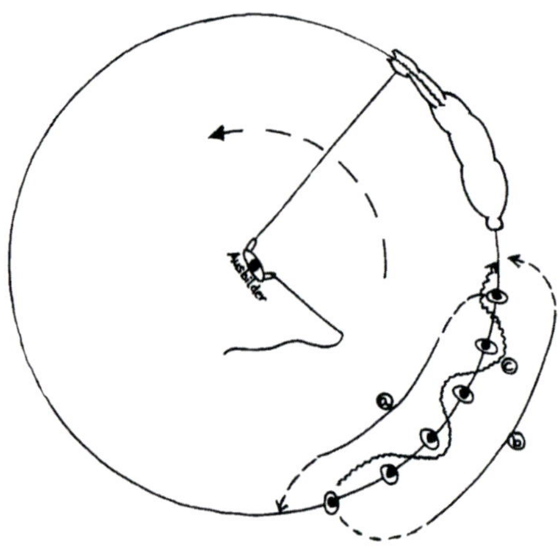

LÖSUNGEN siehe „Karteikasten Reitenlehren Lernen", gelbe Karten 10/11, **FN***verlag*, Warendorf 2008

IDEEN in der HALLE und auf dem PLATZ

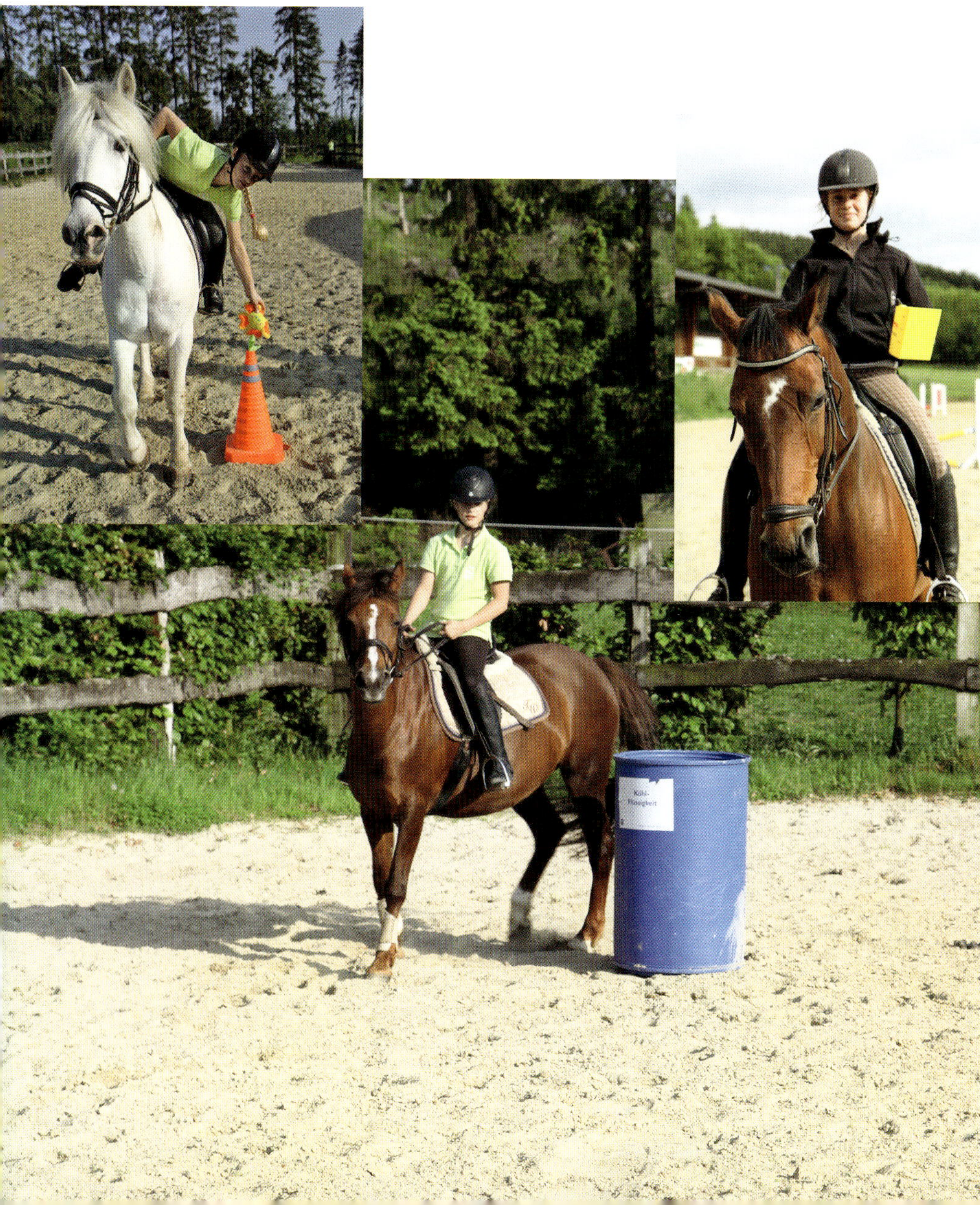

Auch dieser Ideenblock beginnt sozusagen mit einem Brückenschlag zwischen den ausführlichen allgemeingültigen Gedanken im ersten Kapitel und den ganz konkreten Hinweisen an/unter der jeweiligen Idee in der Halle und auf dem Platz. Da „kompetente Reittechnik" nun mal auf vielen Aspekten beruht (siehe unbedingt Seite 231), die man auf den ersten Blick vielleicht nicht so flächendeckend im Visier hat, wenn man z.B. an Gewichts-, Schenkel- und Zügelhilfen denkt, dann ist es sicherlich verzeihlich, dass wir auch hier zunächst wieder (bildhaft) auf die Aspekte Sicherheit, Ausbildung und Pferd eingehen bzw. an sie erinnern.

Es wäre übrigens perfekt, wenn zukünftig immer ALLE Ausbilder – egal ob Trainer C, B oder A und erst recht egal, ob im Breiten- oder Leistungssport – diese Ansätze zumindest im Zusammenhang mit den 365 Ideen immer (wieder) „auf dem Schirm" hätten. Warum also das Rad neu erfinden, wenn man einfach nur nachzulesen oder die ein oder andere Grafik zu verinnerlichen braucht?

1.) Sicherheit

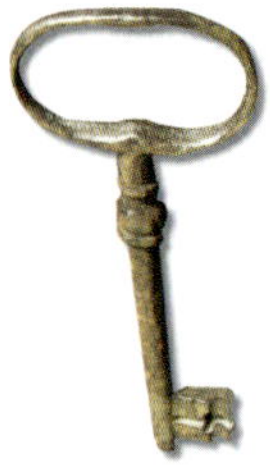

Zu Ihren „Schlüsseln zum Erfolg" sollten zumindest die folgenden zählen:

- ➜ Wir gehen bei den Ideen in der Halle/auf dem Platz von einer 20 x 40 m großen Aktionsfläche aus – wenn auch die Abmessungen des Bewegungsangebotes/der Idee dieses nicht unbedingt verlangen. Wer aber nicht ausschließlich Shettys im Einsatz hat, wird das Raumangebot für Helfer, Wartende (an Start- und oder Ziellinie) u.v.a.m. schnell zu schätzen wissen!
- ➜ Nicht nur Automatismen und Rituale, sondern auch seriöse Einfriedungen/Aktionsfeldbegrenzungen/Zäune schaffen Sicherheit. D.h., lieber mal den ein oder anderen Strohquaderballen zur zusätzlichen Abgrenzung/Sicherung ins Spiel bringen ...
- ➜ und auch die Bedeutung der Jahreszeiten – gerade im Freien – nicht unberücksichtigt lassen, damit immer alles zum Vergnügen und nicht zur Belastung wird!

2.) Ausbildung

- ➜ Im Falle des Unterrichts in der Halle und auf dem Platz, bei dem auch Spielen eine Rolle spielt, sind Ich-, Sach- und Fachkompetenz selbstverständlich „im Fluss" positioniert. Dabei fallen die motorischen Aspekte erneut in die Rubrik „Sachkompetenz", da es sich um die Fachkompetenz in einem SPORT handelt.

ICHkompetenz

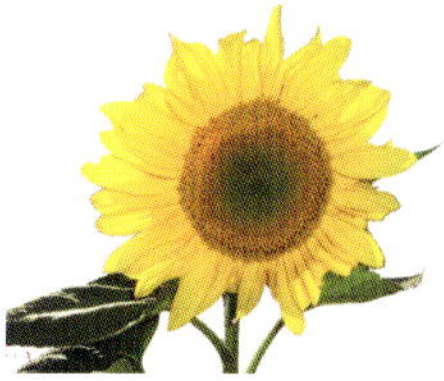

Das Bewegungsgedächtnis „sanft wecken" (Bewegungsfertigkeiten werden durch richtiges Aufwärmen und steigende Anstrengungsbereitschaft verbessert und ausgebaut), Senden und Empfangen auf immer mehr Frequenzen, vorhandene Motivation erhalten und oder ausbauen

SACHkompetenz

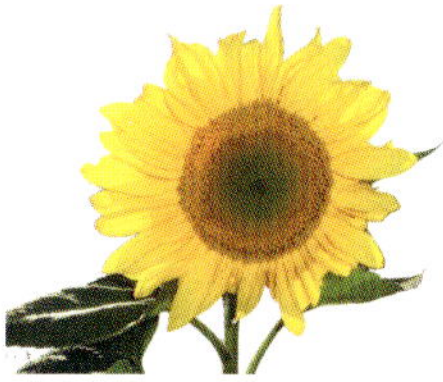

Das eigentliche Lernfeld des souveränen Reiters ist nicht die hufschlagfigurentreue Abteilung, sondern das Spielfeld Halle/Platz und erst dann der Abreiteplatz beim Turnier, Taktiktraining der besonderen Art, (Weiter-)Entwicklung des Zeit-, Tempo- und Streckengefühls

SOZIALkompetenz

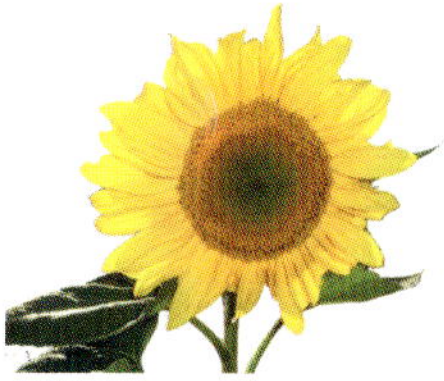

BREITenSPORT als Ideenpool und nicht als „Schmalspurvariante" von Leistungssport erfahren/wahrnehmen. Günstig für die Leistungsentwicklung ist die Kommunikationsfähigkeit und Spielen ist (non-)verbale Kommunikation in Reinform, in Sport und Spiel beispielgebend und -nehmend agieren.

Und so ganz nebenbei profitieren Ausbilder von der Tatsache, dass Spielen allein mit dem Kopf nicht gelingt – immer ist der ganze Körper gefragt und da kann dann kein einziges Körperteil (ein-)schlafen, nicht einmal im Sitzen

3.) Pferd(e)

Viele – allerdings nicht alle – Ideen können auch in Wettbewerbsform ausgetragen werden!
Bei einigen Spielen haben wir bereits Bewertungskriterien mitgeliefert. Versuchen Sie doch einmal – selbstverständlich unter Beachtung der bereits mehrfach benannten Sicherheitskriterien –, zu selbst ausgewählten Spielen eigene Maßstäbe festzulegen und mit kompetenten Helfern umzusetzen. Die Grenzen setzen wie gehabt die „vierbeinigen Mitspieler" – ohne Wenn und Aber. Und außerdem geht es wie immer um gegenseitige Rücksichtnahme, denn auch für Pferde gilt: Verloren gegangenes Vertrauen wächst wesentlich langsamer wieder nach als z.B. die Hufe.

Armer schwarzer Kater

Helfer: –

Material: –

Ablauf:

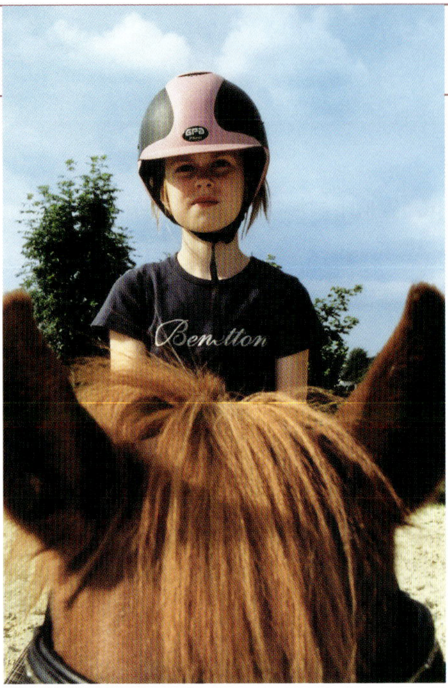

Konzentration ... bloß kein Kater werden

Während der 10-minütigen Schrittphase zu Stundenbeginn oder am Stundenende reiten alle Teilnehmer – die ganze Halle nutzend – „durcheinander": Der Ausbilder bestimmt den ersten Kater. Der Kater reitet zu einem/neben einen beliebigen Mitspieler. Durch Miauen und allerlei lustige Verrenkungen versucht er diesen zum Lachen zu bringen. Der angesprochene Teilnehmer sagt 3-mal möglichst ernst „Armer schwarzer Kater" und streichelt ihm dabei über seine Schulter. Wenn ihm dies gelingt, ohne zu lachen, muss der Kater weiterziehen. Andernfalls tauschen die beiden die Rolle. Das „Paar" hat unabhängig von der Hand Vorfahrt.

Variation: Auch an der Longe mit Gurt spielbar. Der Kater sitzt rückwärts auf dem Hals, der erste Gegenspieler vorwärts auf dem Pferderücken am Gurt – und los geht's.

Sicherheit
- Wenn sich die Vierbeiner nicht kennen, bleiben die Teilnehmer – obwohl nebeneinander – auf Distanz, d.h., auf das Schulterklopfen wird verzichtet.

Ausbildung
- So vergeht die Schrittphase zum Stundenbeginn spielend wie im Flug.

Pferd
- Selbstverständlich auch beim Trockenreiten unter gleichen Bedingungen – ohne Routine der Vierbeiner – realisierbar.

Biathlon mal anders

Helfer: 4 (an jeder Station einer zum Befragen der Teilnehmer)

Material: Mindestens 12 Fragekarten aus den Bereichen Pferdehaltung/Veterinärkunde und Reitlehre

Ablauf: Anstelle von Skilanglauf und Schießen sind hier Reiten und Wissen gefordert. In jeder Ecke der Bahn steht ein Helfer mit drei Fragekarten. Der Teilnehmer hat die ihm gestellten Fragen zu beantworten. Bei richtiger Antwort darf er sofort zur nächsten Fragestation reiten, bei falscher Antwort muss er – analog zum Biathlon – eine „Strafrunde" reiten – d.h., er wechselt auf den nahe gelegensten Zirkel und in der Zeit werden keine weiteren Fragen gestellt. „Theorie-Meister" ist der, der die meisten Fragen in der kürzesten Zeit beantwortet hat.

Variation: **Triathlon für Reiter:** Ein Teilnehmer reitet einen kleinen Parcours, der zweite läuft diesen Parcours und der dritte fährt ihn per Fahrrad oder Laufrad ab. Alle Teilnehmer haben an den jeweiligen Stationen die entsprechenden Fragen zu beantworten. Der Theorie-Meister ist auch hier das Team mit den meisten richtigen Antworten und der kürzesten Zeit.

Sicherheit
- Nicht anspruchsvoller als Reiten in aufgelöster Abteilung ohne weitere Aufgaben

Ausbildung
- Damit diese besondere Art der Theoriestunde immer in guter Erinnerung bleibt, können im Anschluss Urkunden an die Teilnehmer verteilt werden.

Pferd
- Pferde profitieren in der Regel von Reitern, die nicht nur gefühlvoll im Sattel agieren, sondern sich auch Gedanken dazu machen, was so alles in Summe dazugehört.

Bierdeckeltransport

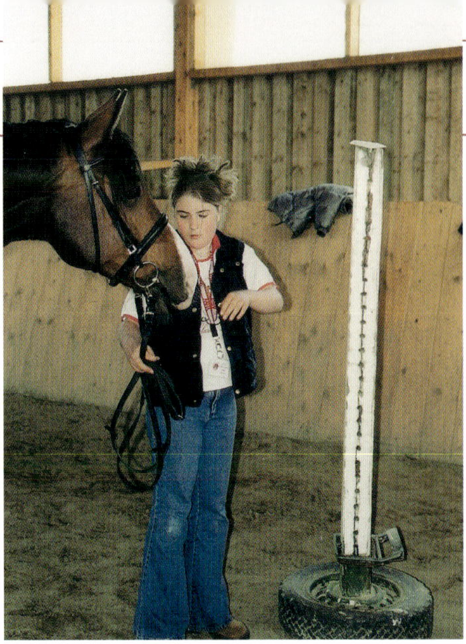

Helfer: Evtl. eine Person zum Aufbauen, Verteilen, Abbauen und Angeben der runtergefallenen Bierdeckel

Material: 3 Ständer, 3 Bandenständer/-hänger, 3-mal 10 Bierdeckel

Ablauf: Der Reiter reitet an den Ständer (dritter Hufschlag) oder Hänger (an der Bande) und hält an – er nimmt einen Bierdeckel und reitet zum nächsten Ständer und legt den Bierdeckel darauf.
Dann nimmt er wieder einen Bierdeckel von einem weiteren Ständer runter und legt ihn auf einem anderen wieder ab, genau wie die übrigen Teilnehmer der „aufgelösten" Abteilung.

Variationen: A) **Bierdeckeltransport mit Handicap:** Wenn bei dieser Version ein Bierdeckel von einem Ständer runterfällt, muss der Reiter selbst absteigen und den Bierdeckel wieder auf den Ständer legen.

B) Kann auch in Führparcours eingefügt werden: „Halten und Anführen mal anders ..."

Sicherheit • Selbstverständlich sind keine Auflagen an den Ständern und die Reiter in der Lage, korrekt daneben anzuhalten.

Ausbildung • Bei gleichzeitiger Nutzung von Ständern und „Hängern" werden automatisch beide Hände gleichmäßig geschult/beansprucht bzw. mit der Balance in jeder Art gespielt.

Pferd • Da mehr Ständer/Hänger in der Halle sind als Teilnehmer, könnten sich die Aktiven gut „aus dem Weg gehen".

Buchstaben-Jagd

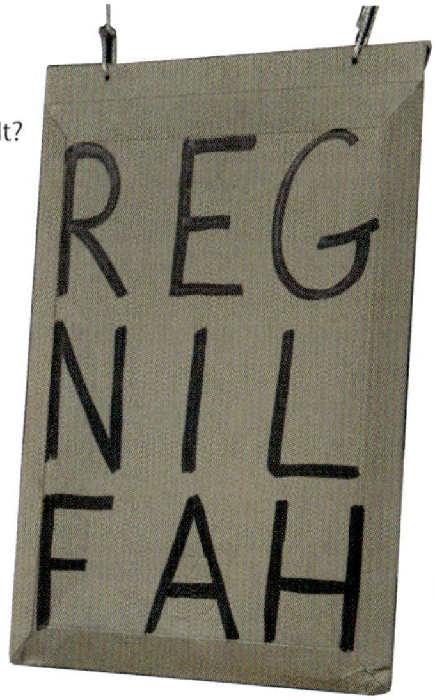

... schon enträtselt?

Helfer: –

Material: Mindestens so viele DIN-A3-Wortplakate wie Bahnpunkte

Ablauf: Schon vor der Reitstunde hat der Ausbilder an jeden Bahnpunkt ein Wortplakat mit deutlich sichtbaren Großbuchstaben geklebt. Richtig kombiniert ergeben diese den Namen einer Pferderasse.
Während der 10-minütigen Schrittphase zu Stundenbeginn, in einer Entspannungsphase oder beim Trockenreiten reiten alle Teilnehmer immer wieder an den Wortplakaten vorbei und versuchen so viele Plakate wie möglich zu entschlüsseln.
Nach der Schrittphase wird verglichen/aufgeklärt. Die Teilnehmer mit den meisten ermittelten Rassen aus dem Buchstaben-Dschungel sind z.B. vom abschließenden Fegen der Stallgasse/des Vorraums oder vom Hufschlagharken befreit.

Ausbildung: **Alternativ(e):** Natürlich können auch andere Themen, wie z.B. Pferdesportdisziplinen oder Pferdekrankheiten oder, oder, oder, „verarbeitet" werden.

Wer die Wortkarten/-plakate laminiert, kann sie beliebig häufig wieder einsetzen. Dies ist eine weitere Variante, Theorie und Praxis miteinander zu kombinieren. Darüber hinaus bleiben „reitend" erarbeitete Sachen „sicherlich" noch besser im Gedächtnis, da der ganze Körper in Aktion war. Hier einige Anregungen:

BWLAURTM	=	Warmblut	TULBTLAK	=	Kaltblut
LLLTBOVU	=	Vollblut	REBRAA	=	Araber
RZINLPAEIZ	=	Lipizzaner	UISANTLO	=	Lusitano
ESEFRI	=	Friese	NDUAALREIS	=	Andalusier
ENSREM	=	Merens			

Denkmalspiel

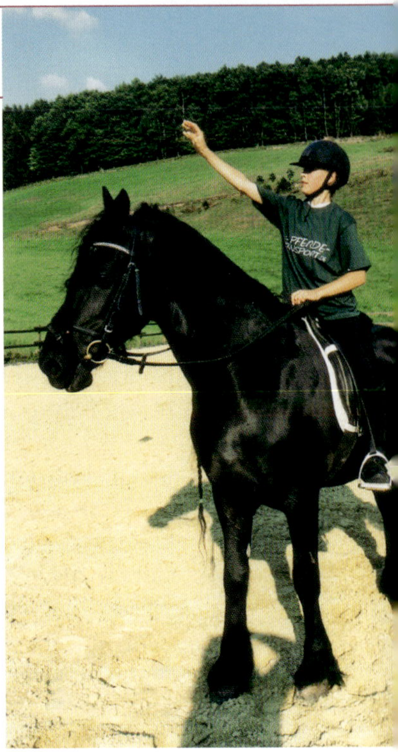

Helfer: –

Material: –

Ablauf: Ein Zauberer treibt in der Reithalle/auf dem Platz sein Unwesen. Er reitet den übrigen Teilnehmern hinterher und verwandelt sie durch Berührung mit der Hand in Reiterdenkmäler. Der Zauber kann nur durch die Berührung unverzauberter Mitreiter wieder aufgehoben werden.
Der Zauberer sollte natürlich immer mal wieder ausgetauscht werden, da das Spiel ohne Zeitvorgabe nie aufhört.

Variationen: **A) Alternativ(e):** Man stoppt die Zeit, die der Zauberer benötigt, um alle Mitspieler zu verzaubern. Gewonnen hat der, der die kürzeste Zeit benötigt.

B) Verzaubern: Auch einsetzbar als Aufwärmspiel ohne Pferd. Der Teilnehmer, der von dem Zauberer berührt und damit verzaubert wird, nimmt eine bestimmte Position ein, die vom Zauberer vorgegeben wird (z.B. Bauchlage, Hocke, Liegestütze, Rückenlage ...). Die nicht verzauberten Teilnehmer versuchen die verzauberten zu erlösen.

Sicherheit • Um Verletzungen oder Unfällen – aufgrund der räumlichen Enge – von vornherein vorzubeugen, wird grundsätzlich im Schritt gespielt, bevor – gemäß dem Leistungsstand der Teilnehmer – weitere Grundgangarten mit einbezogen werden.

Ausbildung • Auf- und Ausbau der Koordinationskompetenz

Pferd • Die Pferde sollten einander „riechen" können. Und das ist wörtlich zu nehmen, denn das daraus abgeleitete (bekanntere) Sprichwort ist logischerweise viel jünger und zeigt, wie ähnlich sich Zwei- und Vierbeiner doch in vielem sind.

Die Glocke

Helfer: –

Material: –

Ablauf: Alle Teilnehmer reiten in großen Abständen ganze Bahn im Schritt mit gelegentlichem (kommandiertem) Handwechsel. Der Ausbilder reicht einem Teilnehmer eine Glocke. Die Glocke muss so schnell wie möglich an den Vordermann weitergegeben werden.
Falls man einen Glockenton hört, muss die Glocke in die andere Richtung transportiert werden. Welche Gruppe schafft es, die Glocke am längsten in eine Richtung wandern zu lassen? (Welche Schulpferde-Gruppe wird Meister der Woche?)

Variationen: **A)** Während einer Longenstunde (zur Sitzkorrektur) wird dem Reiter die Glocke gereicht. Er soll sich nun 1-mal um 360 Grad im Sattel drehen (sprich eine Mühle machen), ohne dass es bimmelt. Wer kommt ganz herum?

B) Kettenreaktion: Hierbei stehen die Reiter in einer Reihe, die einen beliebigen Gegenstand weiterreichen müssen. Dies erfolgt, indem der erste Reiter mit dem Gegenstand an das Ende der Kette reitet und dem letzten Reiter den Gegenstand überlässt. Dieser reicht ihn nach vorn durch und der nun erste Reiter bringt den Gegenstand wieder zum letzten usw.

Sicherheit • Der Glockenton sollte bei keinem Pferd zu einer Reaktion führen. Zum „Anreiten" sollten am besten die Ecken einbezogen werden, damit der Reiter mit der Glocke nicht aus dem Nichts auftaucht – trotzdem ist der Sicherheitsabstand einzuhalten.

Ausbildung • Eine Variante, um eine ruhige Hand/einen von der Hand unabhängigen Sitz zu schulen. Sicherlich auch wieder eine Herausforderung für Turnier- und Langzeitschulpferdereiter – dann darf die Gangart auch frei gewählt werden.

Führparcours

Helfer: Mindestens 4 zum Auf- und Abbauen

Material: Siehe Stationen

Ablauf: Nacheinander absolviert jeder Teilnehmer den Parcours (siehe Skizze) und erhält nach fehlerfreiem „Durchmarsch" (bzw. bei max. einem Fehler) im Anschluss (s)einen „Pferdeführerschein".

Hinweis: Selbstverständlich sind die einzelnen Stationen Stunde für Stunde, Stück für Stück erarbeitet worden. Einen Führerschein erhält ja schließlich auch niemand mit ein bis zwei Fahrstunden.

Variation: Natürlich kann auch „**um die Wette**" geführt werden, d.h., Personen, die bereits im Besitz eines „Führerscheins" sind, führen ein ihnen bekanntes Pferd/Pony durch einen unbekannten Parcours (den sie erst beim Abgehen kennenlernen).

Tipp

Wer nicht so viel Material zur Verfügung hat, der baut halt zwei oder drei Teilparcours und rechnet dann erst beim zweiten/dritten Mal ab/zusammen.

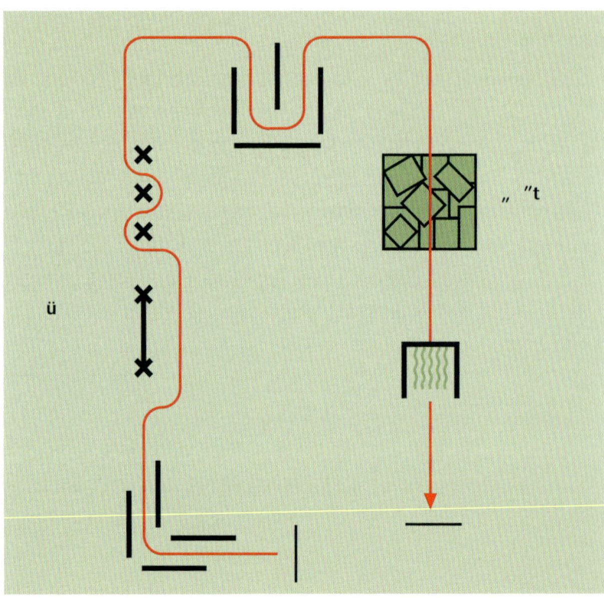

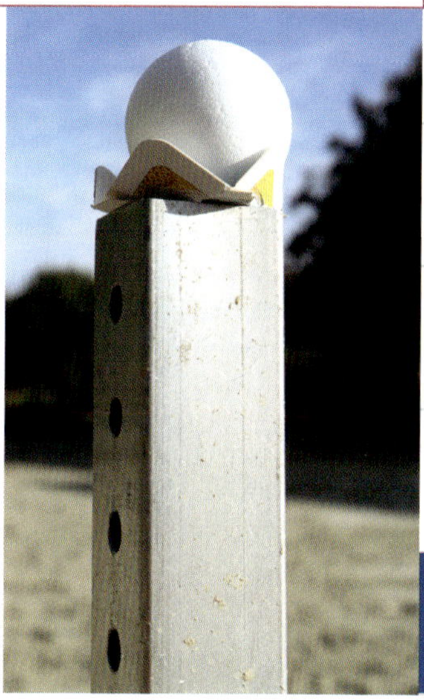

Geschicklichkeitsreiten

Helfer: Mindestens 4 zum Aufbauen der Schikanen, 1 Stoppuhr

Material: Siehe Stationen

Ablauf: Jeder Teilnehmer muss so schnell wie möglich fehlerfrei alle sieben Schikanen bewältigen, die Folgendes von ihm verlangen (natürlich nach Ertönen des Startzeichens):

1. Zu überwinden ist ein „In-and-Out" mit vorgelegter Trabstange: Handicap hierbei sind je zwei Tennisbälle rechts und links auf den Stangen, die bei der kleinsten Erschütterung herunterfallen.
2. An einer Tonne anhalten, einen kleinen gefüllten Wassereimer (Achtung, auf Gewicht achten) aufnehmen, mit dem Wassereimer eine Volte um einen Ständer reiten. An der Tonne wieder halten und den Wassereimer abstellen.
3. Im Slalom um sechs Ständer (z.B. Sprungständer/Pylonen) herumreiten, auf denen (Tisch-)Tennisbälle liegen.
4. Zwischen zwei Steilsprüngen hindurchreiten (so nah aneinanderstellen, dass zwar nichts passiert, aber es doch schon ein Handicap darstellt), als weiteres Handicap hier eine reißfeste Plane, über die das Pferd gehen muss. Auf den Stangen sind wieder Tennisbälle befestigt. (Befestigung siehe Punkt 1).
5. Ein kleiner Steilsprung, mit vier Tennisbällen auf zurechtgeknickten Bierdeckeln bestückt, ist zu überwinden.

Tipp

Bierdeckel, die an allen vier Ecken hochgekippt sind und mit einer Heftzwecke an den Stangen befestigt werden, dienen optimal als Unterlage für die Tennisbälle, damit sie nicht sofort/ohne Anstoß von den Stangen rollen.

Der Reiter, der die wenigsten Fehlerpunkte hat und dabei noch in der besten Zeit ins Ziel kommt, hat gewonnen. Die Fehlerberechnung sollte vorher geklärt sein:

- Pro verlorenen Liter Wasser gibt es drei Strafpunkte.
- Jeder abgeworfene (Tisch-)Tennisball ergibt zwei Strafpunkte.
- Für jede/n umgeworfene/n Ständer/Pylone erhält der Teilnehmer vier Strafpunkte.

→

➜

Variation: **Mont-Blanc-Express:** Reiter und Pferd reiten durch immer kleiner werdende Tore (beginnend mit 3 x 3 m bis hin zu 1 x 2 m). Wer schafft es, auch durch die kleinste Öffnung zu reiten, ohne das komplette Tor umzureißen?

Sicherheit
- Entweder Tore aus Papierhülsen oder mit dünnen PVC-Rohren bauen. Selbstverständlich stehen zwei Wächter neben jedem Tor, die darauf achten, dass „umstürzende“ Tore nicht auf den Pferden landen. (Geübte Spieler nehmen die Tore mühelos in allen Grundgangarten.)

Ausbildung
- Für Nichtspringer können die Stangen auch so niedrig gehangen werden, dass die Pferde nur hinübertreten müssen, aber auch hier zählt das Runterfallen der Bälle mit zwei Strafpunkten.

Pferd
- Kein Problem für routinierte Pferde – für die anderen gilt: schrittweises ruhiges Erarbeiten mit einem erfahrenen Reiter und ebensolchen Helfern.

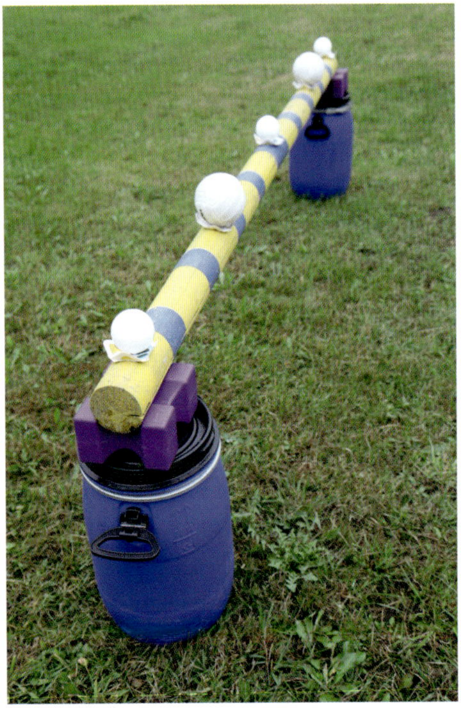

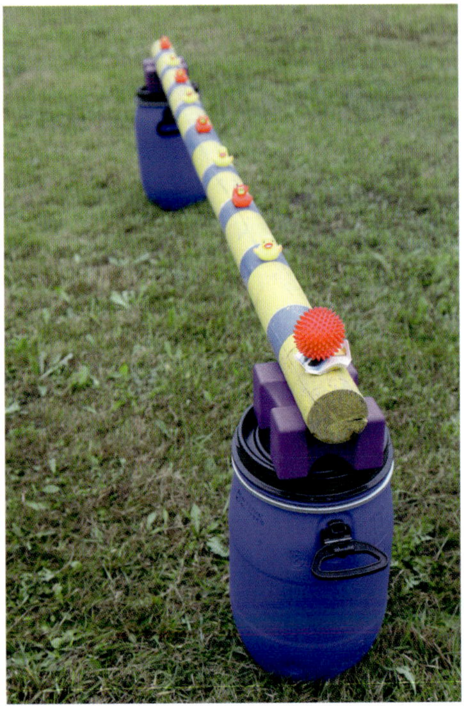

Ich bin ein Star!

Helfer: –

Material: 1 Reflektionsweste

Ablauf: Während der 10-minütigen Schrittphase zu Stundenbeginn reiten alle Teilnehmer – die ganze Halle nutzend – durcheinander. Der Ausbilder bestimmt den ersten Reiter, der die Reflektionsweste tragen darf. Während dieser Reiter die Weste anzieht, „stecken" die übrigen Reiter ihre Köpfe zusammen und einigen sich schnell darauf, wer der Träger der Weste ist (z.B. Günther Jauch, Halla, der/die Ausbilder/-in, die Bundeskanzlerin, Prinz Charles, Olivia Jones ...) – die Person mit der Weste befragt nun die übrigen schrittreitenden Mitspieler z.B. wie folgt:

- Bin ich berühmt?
- Bin ich ein Mensch?
- Bin ich männlich/weiblich?
- Lebe ich in Deutschland?
- Bin ich Sportler?
- Habe ich Titel?

...

Die angesprochene Person darf nur mit Ja oder Nein antworten und keine zusätzliche Auskunft geben. Pro Reiter sollten max. zwei Fragen gestellt werden – dann versucht der „Westenträger" sein Glück bei einem anderen. Wenn 10-mal mit Nein geantwortet wurde, erfolgt die Auflösung. Ein neuer Mitspieler erhält die Weste und es geht von vorne los.

Variation: Natürlich kann man auch **„Was bin ich?"** spielen. Dabei muss ***„der Westenträger"*** dann Hufschlagfiguren, Lektionen, Grundgangarten usw. erraten. Dies ist aber sicherlich nur ein Spiel für fortgeschrittene Teilnehmer, die sich bereits mit den Themen auskennen.

Sicherheit
- Umsichtiges Anreiten der Fragepartner sollte selbstverständlich sein.

Ausbildung
- Konzentrationsauf- und -ausbau für alle Aktiven. „Was bin ich?" ist auch eine schöne Variante, notwendiges Abzeichenwissen alternativ zu bearbeiten.

Im Takt bandagieren

Helfer: Jemand, der bandagieren kann

Material: 4 Bandagen pro Pferd (z.B. 1-mal dunkelblau, 1-mal hellblau, 1-mal dunkelgrau und 1-mal hellgrau für Schritt/2 gelbe und 2 grüne für Trab/je 1 rote, 2 schwarze und 1 lilafarbene für Linksgalopp und für Rechtsgalopp)

Ablauf: Der Ausbilder/der Helfer bandagiert die Pferde so, dass die Fußfolge für Schritt, Trab, Galopp sichtbar wird.
Die Teilnehmer können dann bei ihren Mitreitern die entsprechenden Bewegungsabläufe optisch wahrnehmen und lernen so (Bewegungs-)Sehen.

Variation: Natürlich kann auch schon das einzelne Pferd **an der Longe** immer mal wieder anders bandagiert werden. Je öfter ein Reiter (Bewegungs-)Sehen übt, desto schneller geht ihm der richtige Takt in Fleisch und Blut über und desto eher ist er in der Lage, z.B. Außen- oder Kreuzgalopp zu erkennen und benennen.

Ausbildung
- Das richtige Bandagieren ist sehr gut, um die Fußfolge(n) zu erlernen – bzw. um Bewegungs-Sehen zu lernen.

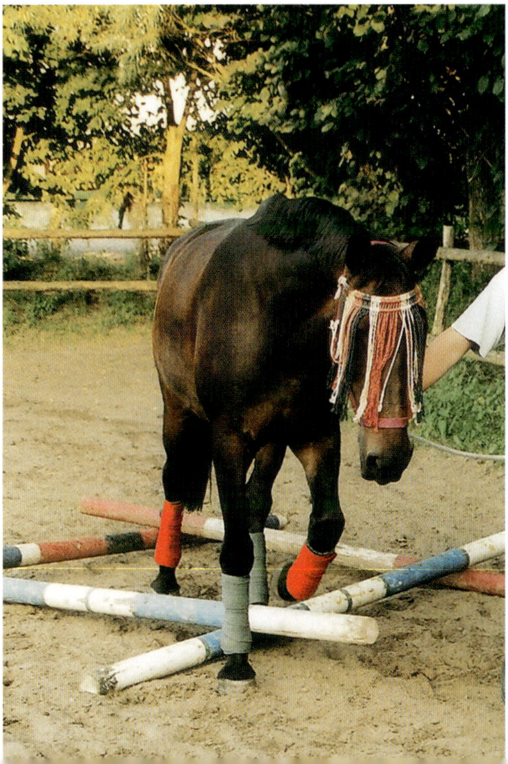

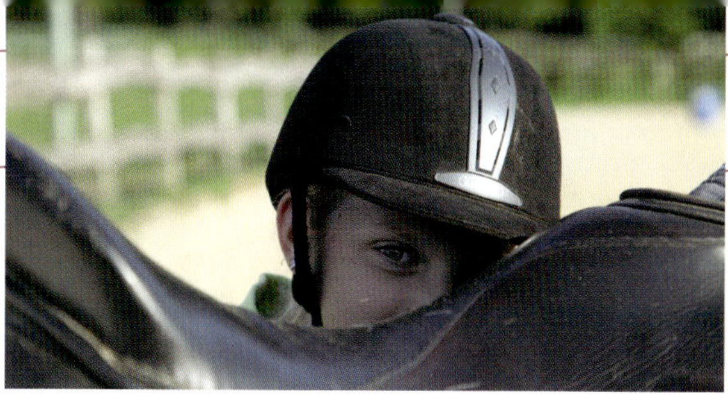

Sättel riechen

Helfer: 1(2) eingeweihte(r) Teilnehmer in der Gruppe

Material: 3–4 gesattelte (Holz-)Pferde

Ablauf: Der Ausbilder erzählt (z.B. zum Ende der Stunde) allen um die vier Pferde (ohne Reiter) stehenden Mitspielern, dass der (eingeweihte) Teilnehmer inzwischen so lange bei ihm Unterricht nehme, dass man sich wortlos verstehe und sich sogar telepathische Botschaften senden könne.

Es wäre sogar möglich, „XY" hinter die Bande/nach draußen zu schicken, dann irgendjemand zu bitten, kurz in den ersten, zweiten, dritten oder vierten Sattel zu steigen und nach dem Absitzen „XY" wieder hereinzurufen. Der wäre dann allein durch Telepathie und Riechen in der Lage, zu ermitteln, welcher der Sättel kurz vorher benutzt worden ist. Der „Trick" liegt im Hereinrufen. Ruft der Ausbilder „XY" mit einem Wort hinein, wurde der erste Sattel benutzt, fallen zwei Worte (z.B. „Jojo komm"), war es der zweite Sattel, bei drei Worten der dritte und bei vier natürlich der vierte Sattel. Selbstverständlich schnuppert der Teilnehmer aufwendig an den Sätteln herum, bevor er den benutzten Sattel benennt. Jeder, der glaubt, sich ebenfalls nur telepathisch und zur Kontrolle riechend mit seinem Coach zu verstehen (also den Trick erkannt hat), darf nach einigen Durchgängen nach draußen, um sein „Glück" ebenfalls zu versuchen.

Variation: **Reifen riechen:** Während der Longenstunde sitzt der erste Eingeweihte zu Pferd. An den Zirkelpunkten liegen (durchnummeriert) Hula-Hoop-Reifen. Die drei, die gerade nicht reiten, sitzen auf einem Cavaletti bei E oder B. Auf Kommando des Longenführers schließt der Reiter die Augen und jeder Nichtreiter stellt sich schnell in einen Reifen und rennt dann zum Cavaletti zurück. Nun muss der Reiter „raten", in welchem Reifen niemand gestanden hat. War es z.B. Nr. 3, könnte die Frage z.B. lauten: „Wo war niemand?"

Ausbildung
- Um Spannung und Konzentration hochzuhalten, sollten natürlich jedes Mal andere Wörter genommen werden (z.B. für 2: „Kannst kommen" oder „Kommst du?" oder „Jetzt Katja!"), damit die Auflösung nicht so einfach ist.

Pferd
- Geht nicht im Stehen, wenn die Pferde geschwitzt haben – dann muss beim Trockenführen der Pferde geraten werden.

Schnitzeljagd im Stangenwald

Helfer: Parcoursdienst und einer zum Halten des Pferdes

Material: Parcours ohne Zahlenkennzeichnung, Sägespäne oder bunter Sand und 1 entsprechende Stoppuhr bzw. Zeitmessanlage.

Ablauf: Bei diesem „lustigen" Springen – z.B. anlässlich des Karnevalsreitens oder einer Vereinsmeisterschaft – erfolgt keine „normale" Parcoursbesichtigung.
Die Starter kommen einzeln in die Halle/auf den Platz, geben an der Start-/Ziellinie zunächst ihr (abgerittenes) Pferd ab und versuchen (den Schnitzeln, dem bunten Sand folgend) zunächst zu Fuß (laufend) den Kurs zu ermitteln.
Wieder im Ziel, steigen sie schnell in den Sattel und überwinden den Parcours dann wie gewohnt.

Variation: **Tandemritt:** Wem das o.g. Spiel zeitlich noch nicht reicht, der kann nach Absolvieren des Parcours mit Pferd eine zweite Person auf sein Pferd nehmen und noch eine Extrarunde (ohne Hindernisse) reiten.

Ausbildung

- Hier sind schnelles Denken und Umsetzen gefragt und der Startplatz ist ausnahmsweise mal egal, da nicht nur der Erste der Erste ist, sondern alle gleich auf sich gestellt sind und niemand erst mal eine Hand voll Reiter beobachten kann, um sich selbst eine Strategie zurechtzulegen.

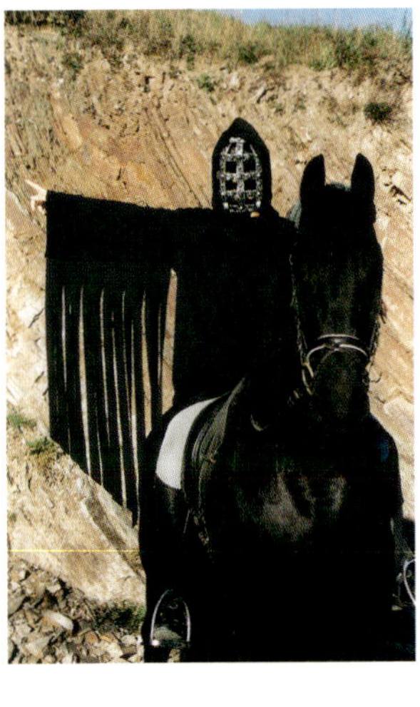

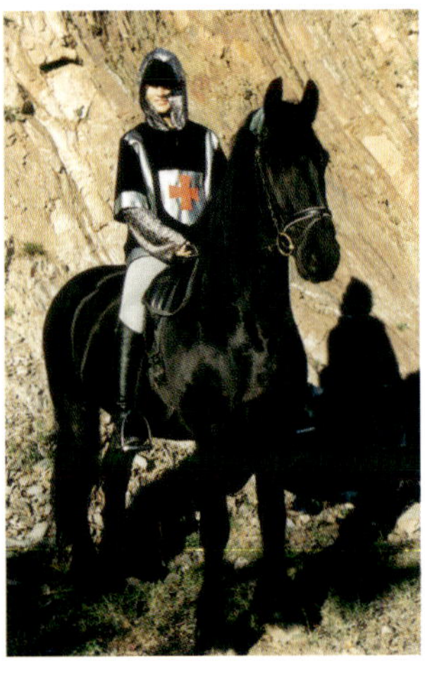

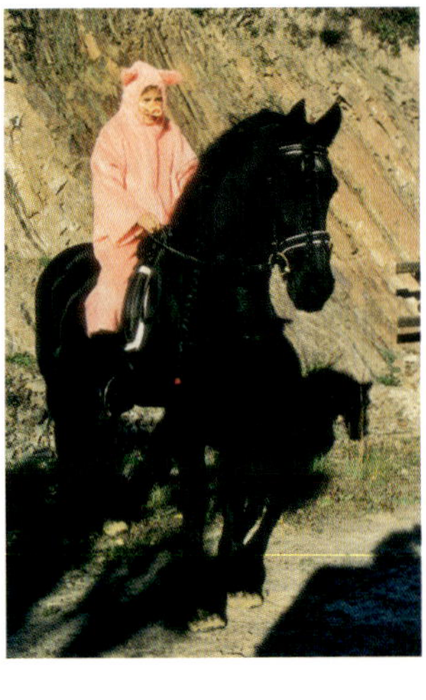

Tabu

Helfer: –

Material: Wortkarten mit Grundgangarten-Bezeichnungen, Lektionen oder Hufschlagfiguren

Ablauf: Während der 10-minütigen Schrittphase zu Stundenbeginn oder während einer Entspannungsphase in der Stunde erhält nacheinander jeder Reiter vom Ausbilder eine Wortkarte gezeigt.
Dann versucht er/sie das Gelesene so zu beschreiben, dass die übrigen Mitreiter erraten, wovon die Rede ist. Natürlich darf das Wort auf der Karte nicht fallen. Es muss z.B. durch „Uups", „Dingsda" oder Ähnliches ersetzt werden.
Ist der gesuchte Begriff innerhalb von z.B. 3 Minuten erraten, ist jemand anderes mit Erklären/Umschreiben dran. Gelingt es nicht auf Anhieb, versucht der/die Reiter/-in sein/ihr Umschreibungsglück mit einer weiteren Karte erneut.

Variation: **Dingsda:** Ebenfalls bereits beim ***Longenunterricht*** einsetzbar. Der jeweilige Reiter erklärt – während das Pferd mehrfach die Gangart wechselt – z.B. die Hilfengebung für eine bestimmte Gangart oder ganz einfach eine Farbe oder ein Brandzeichen – je nach Wortkarte. Nach sechs Runden ist der Begriff entweder erraten oder der Nächste garantiert an der Reihe oder der Reiter darf noch mal eine Runde Dingsda spielen.

Ausbildung

- Die Teilnehmer lernen so, Begriffe selbst zu erklären oder auch, wie schwer es ist, zu erklären. Auch in diesem Fall ist Lernen, Üben, Trainieren so intensiv, dass sicherlich ganz viel „sitzen bleibt" bzw. jederzeit abrufbar wird!

Bahnfigurix

Helfer: Je einer zum Führen

Material: –

Ablauf: Es bilden sich Paare zu zweit (ein Reiter und ein Fußgänger). Der Reiter schließt die Augen. Der „sehende Fußgänger" führt das Pferd mit „blindem Reiter" behutsam an den Linien einer Bahnfigur entlang, ohne sie zu benennen. Der „Blinde" muss durch die Bewegung des Pferdes erraten, um welche Figur es sich handelt. Tippt er richtig, werden die Rollen getauscht.

Variationen: **A) Alternativ(e) Geometrix:** Anstelle von Bahnfiguren können auch geometrische Figuren, Zahlen und Buchstaben „blind geritten" werden.

B) Bahnfigurix komplett beritten: Hierbei sind Führer und „Blinder" beritten. Dabei ist darauf zu achten, dass der sehende Reiter mit einem Führpferd umgehen kann und dass die Pferde die Arbeit als Führpferd kennen und mitmachen.

Ausbildung • Bei Reitanfängern (oder führenden Eltern) können zur Hilfe die Figuren vorher in den Sand geharkt werden. Eine tolle Bewegungsmöglichkeit, wenn weniger Pferde als Reiter „am Start sind".

Pferd • Pferde sollten Führen gewohnt sein.

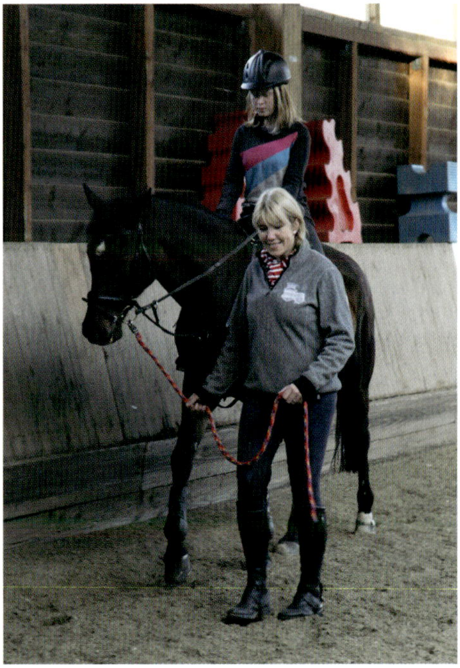

Charmin-Rallye

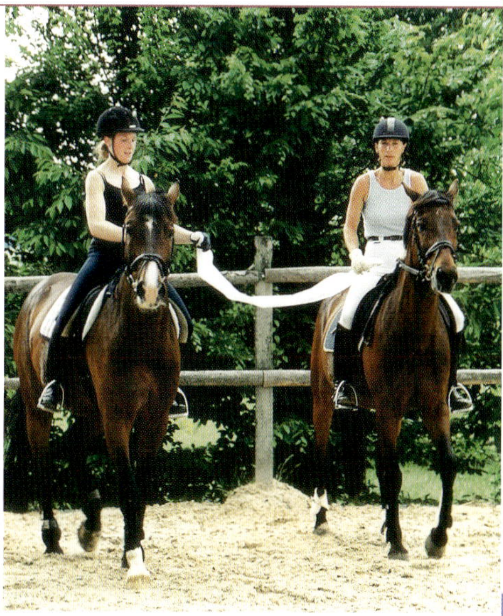

Helfer: 1–2, wenn die Rallye nicht außen herum, sondern um einen kleinen (Slalom)Parcours geht.

Material: 1 Rolle Küchenpapier pro Paar – zum Üben pro Paar 1 Springseil oder 1 Tauchring

Ablauf: Je zwei Reiter mit Pferd bilden ein Spielpaar. Jedes Paar bekommt ein ca. 150–200 cm langes Stück Küchenpapier, welches mehrfach um sich selbst gedreht ist. Damit sollen sie nun in jeder Grundgangart mindestens 1-mal um den Platz reiten, ohne dass die Verbindung reißt. Welches Paar ist „unzertrennlich" und schafft wirklich alle drei Runden?

Variationen: A) **Charmin-Rallye mit Handicap:** Egal ob mit kleinen Reifen, Springseil oder mit Küchenpapier, es handelt sich um eine echte Herausforderung, wenn Bahnfiguren (aus dem Zirkel wechseln oder Schlangenlinien durch die Bahn) oder Hindernisteile, die zu umreiten sind, ins Spiel kommen.

B) **Hubschrauber:** Zwei Reiter halten jeweils ein Ende eines Zeitungsstreifens fest; ein Reiter steht, der andere reitet, ohne dass der Zeitungsstreifen reißt, um den anderen Reiter herum.

Sicherheit
- Es ist nicht ganz so einfach, wie es sich anhört, denn Pferde brauchen manchmal etwas länger, um sich an das flatternde Papier zu gewöhnen bzw. relativ eng nebeneinander zu laufen.

Ausbildung
- Es sollte daher kein Teilnehmer zum Mitmachen überredet werden. Bei diesem Spiel geht es nicht ums Gewinnen. Es lohnt sich vorerst auch der Einsatz von Springseilen oder kleinen Reifen, um sich schrittweise der Abschlussaufgabe zu nähern.

Pferd
- Pferde dürfen keine Berührungsängste haben und sollten außerdem kein Problem mit Flugobjekten haben (welche zwangsläufig dadurch entstehen, wenn beide Reiter gleichzeitig loslassen). Derart geschult, ist aber ein Pas de deux oder eine Mannschafts-Kür sicherlich nicht mehr die „Mega-Herausforderung".

Der schnelle Schmied

Helfer: 2 zum Festhalten der Pferde, einer zum Anbringen der Augenbinden und Verteilen der Eisen

Material: 2 Stühle, 2 Augenbinden, 8 Eisen (Reifen, Becher, o.Ä.)

Ablauf: Während beide Reiter mit verbundenen Augen, Rücken an Rücken bei X auf zwei Stühlen sitzen, halten zwei Personen bei E bzw. B die Pferde der beiden „Schmiede" fest.
Auf dem Boden (um die Stühle) liegen verteilt acht Eisen.
Nach der Startfreigabe wechseln die Spieler schnell in den Vierfüßlergang und versuchen die umherliegenden Eisen zu ertasten.
Haben sie eins erwischt, versuchen sie so schnell wie möglich ein Bein ihres Stuhls durch Anlegen des Eisens zu beschlagen. Die Halter der Pferde dürfen nicht durch Rufen helfen.
Erst wenn alle vier Eisen „angebracht sind", ruft der Halter: „fertig" und der Reiter darf sich die Augenbinde abziehen, zum Pferd laufen und aufsitzen. Wer als Erster im Sattel sitzt, hat gewonnen.

Variation: **Der Schmied mit Assistent:** Die Halter dürfen durch Rufen helfen, damit die Reiter die Eisen schneller finden und auch wirklich nur den eigenen Stuhl beschlagen. Nach dem Aufsitzen kann dann noch ein Slalomparcours o.Ä. zu reiten sein.

Ausbildung
- Die Augen sind im Normalfall unsere Hauptinformationsquelle – es ist aber immer wieder reizvoll und wichtig, auch die anderen Sinne zu schulen, um jede Herausforderung optimal zu meistern.

Pferd
- **Alternativ(e):** Die Pferde können selbstverständlich auch durch Holzpferde ersetzt werden. Das heißt, auch an Tagen, an denen die Pferde unplanmäßig nicht einsetzbar sind (Schmied, Impfung ...) muss nicht auf Koordinationstraining unter Tempo verzichtet werden.

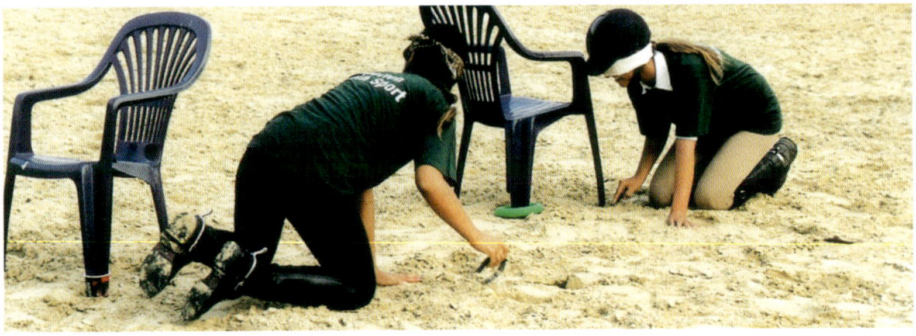

Doppeloxer

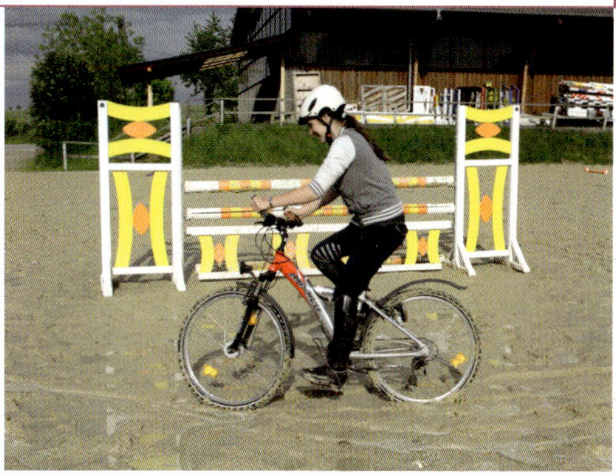

Helfer: Parcoursdienst (je 1 Helfer für 2–3 Hindernisse)

Material: 1 Parcours ohne Zahlenkennzeichnung, bestehend aus 5–7 Hindernissen, ein durch Poolnudeln gekennzeichnetes Start-/Zielfeld

Ablauf: Während der Parcours so aufgebaut wird, dass jedes Hindernis das letzte und das erste sein kann, finden sich die Reiter zu Paaren zusammen.

Das erste Paar stellt sich ins Start-/Zielfeld und hat nach dem Start in möglichst geringer Zeit den Parcours zu absolvieren, d.h., jeder Sprung ist ***1-mal*** zu ***überspringen*** und ***1-mal*** zu ***umkreisen***. Ob einer allein springt und der andere alle Sprünge umkreist oder man sich im Springen und Umkreisen abwechselt oder jeder für „seine" drei (vier) Sprünge zuständig ist, ist dabei dem Team selbst überlassen.

Variation: **Bike und Ride:** Bei dieser Variation besteht das Team aus einem Springreiter, der wie oben beschrieben die Hindernisse überspringt, und der Fahrradfahrer übernimmt hierbei das Umkreisen der Hindernisse.

So können nicht nur Nichtspringer, sondern auch sportliche Nichtreiter (Freunde oder Verwandte) integriert werden.

Sicherheit
- Alle Aktiven – zwei- und vierbeinig – sollten der Aufgabe sportlich und mental gewachsen sein, konkret ist darauf zu achten, dass die Teilnehmer sich nicht gegenseitig umreiten. Bei der Parcoursgestaltung sollte bereits aus Sicherheitsgründen auf genügend Platz geachtet werden.

Ausbildung
- Wichtig ist, dass beide im Einsatz sind. Die Zeit wird gestoppt, wenn beide wieder im Start-/Zielfeld stehen. Der Parcoursdienst achtet darauf, dass jeder Sprung übersprungen und umkreist wird. Nichtspringer können so integriert werden. Strategisches Denken plus Konzentration sind gefragt – und das nicht nur beim Reiter.

Pferd
- Pferde müssen „fußgängertauglich" sein.

Gerte balancieren

Helfer: –

Material: Pro Paar 1 Gerte, evtl. Cavaletti, reißfeste Plane oder Pylonen

Ablauf: Alle Mitspieler versuchen paarweise eine Gerte (beid- oder einhändig auf der Handinnenfläche, dem Handrücken, auf den Zeigefingern, auf dem Unterarm ...) je nach Aussage des Spielleiters von einer Hallenseite auf die andere zu balancieren. Evtl. dabei über eine reißfeste Plane, um die Pylonen, über ein Cavaletti reiten oder es in allen Grundgangarten mal versuchen.

Variation: Selbstverständlich kann dieses Kooperations- und Koordinationsspiel auch ohne Pferd (in einem Raum) gespielt werden. Die Gerten können dann auch durch dicke Strohhalme oder Stifte ersetzt werden. Der Spielleiter kann dann auch noch das ganze Spiel, durch Benennen weiterer Handicaps, verkomplizieren, z.B. beid- oder einbeiniges Hüpfen, Rücken an Rücken gehen, nicht nur die Gerte balancieren, sondern dabei auch noch über ein Cavaletti gehen, oder durch die Ausgabe einer weiteren Gerte pro Paar

Sicherheit
- Reitanfängern sollten Führer für die Pferde zur Verfügung gestellt werden, damit es nicht zu Negativerfahrungen kommt. Profis können hier ihr Hilfengebungsgeschick unter Beweis stellen.

Ausbildung
- Koordinations- und Kooperationstraining vom Feinsten

Pferd
- Pferde sollten unbedingt partner-/materialerfahren sein.

LOGICAL „Die Stallburschen“

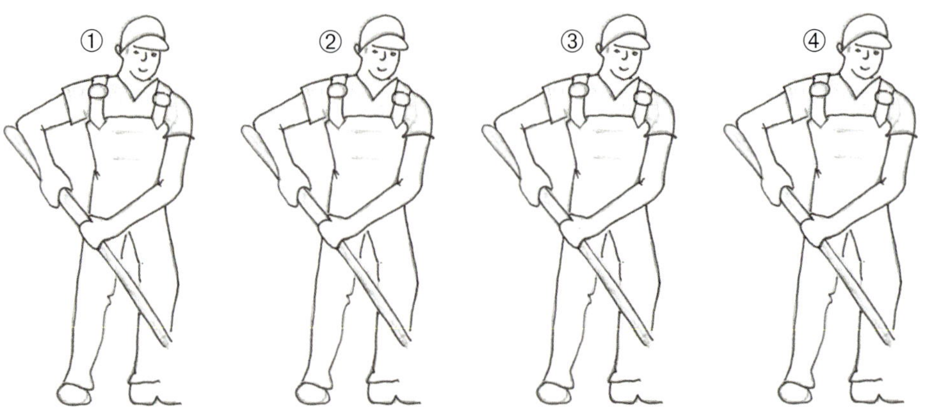

Ich und Du

Helfer: 2–3 zum Auf- und Abbauen und evtl. Sichern

Material: Je nach Aufgabenstellung (siehe Ablauf)

Ablauf: Zunächst erfolgt eine Paarbildung (je ein Fußgänger oder Radfahrer mit einem Reiter). Während der Läufer seine Aufgaben (z.B. durch einen Krabbeltunnel kriechen, durch Reifen klettern, über ein Cavaletti balancieren ...) in seinem Spielfeld gegen die Uhr absolviert, umrundet sein reitender Partner 1-mal rechts- und 1-mal linksherum so viele Ständer wie möglich in seiner Spielfeldhälfte. Diese Anzahl wird in Sekunden umgerechnet und von der gebrauchten Zeit des Läufers abgezogen, und schwups steht das schnellste Team fest.

Sicherheit
- Durch die getrennten Aktionsfelder ist bei gebrauchstauglicher Absperrung keine weitere spezielle Sicherheitsmaßnahme nötig.

Ausbildung
- Strategisches Denken und Taktik kann man gar nicht genug üben – egal ob neben oder im Sattel – und Konditionstraining zahlt sich in diesem Fall auch gleich mehrfach aus.

LOGICAL „Die Stallbruschen“: *Die guten Geister des Hofes stecken jeder in einer anders farbigen Arbeitslatzhose und bewegen alle ein anderes Arbeitsgerät. Wer wo steht und was, womit sauber hält bzw. arbeitet verrät dir der Text. Male die vier entsprechend an. Auf den Latz kannst du jeweils den Namen schreiben und an das Ende der Stile zeichnest du bitte das jeweils gesuchte „Ende“:*

1. Die Jungs heißen Arnd, Eric, Maxi und Ricci.
2. Arnd hat heut keine Lust zu fegen.
3. Eric hat sich eine Mistgabel geschnappt.
4. Die Schüppe ist rechts vom Besen.
5. Die Jungs tragen eine blaue, grüne, orange bzw. schwarze Latzhose mit gleichfarbigem Käppi.
6. Ricci will mit der Harke den Hufschlag nacharbeiten.
7. Die Harke ist außen rechts von der Schüppe
8. Der gute Geist mit der Mistgabel trägt grün.
9. Maxi ist heute in schwarz gekommen, sein Partner an der Schüppe trägt kein orange.

Lösung, siehe Seite 135

Pas-de-deux-Sackhüpfen

Helfer: –

Material: Poolnudeln als Start-/Ziellinie, 2 (reißfeste) Jutesäcke, als Wendepunkt 1 Pylone

Ablauf: Zwei Personen und ein Pferd bilden ein Team. Es treten mindestens zwei Teams gleichzeitig an (Bahnen sind nebeneinander angeordnet).
Je ein Teilnehmer des Teams steckt im Sack und der andere sitzt auf dem Pferd – sie befinden sich alle an der Startlinie.
Nach ertöntem Startzeichen setzen sich alle hüpfender- und reitenderweise in Bewegung – Richtung Wendepunkt. Am Wendepunkt angekommen, wird gewechselt. Der Reiter hüpft mit dem Sack zurück und der Sackhüpfer führt das Pferd zurück (so muss es sich bei diesem Teammitglied nicht zwingend um einen weiteren Reiter handeln). Welches Team nun zuerst (komplett) die Ziellinie überschritten hat, hat gewonnen.

Variationen: **Sackhüpf-Duett:** Das Team besteht aus zwei Reitern plus ein Pferd, und am Wechselpunkt wird so getauscht, dass der Reiter mit dem Sack zurückhüpft und der Hüpfer mit dem Pferd zurückreitet.

Alternativ(e): Dieses Spiel eignet sich auch als Staffelspiel.

Sicherheit
- Vierbeiner, die das Spielen noch nicht gewohnt sind, sollten einen größeren Abstand zu den Sackhüpfern einhalten. Sporen (selbst kurze) sind logischerweise tabu!

Ausbildung
- Koordination, Kraft, Bewegungsweite und -fluss sowie Kooperation sind gefragt, werden herausgefordert und/oder trainiert.

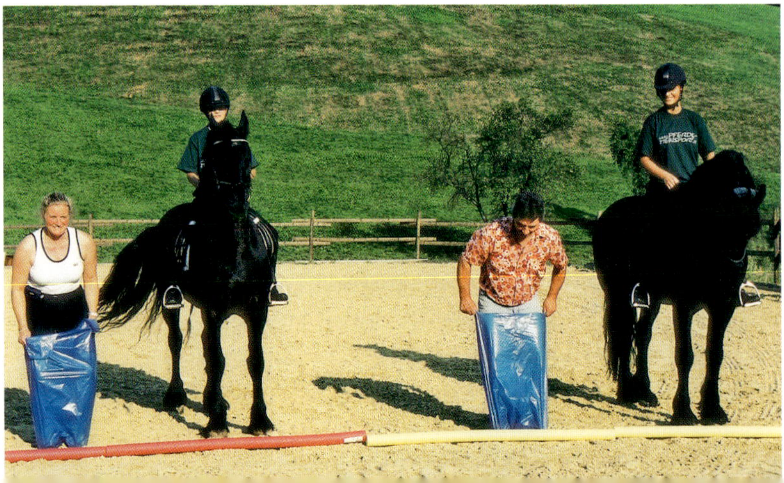

Roboterritt

Helfer: –

Material: Evtl. kurze Gerte zum Antippen des Partners

Ablauf: Die eine Hälfte der Reitgruppe sind bei diesem Kommunikations- und Koordinationsspiel die Roboter, die andere Hälfte die Programmierer. Die Aufgabe der „Programmierer" besteht darin, ihren Roboter (im Schritt!) unfallfrei in der ganzen Halle „durch" die anderen Teams zu steuern. Die Steuerung der Roboter erfolgt über Antippen (evtl. mit Gerte):

- **Rücken = geradeaus**
- **Linke Schulter = 90 Grad nach links**
- **Rechte Schulter = 90 Grad nach rechts**
- **Po = rückwärts**
- **Kopf = Stopp**

Die Roboter selbst reiten nur mechanisch geradeaus. Treffen sie auf ein anderes Team, halten alle und die Programmierer müssen eine neue Richtung wählen. Nach z.B. 3 oder 5 Minuten werden die Rollen getauscht.

Variation: **Roboter und Maschinist:** Weniger versierte Reiter spielen zunächst ohne Pferd. Wem es gelingt, seinen Roboter (der als Fußgänger ruhig die Augen geschlossen haben darf) auf engstem Raum (einem Zirkel) durch die Partner-Teams zu lenken, der darf zur Steigerung versuchen, zwei Roboter gleichzeitig zu bedienen.

Sicherheit
- Reitende Programmierer sollten bedenken, dass man z.B. von links hinten anreiten muss, wenn man auf die rechte Schulter tippen will, um Kollisionen mit dem eigenen Partner zu vermeiden.

Ausbildung
- Koordination und (nonverbale) Kommunikation vom Feinsten – da wir von unseren Pferden ganz automatisch und immer verlangen, „unsere Zeichen/Signale" zu erkennen und umzusetzen, wird hier ganz deutlich, welche Leistungen zu erbringen sind, um gut verstanden zu werden, und wie es sich anfühlt, immer wieder darauf zu warten, „gesagt" zu bekommen, wann es wohin weitergeht.

Pferd
- Alle Pferde auf dem Viereck sollten einander „riechen können" und keine Probleme mit räumlicher Enge oder den sich auf unkonventionelle Art und Weise nähernden Partnern haben.

Rufer in der Wüste

Helfer: Evtl. 2 zum Begleiten der Pferde

Material: 4 Poolnudeln, 6 Pylonen (möglicht aus „unkaputtbarem" Material)

Ablauf: Es bilden je zwei Teilnehmer ein Team. In einer Entfernung von ca. 35 m liegen die Poolnudeln auf dem Boden und markieren Start- und Ziellinie. Hinter der Startlinie stehen die Reiter mit geschlossenen Augen und auf dem Pferd sitzend.
Hinter der gegenüberliegenden Ziellinie stehen ihre Teampartner (Lotsen). Nach Ertönen des Startzeichens versuchen die Lotsen ihre „blinden Reiter" mit Worten im Slalom um die aufgestellten Pylonen (drei Stück pro Bahn) zu dirigieren. Wer zuerst bei seinem Lotsen angekommen ist und die wenigsten Pylonen umgeritten hat, der hat gewonnen.

Sicherheit
- Unbegleitet nur etwas für erfahrene/fortgeschrittene Reiter, die auch ohne direkte Augenkontrolle in der Lage sind, geradeaus und in sanften Bögen zu reiten. Die Rufer sollten über eine ausgeprägte Seitigkeitssicherheit verfügen, da sie „spiegelverkehrt" kommandieren müssen.

Ausbildung
- Fordern und Fördern von Kommunikation und Kooperation einerseits sowie Konzentration, Koordination, Körperwahrnehmung/-schema, Bewegungsgenauigkeit und Bewegungsgedächtnis andererseits

Pferd
- Bei sehr gehfreudigen Pferden/Ponys sollte „der Rufer in der Wüste" erst im letzten Stundendrittel zum Einsatz kommen. Pferde mit „cowsense" bzw. viel Erfahrung mit derartigen Ideen/Bewegungsangeboten übernehmen hier gerne einmal die Führung und „wandern" mit ihrem Reiter zügig „ohne Millionärsbögen" direkt zu ihrem zweibeinigen Anweiser.

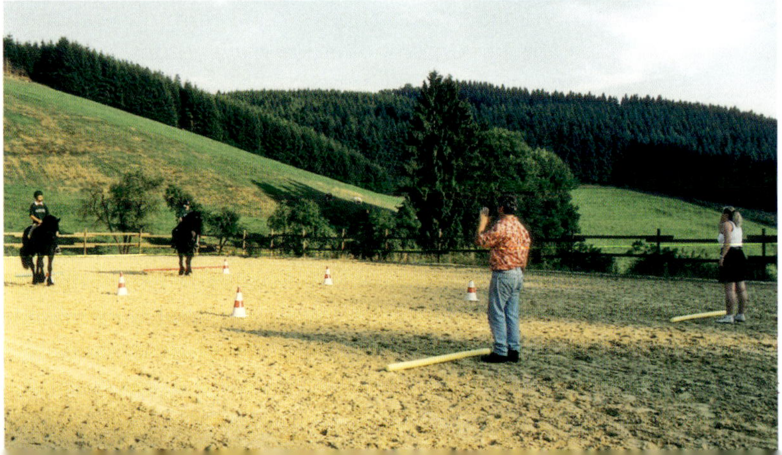

Who is who?

Helfer: Evtl. einer, der die Namenskarten an den Reitern anbringt

Material: Klebeband und pro Reiter eine Namenskarte

Ablauf: Während der 10-minütigen Schrittphase zu Stundenbeginn oder Stundenende reiten alle Teilnehmer, die ganze Halle nutzend, durcheinander. Der Ausbilder setzt nun die Paare zusammen, die gemeinsam nach Erhalt der Namenskarte (auf den Rücken kleben, ohne dem Reiter zu zeigen, wer er nun sein soll!) durch die Halle reiten sollen. Auf den Namenskarten könnten z.B. folgende „Prominente" geschrieben stehen: Crow, Dr. Reiner Klimke, Lana del Rey, Michael Jung, Hans Günter Winkler, Klitschko-Brüder, Harry Potter, Oliver Kahn, Sebastian Vettel ... oder Black Beauty, Fury, Halla, Meteor, Ratina Z, Sam ...). Sind alle mit Namenskarte bestückt, kann das große Raten beginnen. Der Partner darf/muss die Karte natürlich lesen können, damit er die vielen Fragen (z.B. Bin ich berühmt? Bin ich ein Mensch/Tier? Lebe ich in Deutschland? ...) seines prominenten Partners mit Ja oder Nein beantworten kann.

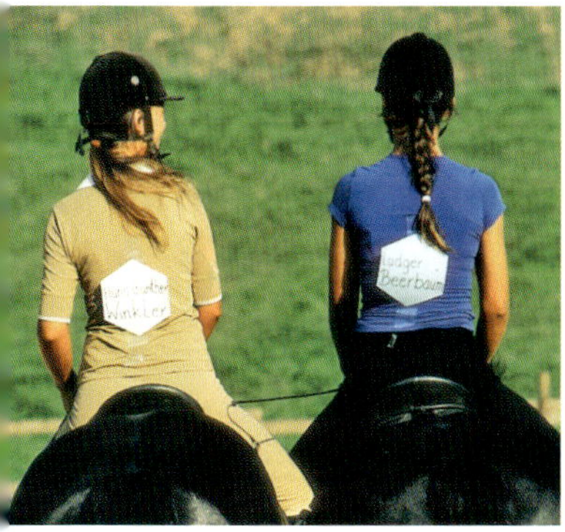

Hinweis: Der Befragte darf außer Ja oder Nein keine weitere Erklärung zur gesuchten „Persönlichkeit" abgeben. Wenn 10-mal ein Nein als Antwort gegeben wurde, erfolgt die Auflösung und die Spieler wechseln ihre Rollen. Routinierte „Spieler" befragen einander direkt abwechselnd oder wechseln beim „Nein".

Variation: An der Longe (auf einem mit einem Gurt ausgerüsteten Pferd) sitzen sich zwei Teilnehmer gegenüber. Vor dem Aufsteigen hat jeder auf den Rücken des Gegenübers geschaut, und los geht's!

Ausbildung
- Schrittphasen sind auf diese Weise alles andere als langweilig. Und wenn das „System" erst mal sitzt, dann kann auch z.B. das Reitabzeichenwissen (z.B. halbe Parade, ganze Parade, Kombination, Distanz ...) derart überprüft und vertieft werden.

Pferd
- Bei der Zusammenstellung der Teams ist z.B. alternativ nicht der Ausbilder gefragt, sondern es wird so zusammen geritten, wie es z.B. die Stall- oder Herdenzugehörigkeit der Pferde vorgibt.

Ausrüstungsrallye

Helfer: Einer zum Erstellen und Verstecken der Karten, zum Führen der Pferde je ein Helfer

Material: 20 Karten laminiert (selbst gemachte Fotos oder Bilder aus dem Reitsportkatalog), auf denen die Ausrüstung des Pferdes abgebildet ist (je 5 Karten sind eine komplette Ausrüstung), Stangen und Ständer für einen kleinen Springparcours, Sägemehl

Ablauf: Aus einem großen Sägemehlhaufen (in dem alle 20 Karten versteckt sind) suchen die vier Spieler je fünf Ausrüstungskarten heraus. ***Achtung! Es darf keine doppelt vorkommen!***

Jeder muss folgende Karten finden:
- ➜ Trense
- ➜ Hilfszügel (z.B. Martingal oder Dreieckszügel)
- ➜ Sattel
- ➜ Schabracke oder Satteldecke
- ➜ Bandagen oder Gamaschen

Wer zuerst alle Karten komplett hat, läuft zu seinem Pferd, übergibt sie dort dem Führer, steigt in den Sattel und hat nun noch einen kleinen Parcours zu überwinden.

Hinweis: Der Schnellste hat nur dann gewonnen, wenn er die richtigen Karten gefunden hat und den Parcours fehlerfrei überwunden hat. Die vier ausgerüsteten Pferde werden während der Suche geführt.

Variationen: **A) Stiefelknecht:** Jeder Reiter zieht seinen rechten Stiefel aus, der im Strohhaufen versteckt wird. Es gilt, hierbei nun der Schnellste beim Stiefelsuchen und -anziehen zu sein.

B) Kostüm-Kür: Die Teilnehmer suchen sich aus einem großen Kleiderhaufen (inkl. Bettwäsche, damit es nicht so einfach wird) eine vorgegebene Anzahl Kleidungsstücke (auf/über den Reithelm passende Kopfbedeckung, Oberteil, Unterteil, Stulpen, Accessoires) heraus, verkleiden sich, steigen in den Sattel und reiten auf einem 20-x-20-m-Viereck eine 2-minütige spontane Kurzkür damit und erhalten dann für ihre Gesamt-Kreation von der Jury/dem Publikum eine A-Note für den Ritt und eine B-Note für „Kostüm und Co".

Sicherheit • Selbstverständlich sind die Pferde vor Umsetzung dieser Idee bereits locker bzw. abgeritten und die eingesetzten Führer vertraut mit diesem Job.

Ausbildung • Durch die Suchaktion sind die Reiter zunächst auf einem ganz anderen Trip und müssen dann sofort umschalten auf den zu erledigenden (vor einer gefühlten Ewigkeit besichtigten) Parcours oder ihre Kurzkür. Wem das umstellungsmäßig zügig und fehlerfrei gelingt, der findet später sicherlich auch spontan den richtigen Weg im Stechen oder übernimmt den anspruchsvolleren eines Mitbewerbers um den Sieg, weil er spielend mental so flink und flexibel wurde/ist.

Pferd • Pferde mit derartigen Erfahrungen sind garantiert nicht im Nachteil, wenn es z.B. andernorts darum geht, einer von drei Vierbeinern zu sein, die der gleiche Reiter für ein Stechen qualifiziert hat, und dann alles relativ schnell zu gehen hat.

LÖSUNG Logical „Stallburschen" von Seite 128/129

① Eric, grüne Latzhose, Gabel
② Maxi, schwarze Latzhose, Besen
③ Arnd, blaue Latzhose, Schüppe
④ Ricci, orange Latzhose, Harke

Bälle versenken

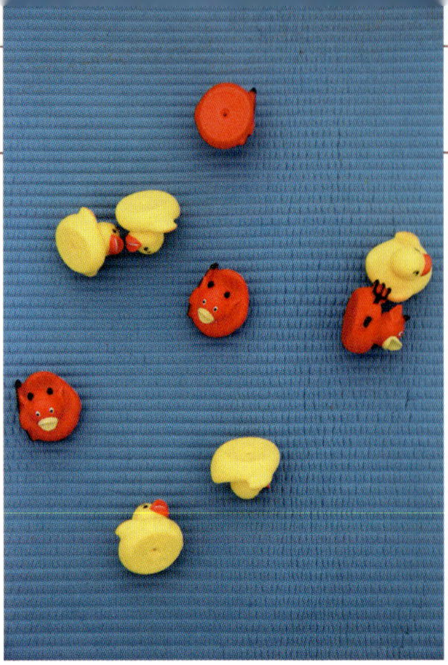

Alle mein Entchen

Helfer: Evtl. einer zum Auf- und Abbau

Material: 3 Poolnudeln oder Stangen, 1 Eimer, (Tisch-)Tennisbälle oder Ähnliches (je Teilnehmer 10 in einer Farbe), je 1 Stoffbeutel für die Bälle

Ablauf: Die Stangen bilden ein Dreieck.
Die drei Teilnehmer (Reiter) stehen hinter je einer Poolnudel/Stange. In der Mitte dieses Dreiecks steht ein Eimer, in den die Teilnehmer versuchen ihre Bälle (diese haben alle in ihrem Stoffbeutel am Sattel hängen) zu werfen.

Variationen: **A) Alle meine Entchen:** Die ein bis vier Teilnehmer stehen in gleichmäßigem Abstand hinter einer Poolnudel/Stange, um einen künstlichen See (z.B. künstlichen Wassergraben) herum. Jeder der Teilnehmer hat eine Stofftasche mit entweder Gummientchen oder Plastikfischen oder Stofffröschen umhängen. Innerhalb der vorgegebenen Spielzeit (z.B. 2 Minuten) versucht nun jeder – werfend –, so viele seiner Tiere wie möglich auf dem See zu platzieren.

B) Groschenspiel: Die Teilnehmer reiten (in beliebiger Gangart) hintereinander auf einer vorgegebenen Zirkellinie und werfen ihre Münzen (z.B. „altes Urlaubskleingeld" – der eine aus Österreich der andere aus Holland oder Russland oder ... damit auch klar ist, wer welchen Treffer erzielt hat) möglichst genau in ein Zielfeld (Siloplane mit Durchmesser 8 m – ein kleinerer Durchmesser von 3 m farblich abgesetzt).

Hinweis: Das eigenmächtige Verkleinern der Zirkellinie führt zum Ausschluss. Wer die meisten Punkte hat (im 8-m-Durchmesser 3 Punkte und im 3-m-Durchmesser 8 Punkte), hat gewonnen.

C) Brunnenspiel: Alle Teilnehmer stellen sich (inkl. Pferd) rückwärts zur „Zielscheibe" (siehe Groschenspiel) und versuchen, ihre Münzen über Kopf möglichst im hohen Punktfeld zu platzieren.

Ausbildung • Reiten besteht zu einem nicht unerheblichen Teil aus dem Abschätzen von Distanzen und einem angemessen dosierten Krafteinsatz – dieser sollte spielerisch angebahnt und ausgebaut werden, um dann vor allem in Bewegung fast beliebig belastbar zu sein. Hier ist vor allem Auge-Hand-Koordination gefragt. Bällerversenken und alle Variationen sind übrigens auch bei einem Spielenachmittag oder Tag der offenen Stalltür „zum Punktesammeln" geeignet.

Pferd • Für Pferde, die mit Flugobjekten vertraut sind, ist das keine Herausforderung – allenfalls ein (angenehmer) Wechsel zwischen Be- und Entlastung oder Spannung und Entspannung.

Bahnpunkte zuordnen

Helfer: Evtl. einer zum „Präparieren" der Bahnpunkte

Material: Bahnpunkte auf Pappkarton, Klebeband, Zeitungspapier

Ablauf: Die Bahnpunkte werden zu Stundenbeginn (z.B. mit Zeitungspapier) abgeklebt. Jeder Reiter erhält (1–3) Bahnpunkte, um sie an der richtigen Stelle (geht auch vom Pferd aus) mit einem Klebestreifen wieder/richtig anzukleben. Der Punkt „C" ist zur Orientierung unverhüllt. Bei falscher Zuordnung muss der Teilnehmer eine besondere Aufgabe erfüllen (z.B. im Anschluss die Stallgasse fegen, den Hufschlag harken ...).

Sicherheit • Anfänger führen ihre Pferde in dieser Lösephase, Fortgeschrittene spielen mit ihrer Balance im Sattel, um die Bahnpunkte möglichst korrekt zu „rekonstruieren". Der Ausbilder passt wie gehabt auf, damit niemand unter- oder überfordert ist. Die Ausgabe der Papppunkte erfolgt rund um X – dann gibt's kein Gedränge und der Abstand ist für alle so fair wie möglich – losgeritten wird selbstverständlich zeitgleich auf Kommando.

Ausbildung • Eine tolle Sache, um Auswendig- und Kürreiten vorzubereiten, aber auch generell, um eine „Verbindung" zwischen (präsenten) Bahnpunkten und Bahnfiguren hinzubekommen.

Basketball mal anders

Helfer: 4 (pro Team 2, um die Bälle wieder anzureichen)

Material: 2 Basketball-Körbe (je einer bei A und C aufgestellt oder aufgehangen), pro 4er-Mannschaft 8 Softbälle

Ablauf: Jede Mannschaft reitet in gleichmäßigen Abständen auf einem Zirkel hintereinander her. Die Grundgangart wird vom Ausbilder vorher angegeben. Jedes Mal, wenn ein Reiter beim Korb vorbeikommt, muss er versuchen, seinen Ball hineinzuwerfen.
In einer festgelegten Spielzeit (z.B. 3 Minuten) muss jede Gruppe versuchen, so viele Körbe wie möglich zu erzielen.

Variationen: **A) Longen-Basketball:** Bei dieser Variante geschieht das Korbballwerfen vom Pferd an der Longe aus.

B) Reifen treffen: Bei dieser Variante stehen auf dem Zirkel verteilt vier Helfer, die einen Hula-Hoop-Reifen so hochhalten, dass die Teilnehmer vom Pferd aus den Ball durch den Reifen werfen können. Natürlich müssen dann auch entsprechend Helfer zur Verfügung stehen, die den Reitern die Bälle wieder zuspielen.

C) Zielfeldwerfen: Bei dieser Variante werden keine Basketballkörbe genutzt, sondern verschieden große Zielfelder (z.B. aus Silofolie), die im Inneren des Zirkels ausgebreitet werden. Je nach Größe und Lage des Zielfeldes gibt es verschiedene Punkte, die am Ende des Spieles addiert werden.

Sicherheit
- Sollten die Pferde mit Bällen noch nicht vertraut sein, ist es zu Anfang hilfreich, das Spiel im Schritt mit geübtem Reiter und Führer zu üben, bis die Pferde genügend Ballerfahrung haben. Sind sie trotzdem nicht zu überzeugen bzw. zu gewinnen, haben sie hier Pause.

Ausbildung
- Koordination in all seinen Facetten

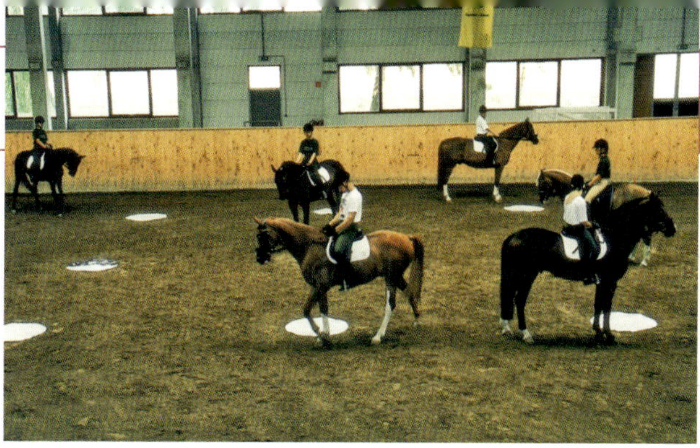

Bauernmühle

Helfer: 1–2 zum Aufbauen

Material: 9 Plastikpunkte oder Tonnen, 2-mal 3 gleichfarbige Oberteile, 1 kurzes und 1 langes Streichholz

Ablauf: Es werden zwei Mannschaften mit je drei Reitern gebildet. Die neun Punkte werden in drei Dreier-Reihen so hingelegt, dass sich kein Pferd beim Spielen bedrängt fühlt. Die Mannschaft, die das längere Streichholz zieht, fängt an. Es geht nun darum, möglichst als erste Mannschaft zu dritt in einer Reihe oder Diagonale zu stehen. Die Teams sind abwechselnd an der Reihe, um sich möglichst schnell passend hintereinander oder nebeneinander oder durch die Diagonale zu stellen, was die „Gegner" natürlich zu verhindern suchen. (Foto siehe nächste Seite)

Alternative: **Bauernmühle mit Kapitän:** Jede Mannschaft wird von einem Kapitän zu Fuß/auf der Tribüne dirigiert (Mühle wurde übrigens nachweislich schon 2000 Jahre v.Chr. gespielt.)

Variation: **4 gewinnt:** Dabei besteht jedes Team aus vier Mitgliedern und das Spielfeld weist insgesamt 16 Punkte (4 x 4) auf.

Sicherheit
- Wenn die neun Punkte, z.B. den kompletten Mittelzirkelbereich nutzend, ausgelegt sind, kommt sich im Normalfall sicherlich niemand zu nahe.

Ausbildung
- Kooperations-, Kommunikationsfähigkeit und strategisches/vorausschauendes Denken – Attribute, die jeden Reiter auszeichnen sollten

Pferd
- Nichts für Pferde und Ponys, die (z.B. ausbildungsgemäß noch) keinen Zugang zu Mal-eben-stehen-Bleiben oder In-Ruhe-Abwarten haben.

Hinweis: Wer das Spiel einmal live erleben möchte, der genießt ganz einfach das Lehrvideo **„Reiten mein Sport"**! Da gibt es außerdem viele weitere Spielideen, die sich garantiert anzuschauen und nachzuspielen lohnen.

„Gesellschaftsspiele gehören zu den ältesten kulturellen Ausdrucksformen der Menschen – noch vor Schrift- und Lesekultur". *X:ENIUS*

Blumenspiel

Helfer: 1 Zuschauer/-in

Material: 1 Blumenstrauß (auch künstlich)

Ablauf: Die vier (fünf) Reiter haben einen Blumenstrauß, der möglichst spätestens alle 5 Sekunden in einem Spielfeld/der Halle weitergereicht werden muss. Der/die Zuschauer/-in steht mit dem Rücken zur Reitergruppe und sagt irgendwann „Stopp". Der Reiter, der dann im Besitz des Blumenstraußes ist, darf „Kavalier" spielen und ihn der „Dame" überreichen.

Hinweis: Es kann in allen Grundgangarten gearbeitet werden.
(In Südfrankreich im Rhone-Delta ist das Blumenspiel im Sattel der Camargue-Pferde Tradition – dabei „jagen" die Schimmelreiter den Blumenstrauß einander allerdings gegenseitig ab, bevor die „Trophäe" einer Mademoiselle überreicht wird.)

Variation: **Stofftier-Spiel:** Der älteste (jüngste) Teilnehmer erhält ein Stofftier (oder auch einen Blumenstrauß) ausgehändigt und behält es (ihn) so lange, bis ihm ein anderer Reiter das Stofftier oder den Blumenstrauß geschickt abnimmt (analog Fuchsgreifen). Am Ende einer zuvor festgelegten Spielzeit darf er es (ihn) dann der „Herzdame" oder einer anderen Person seiner Wahl überreichen.

Sicherheit
- Die Akteure unter dem Sattel sollten einander kennen/sich trauen und die Akteure im Sattel sollten keine Anfänger mehr sein, da hier – wenn nicht zuvor bewusst ausgeschlossen – ganze Bahn in allen drei Grundgangarten auf „völlig unbekannten Wegen" agiert wird.

Ausbildung
- Koordinations- und Kooperationstraining

Pferd
- Nichts für Vierbeiner, die mit räumlicher Nähe/Enge offensichtlich Probleme haben.

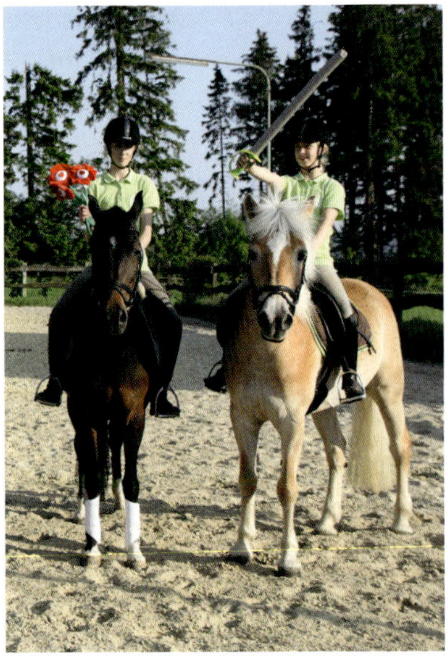

Das Rentierspiel

Helfer: –

Material: –

Ablauf: Während der 10-minütigen Schrittphase zu Stundenbeginn oder in einer Entspannungsphase in der Stunde reiten alle Teilnehmer in großen Abständen auf der gleichen Hand hintereinander (inkl. Handwechsel). Der Ausbilder legt Spieler Nr. 1 fest. Dann „läuft" folgender Text rund:

- Textteil A: „1 Rentier" (1. Reiter)
- Textteil B: „4 Beine" (2. Reiter)
- Textteil C: „springt in den Schnee" (3. Reiter)
- Textteil D: „Wutsch" (4. Reiter)
- Textteil E: „2 Rentiere" (5. Reiter)
- Textteil F: „8 Beine" (6. Reiter oder wieder von vorne)
- Textteil G: „springen in den Schnee" (der 2. Reiter)
- Textteil H: „Wutsch" (der 3. Reiter)
- Textteil I: „3 Rentiere" (...)
- Textteil J: „12 Beine" (...)

(Jeder spricht nur seinen Textteil und wiederholt nicht etwa die vorherigen)

Hinweis: Nach zehn Rentieren ist Schluss! Sollte sich jedoch zwischenzeitlich ein Reiter vertun und eine falsche Zahl oder einen falschen Text benutzen, geht es wieder bei „1 Rentier" los. Derjenige, der sich vertan hat, muss „zur Strafe" absteigen und das Pferd mit der rechten Hand führen, er macht allerdings weiter mit. Vertut er sich erneut, muss er das Pferd mit der linken Hand führen. Nach einer/einem richtigen Zahl/Text darf wieder mit der Rechten geführt bzw. aufgesessen werden.

Sicherheit
- Wenn der Abstand von einer Pferdelänge unterschritten wird, macht der Ausbilder kurz darauf aufmerksam. Es kann natürlich auch als zusätzliches Kriterium zum Absitzen und Mitlaufen-Müssen genommen werden.

Ausbildung
- Wer nicht zu Fuß laufen möchte, der muss sich wirklich gut konzentrieren, um bei dem Text nicht aus dem Takt zu kommen ... oder den korrekten Abstand zu verlieren.

Pferd
- Routiniers unter dem und im Sattel nehmen selbstverständlich hin und wieder die Gelegenheit wahr, das Ganze im Trab durchzuspielen.

Variation: Sommervarianten auch im Gelände bei einem Ausritt möglich: „1 Jack Russel" – „4 Beine" – „springt ins Wasser" – „Plumps", „1 Ente" – „2 Beine" – „landet im Wasser" – „Platsch", oder noch einfacher: „1 Seepferdchen" – „1 Schwänzchen" – „tanzt im See" – „schöööööön"

Das Schattenspiel

Helfer: 2–4 zur Vorbereitung und zum Aufbauen

Material: 4 große, weiße, zusammengenähte Bettlaken, 1 Dachlatte, 2 Ständer extra lang mit Auflagen, Heftzwecken, 1 Overheadprojektor (OHP) oder 1 Scheinwerfer oder 4 große Taschenlampen

Ablauf: Aus dem Bettlaken, der Dachlatte, den Heftzwecken und den Ständern wird zunächst eine Leinwand gebaut. Sobald es dunkel ist oder der Raum abgedunkelt wurde (es darf nicht stockfinster sein – das könnte dann doch etwas gefährlich sein), kann es losgehen.
Die Reiter reiten hinter die Leinwand. Vier hinter die Lichtquelle (OHP, Scheinwerfer, Taschenlampe) und einer davor – ihn müssen die (extra geladenen) Zuschauer (z.B. die Eltern oder andere Reitgruppen) erraten. Es wird so lange gespielt, bis sämtliche Schatten zugeordnet/erraten sind.

Alternative: Bei Gruppen, die sich schon länger kennen, dürfen Haargummis, Hüte, Schals oder Kissen eingesetzt werden, um Frisur (Helm bleibt aber selbstverständlich auf dem Kopf) bzw. Figur so abzuändern, dass auch wirklich geraten werden kann/muss.

Hinweis: Mit Musik wird die „Geisterstunde" perfekt.

Variation: **Schattenwerfer:** Wer es lieber „etwas kleiner" mag oder erst mal ausprobieren möchte, der verzichtet zunächst auf die Pferde.

Sicherheit
- Pferde können auch bei Restlicht noch viel besser/mehr sehen als Menschen, ihre Augen brauchen allerdings einen Moment länger, um sich darauf einzustellen. Außerdem sind Proben bei vollem Licht selbstverständlich, damit jeder selbst bei geschlossenen Augen weiß, wo er ist bzw. hingehört.

Ausbildung
- Um die Motivation (bei Nichtturnierreitern) hochzuhalten, sollten die Akteure gemeinsam immer wieder nach neuen Herausforderungen/Zielen suchen, denn kaum etwas ist schöner/bringt weiter als die zusammenfassende Vokabel: geschafft!

Die Landpartie

Helfer: Einer, der (nach Anordnung der Pylone) die Geschichte erzählt/vorliest

Material: Geschichte zum Spiel, 6 Pylonen oder Ständer (entlang der Mittellinie)

Ablauf: Der/die Ausbilder/-in verteilt die Rollen (Landstallmeister, Landwirtschaftsministerin, Obersattelmeister, Landauer, vier Rösser) und erzählt anschließend die Geschichte der Landpartie. Jedes Mal, wenn der Rollenname fällt, reiten die Teilnehmer 1-mal um die ganze Gruppe herum und stellen sich wieder auf den vorher zugewiesenen Platz.

Variationen: **A) „Die (Steckenpferd-)Landpartie":** funktioniert wie oben, aber mit Steckenpferden (kann z.B. beim Kindergeburtstag eingesetzt werden).

B) Die ausgefallene Landpartie: Die Teilnehmer sitzen auf Strohballen um ein gesatteltes Holzpferd mit „Bügeldurchschnittsmaß". Jedes Mal, wenn ihr Rollenname fällt, rennen die Teilnehmer zum Holzpferd und sitzen auf der einen Seite auf (kann auch mal auf der rechten Seite ausprobiert werden) und zur anderen Seite schnellstmöglich wieder ab und laufen dann zu ihrem Strohballen zurück.

C) Natürlich ist **„die Landpartie"** auch an der Longe zu spielen. Während das Pferd trabt oder galoppiert, springen die um den Zirkel stehenden Teilnehmer gemäß Text auf und wieder ab.

Sicherheit
- Unerfahrene Aktive bekommen ihren Reitweg genau beschrieben oder sogar mit eingefärbten Sägespänen vorgezeichnet, damit sich niemand in die Quere kommt.

Ausbildung
- In allen Fällen Reaktions- und Konditionsschulung pur

Pferd
- Es dürfte sich (nach Lesen des Textes) von allein ergeben, wer in welcher Rolle die beste Figur abgibt.

Der Text zum Spiel: *Jedes Jahr, acht Tage vor der ersten großen Hengstparade besucht die Landwirtschaftsministerin den Landstallmeister im Landgestüt. Nach der Begrüßung und einem kurzen Rundgang lässt der Landstallmeister den Obersattelmeister rufen. Der Obersattelmeister lässt dann den Landauer mit vier Rössern anspannen. Dann fährt der Landauer vor, der Obersattelmeister auf dem Bock, die Leinen der vier Rösser fest in der Hand. Bevor die*

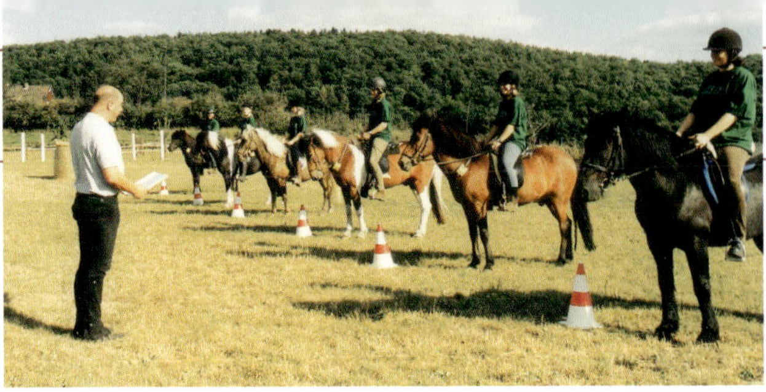

Landwirtschaftsministerin und der Landstallmeister einsteigen, bekommen sie von dem Landstallmeister erklärt, welche vier Rösser angespannt sind.

Nach einer kleinen Runde auf dem Gestütsinnenhof lenkt der Obersattelmeister den Landauer mit den vier Rössern bei herrlichem Sonnenschein auf den Weg zwischen die Koppeln. Der Landstallmeister erklärt der Landwirtschaftsministerin Genaueres über jedes der angespannten vier Rösser und über den antiken Landauer. Der Obersattelmeister lässt die vier Rösser inzwischen traben. Im Landauer wird angeregt über die zurückliegende Ernte und die kommenden Hengstparaden gesprochen.

Die Landwirtschaftsministerin möchte z.B. wissen, wie viel Heu und Stroh eingelagert wurde. Der Landstallmeister antwortet gut vorbereitet und möchte natürlich wissen, ob die Landwirtschaftsministerin wieder bei allen Hengstparaden dabei sein wird. Die Landwirtschaftsministerin sagt zu und fragt den Landstallmeister nach dem Stand der Vorbereitungen. Bevor der Landstallmeister antworten kann, hört man den Obersattelmeister vom Bock des Landauers rufen: „Verzeihung, Herr Landstallmeister, wir müssen durchparieren, von dort kommt ein Gewitter mit heftigem Niederschlag. Wir müssen den Landauer sofort schließen und versuchen, mit den vier Rössern schnellstmöglich unsere Feldscheune zu erreichen." Schnell springen der Landstallmeister und die Landwirtschaftsministerin aus dem Landauer. Die Landwirtschaftsministerin ruft rüber zum Landstallmeister: „Herr Landstallmeister, was soll ich tun, ich habe noch nie das Verdeck eines Landauers geschlossen?" Der Landstallmeister ruft zurück: „Frau Landwirtschaftsministerin, ich werde diese Seite des Verdecks vorbereiten, dann tauschen wir die Seiten und dann schließen wir gemeinsam schnellstmöglich das Verdeck des Landauers, damit die vier Rösser nicht im Gewitter im Freien oder gar in dieser Allee stehen müssen."

Nachdem der Landstallmeister und die Landwirtschaftsministerin das Verdeck des Landauers geschlossen haben, treibt der Obersattelmeister die vier Rösser zu größter Eile an, um in der Feldscheune Schutz zu suchen. Dort angekommen, schieben der Landstallmeister und die Landwirtschaftsministerin die riesigen Tore zur Seite, damit der Obersattelmeister die vier Rösser samt Landauer hineinlenken kann.

Nach einer Viertelstunde ist der Spuk vorbei. Donner, Blitz und Gewitterflut haben sich verzogen. Der Obersattelmeister fährt den Landauer mit den vier Rössern davor und dem Landstallmeister und der Landwirtschaftsministerin darin aus der Feldscheune zurück zum Gestüt. Und jedes Mal, wenn es nun ein Gewitter gibt, erinnern sich der Landstallmeister und der Obersattelmeister an die Landpartie mit der Landwirtschaftsministerin, bei der man mit dem Landauer und den vier Rössern in die Feldscheune flüchten musste.

Dauer: Ca. 10–12 Minuten

Hinweis: Wer möchte, kann sich selbstverständlich selbst eine Geschichte ausdenken. Im Karteikasten „Reitenlehren lernen" (**FN***verlag*, Warendorf, 2000) findet man ebenfalls ein Bewegungstheaterstück mit Namen **„Das Fohlen"**.

Die schnelle Wäscherin

Helfer: 2 zum Auf- und Abräumen und zur Kontrolle, damit nicht zu früh gestartet wird

Material: 2 Eimer mit Wäscheklammern, 12 oder 24 Hand- oder Geschirrtücher, 2 Wäscheleinen, 1 Ständer, 2 Fangständer, 1 Pfeife, 4 Tonnen, 2 Pylonen für die Start-/Ziellinie

Ablauf: Die Teilnehmer bilden zwei Mannschaften und stellen sich getrennt hinter der Start-/Ziellinie der „Parallelkurse" auf. Nach Ertönen des Startzeichens reiten jeweils die ersten Teilnehmer einer jeden Mannschaft zur ersten Tonne – auf der ein Eimer mit Wäscheklammern steht –, nehmen je zwei Wäscheklammern, reiten zur nächsten Tonne. Dort warten die Tücher, die aufgehangen werden sollen, nehmen sich ein Tuch, hängen es auf der Wäscheleine auf und reiten so schnell wie möglich zum Team zurück und klatschen Nr. 2 ab. Teilnehmer Nr. 2 reitet los und setzt das Spiel fort. Gewonnen hat die Mannschaft, die zuerst alle sechs (zwölf) Tücher aufgehängt hat.

Variationen: **A) Förmchen-Rennen:** Auf dem Quader- oder Rundballen stehen zwei Tabletts mit der gleichen Anzahl an Förmchen/Bechern (z.B. 20). Die Wäscheleine wird ersetzt durch (fünf) zehn Sandkastenspieleimerchen (je mit etwas Sand) pro Mannschaft. Der erste Teilnehmer jeder Mannschaft reitet nach dem Startzeichen zum Tablett, ergreift ein Förmchen und reitet weiter zu den Eimerchen, um es dort in einem zu platzieren. Dann geht's zurück zum Team hinter die Startlinie.

Sieger ist die Mannschaft, die zuerst alle Förmchen in ihren Eimerchen versenkt hat und wieder hinter der Startlinie ist. (Wer das Förmchen verliert oder einen Eimer nicht trifft oder versehentlich doppelt bestückt, muss natürlich absitzen und sein Missgeschick persönlich richten.)

B) Selbstverständlich sind beide Ideen/Spiele auch ohne Pferd immer wieder ein Erlebnis und an Tagen, an denen die Pferde vielleicht nicht einsatzfähig sind (z.B. wegen Schmied oder Wurmkur), eine gute Abwechslung bzw. Chance, etwas für die eigene Kondition zu tun.

Sicherheit
- Die Wäscheleinen müssen mit z.B. Flatterband klar gekennzeichnet sein und gut sichtbar. Weiterhin ist die Wäscheleine in Reitrichtung aufzuhängen, so dass keine Gefahr für Pferd und Reiter besteht. (Verhaken in der Leine usw.) Der Sand in den Eimern verhindert eine geräuschvolle Landung und im Normalfall auch das „Wiederheraushüpfen" des Förmchens.

Ausbildung
- Kondition und manuelle Geschicklichkeit – davon kann ein Reiter nie genug haben.

Die verwunschene Schabracke

Helfer: –

Material: Pro Reiter 1 Stofftasche o.Ä.

Ablauf: Nach dem Absatteln wird den Reitern auf den blanken Pferderücken geholfen. Dann wird jedem Reiter z.B. eine leere Stofftasche gereicht, auf die er sich zu setzen hat. Nach einer kurzen Eingewöhnungszeit (2–5 Minuten) erhält jeder Reiter die Aufgabe (bei beliebigem Bahnpunkt beginnend), die Reitbahn in jeder der drei Grundgangarten mindestens 1-mal zu umrunden. Wer es schafft, ohne die Stofftasche zu verlieren, der hat gewonnen.

Variation: Natürlich lässt sich „die verwunschene Schabracke" auch an der Longe spielen. Die Reiter greifen dann in die lange Mähne oder in einen dem Pferd lose um den Hals geknoteten dicken (Führ-)Strick.

Sicherheit
- Das Erlebnis des blanken Pferderückens sollte niemandem vorenthalten werden. Wer noch keine Routine hat, sollte mit Rücksicht auf das Pferdemaul die Pferde an den Zügeln führen lassen und den Reitern Zügel in die Hand geben, die an einem zusätzlich angebrachten Halfter enden.

Ausbildung
- Fühlübung vom Feinsten – wenn sich die Gelegenheit ergibt, sollte der Ausbilder auch zum Halten durchparieren lassen. Welches Pferd steht geschlossen und welcher Reiter kann diesbezüglich korrekte Angaben machen?

Pferd
- Vielen Pferden ist so ein Reiter ohne Sattel vertraut – die diesbezüglichen Vorerfahrungen beim Ross sind aber auf alle Fälle zu checken.

„Du da"

Helfer: 1–2 zum Auf- und Abbau

Material: Je nach Aufgabenstellung (siehe Ablauf)

Ablauf: Bei dieser Stafettenvariante (z.B. Transport unterschiedlicher Gegenstände vom Start zum Ziel) bestimmt jeweils der Mannschaftsführer eines der anderen Teams (also z.B. der Leiter der Dienstagsgruppe), welcher Reiter der „fremden" („Mittwochstruppe") jetzt seiner Gruppe konkret die Aufgabe (Transport eines Stofftieres oder eines Golfballs auf einem Tennisschläger) zu meistern hat. Gewonnen hat das Team, das die meisten TN zuerst im Ziel hat. Jeder Durchgang zählt für sich, die Punkte werden entsprechend addiert und ergeben so das Endergebnis.

Sicherheit

- Bitte nur Aufgaben stellen, die dem Können aller TN entsprechen. Dennoch sind große Unterschiede denkbar, da z.B. der eine mit der Flagge losgaloppiert, während der andere sie lieber im Schritt transportiert. Oder es agieren zwei gleich starke TN bzw. schwache gegeneinander und es kommt zu einem Wimpernschlagfinale in dem ein oder anderen Durchgang.

Ausbildung

- Verantwortungsbewusste Ausbilder nehmen diese Herausforderung sicherlich umsichtig an und Reiter, die die Idee hin und wieder mit umsetzen, finden es in der Regel ganz spannend zu erfahren, von wem sie für was eingesetzt werden.

Gekonnt ist gekonnt!

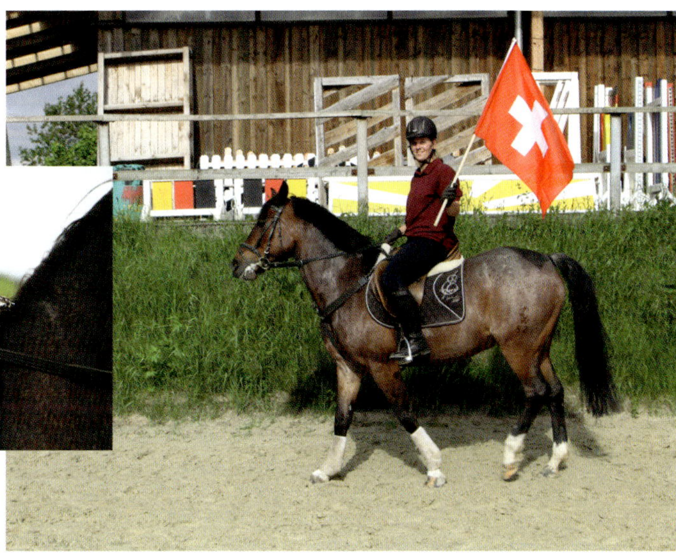

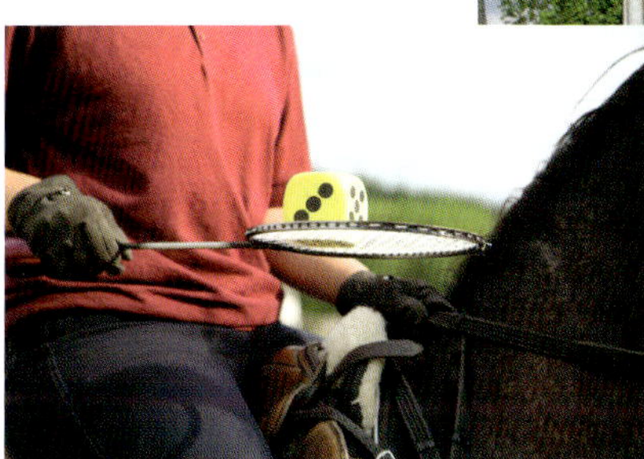

Tennis alternativ

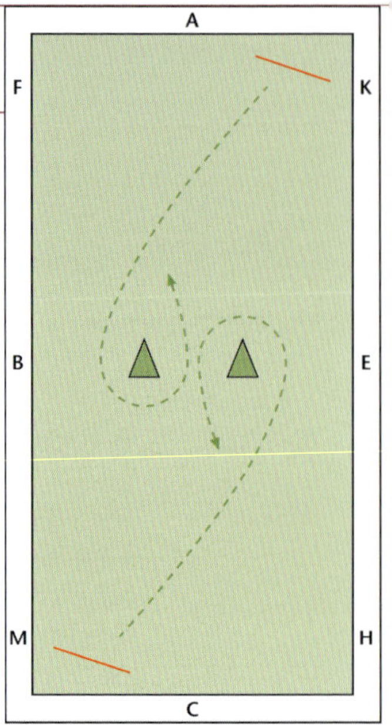

Eier-Reiten

Helfer: Wer Zeit und Lust hat, baut sogar einen kleinen (Slalom-)Parcours

Material: 2 Pylonen (für Wendemarken), 2 Poolnudeln (= Start-/Ziellinie), 2 Eier (Tisch- bzw. Tennisbälle), 2 Löffel

Ablauf: Der Spielleiter bildet zwei Mannschaften oder lässt diese bilden. Die eine bezieht Stellung hinter einer zwischen **A** und **K** liegenden Start-/Ziellinie (durch Poolnudeln gekennzeichnet), die andere hinter der Start-/Ziellinie zwischen **M** und **C**.
Nachdem der erste Teilnehmer einer jeden Mannschaft „Ei“ und Löffel gereicht bekommen hat (und das Startzeichen gefallen ist), versucht jedes Team so schnell wie möglich mit allen Teilnehmern einmal um die Wendemarke (in der Hallenmitte) und zurück zu reiten und dabei den Ball auf dem Löffel zu balancieren. Geht zwischenzeitlich ein „Ei“ verloren, muss ab- und wieder aufgesessen werden oder die Reststrecke mit Pferd an der Hand zurückgelegt werden.

Variation: **Sommervariante:** Randvoll mit Wasser gefüllte Messbecher werden an Stelle der „Eier“ in allen drei Grundgangarten transportiert! Gewinner ist der Reiter/die Mannschaft, die am Ende die meisten ml übrig behält. Um Ostern herum kann man auch wunderbar ausgeblasene Eier verwenden.
Gewinner der Woche: Egal ob nun Allwetter- oder Sommerversion, man kann jedem Reiter gleichzeitig ein/einen (Salatbesteck-) Löffel oder einen Messbecher in die Hand drücken. Wer schafft es 1-mal außen herum (von Bahnpunkt zu Bahnpunkt) ohne Verlust(e)? Wer hält am längsten durch?

Sicherheit
- Die Teilnehmer sind darüber aufzuklären, dass selbstverständlich die Kontrolle ihres Vierbeiners der elementare Aspekt bleibt … und wenn es eng werden sollte, Ei plus Löffel ruhig zu Boden gehen dürfen.

Ausbildung
- Ein gutes Balancegefühl und eine ruhige (vom Sitz unabhängige) Hand sowie korrekte Gewichts- und Schenkelhilfen sind auf alle Fälle von Vorteil bzw. werden so gefordert und gefördert.

Pferd
- Die Pferde sollten bestenfalls „einhändig lenkbar“ sein und kein Problem mit herabrollenden Eiern haben.

Ich mache einen „Ausritt“

Helfer: –

Material: –

Ablauf: Die Teilnehmer reiten in großen Abständen im Schritt auf der ganzen Bahn. Der jüngste Teilnehmer oder der Teilnehmer auf dem ältesten Pferd beginnt mit dem Spiel und sagt:

„Ich heiße __________ *(eigener Name)*, sitze auf __________ *(Name des Pferdes)* und mache einen Ausritt mit __________ *(Name des nachfolgenden Reiters)*.“ Dieser Reiter macht weiter, indem er sich und sein Pferd vorstellt und anfügt: „... und mache einen Ausritt mit __________ *(Tetenreiter/-in)* und __________ *(Name des hinter ihm Reitenden)*.“

Das Kennenlern- und Merkspiel wird so lange fortgesetzt, bis alle Teilnehmer an der Reihe waren.

Ausbildung

- Der/die Reiter/-in „ganz hinten“ hat es natürlich nicht einfach. Je nach Alter sollte der Ausbilder soufflieren/vorsagen. Kennen sich die Reiter bereits ein wenig, darf die Reihenfolge während des Spiels (per Hufschlagfigur) abgeändert werden. Die Konzentration ist sowieso durchgängig gefragt.

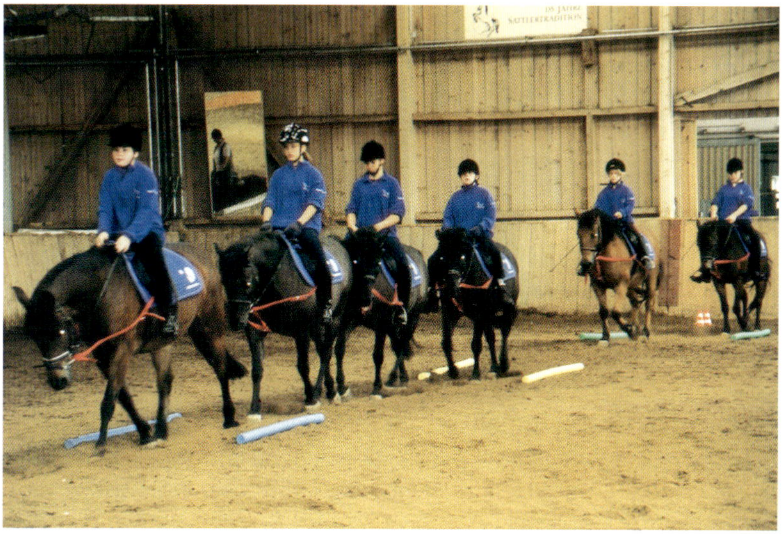

Ich reite und ihr gebt Gas *(Springreiter-Teamtrophy)*

Helfer: ca. 6 zum Auf- und Abbauen und zur Zeitnahme an jeder Planke

Material: Parcours (z.B. Springreiterwettbewerb) mit Freifläche in der Mitte für die Planken auf Steinen oder max. quer gelegten Cavalettiblocks

Ablauf: Die z.B. zwölf Reiter bilden zunächst Starterpaare, zu den sechs „Gespannen" gehören dann noch je/deren sechs TTs. Während ein Reiter nach dem anderen wie gewohnt seine „Stilaufgabe" meistert, stehen auf den sechs Planken in der Platzmitte die sechs TT-Teams. Bei jedem Ritt gibt es für die Teams auf den Planken eine neue gegen die Uhr zu erledigende Aufgabe (s.u.). Die zwei Reiter, die zu dem schnellsten Team auf der Planke gehören, bekommen in jedem Durchgang „WN-Zugaben" (z.B. 0,5) und die nachfolgenden entsprechend weniger (z.B. 0,4 – 0,3 – 0,2 – 0,1). Wer schafft es am Ende vielleicht sogar über die Traumnote im „Teamcup" (eigene WN für den Ritt plus Zugaben Durchgang für Durchgang)?

Hinweis: Während die Aufgabe der Springreiter ja per Parcours vorgegeben ist, sind mögliche Aufgaben, nach denen sich die Teams auf der Planke zu sortieren haben (wer dabei neben die Planke tritt, bekommt in der Runde 0,0 Zuschlag) z.B.: „Bitte sortiert euch jetzt nach ... der Körpergröße .... der Schuhgröße ... dem Geburtsjahr ... dem Geburtsmonat ... dem Geburtstag .... dem Alphabet des Vornamens ... der Entfernung zum Veranstaltungsort ... der Dauer des Besitzes des Basispasses" usw. (niedrigster Wert immer links, auf Planke mit einem L oder farbig gekennzeichnet)

Sicherheit

- Da sechs Planken aufgebaut werden müssen, sollten keinesfalls mehr als vier Hindernisse in einer 20-x-40-m-Halle dazukommen – bei 20 x 60 m ist mehr Flexibilität gegeben, z.B. auch zwei Aktionsflächen (20 x 40 und 20 x 20). Dadurch, dass es sich um ein Stilspringen handelt, dürften weitere Abtrennungen der Freifläche nicht nötig sein.

Ausbildung

- Schöne Gelegenheit, Reiter und Fußgänger gemeinsam um eine Trophäe kämpfen zu lassen – während die Reiter keine anderen Kompetenzen als ohne Teammitglieder benötigen, brauchen diese Kommunikations-, Kooperations-, und Koordinationskompetenz plus Bewegungserfahrung und Taktik, um ordentlich zu punkten.

Ich stehe im Paddock ...

Helfer: –

Material: Ständer oder Tonnen (Anzahl der Teilnehmer plus 1)

Ablauf: Alle Teilnehmer (TN) stehen zunächst linke Hand z.B. entlang des Mittelzirkels neben einem Ständer (Paddocks) mit Blickrichtung nach X. Einer der Ständer ist unbesetzt. Der „hintere" Nachbar/Reiter eröffnet das Spiel, indem er ruft: „Ich stehe ...", der nächste TN (im Uhrzeigersinn) reitet ebenfalls eine Station weiter und ruft dort: „... *im Paddock* ...". TN Nr. 3 reitet und ruft: „... *und liebe* ..."; TN Nr. 4 reitet und ruft seinerseits : „... *ganz heimlich* ..."; TN Nr. 5 reitet NICHT, ruft aber den Namen eines Teilnehmers, den er nun gern vor sich hätte! Darauf wechselt der Aufgerufene von seiner bisherigen Position durch den Zirkel zum/ins freie/n Paddock. Das Spiel wird an der Stelle, an der der Platz frei geworden ist, wieder mit dem „hinteren" Reiter fortgesetzt. (Nach drei Durchgängen erfolgt je ein Handwechsel per Kehrtvolte.)

Alternative: Wenn beide „Nachbarn" (also der gerade davor UND dahinter Reitende) des Gerufenen sofort einstimmig rufen: „*Du bleibst*", darf dieser seinen Paddock NICHT wechseln. Das Spiel fängt hinter dem immer noch freien/leergebliebenen Paddock wieder von vorn an.

Variation: Dieses Spiel kann selbstverständlich auch mit (selbst gebastelten) Steckenpferden mit allen 15–20 TN (z.B. eines (Schulpferde-) Reiterwochenendes im Verein/Betrieb) gleichzeitig gespielt werden.

Anmerkung: Kennen sich die Teilnehmer bereits namentlich, geben sie sich Pferde(rassen-)namen, damit es spannend bleibt.

Ausbildung

- Dieses Kennenlernspiel ist gleichzeitig ein tolles Konzentrationsspiel bzw. eine Herausforderung des Beobachtungsvermögens sowie des Gedächtnisses und voller positiver Impulse in Sachen Wir-Gefühl.

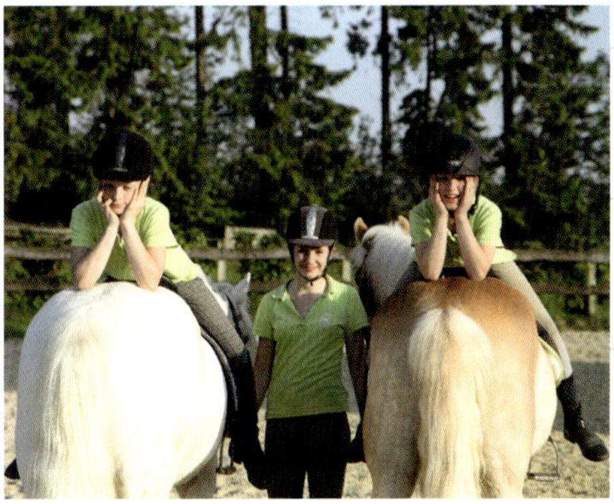

Limbo

Helfer: 1 Poolnudelhalter, 1 „Ziehungsbeamter/Notar" am Zollstock

Material: 1 Poolnudel mit an einem Ende angeklebter Miniwasserwaage, 1 langer Hindernisständer, 4 Wasserkisten, 1 Zollstock, Notizzettel/-stift

Ablauf: Die Poolnudel wird von dem versierten Helfer am Wasserwaagenende gehalten. Der Helfer steht auf zwei der umgedrehten Wasserkisten, auf den beiden anderen nebeneinander stehenden umgedrehten Wasserkisten steht der Ständer mit einer Auflage für die Poolnudel und dem fixierten Zollstock. Daneben der Chef über den Zollstock/„Notar".
Die Poolnudel wird jedes Mal, nachdem alle Teilnehmer darunter her geritten sind, etwas tiefer eingehängt/gehalten. Die Reiter müssen – ohne an die Poolnudel zu kommen – darunter her. Die Teilnehmer können sich wahlweise nach vorne, nach hinten und zur Seite lehnen.
Die drei, die am längsten aushalten bzw. sich am kleinsten machen können, kommen abschließend auf das Treppchen/Wasserkistenpodest.

Sicherheit
- Dieses Spiel ist ein Schrittspiel. Um Gefahren von vornherein auszuschließen, hat der Ausbilder darauf zu achten, dass die Sicherheit der Teilnehmer gewährleistet ist – Reiter und Helfer ihrer Aufgabe „gewachsen" sind.

Ausbildung
- Noch nicht so ausbalancierte oder ängstliche Reiter können zu Anfang auch geführt werden und bekommen z.B. einen „Karibik-Orden", wenn sie sich auf dem Rücken liegend unter der Poolnudel durch trauen. Reiter ohne Gleichgewichtsprobleme beweisen hier ihre Qualitäten als Film-/Freilichtbühnenstar und erhalten (wenn drei bis fünf solcher Herausforderungen ihrer kognitiven und körperlichen Leistungsfähigkeit erfolgreich absolviert wurden) eine „Stuntman-Urkunde".

Pferd
- Pferde sollten lernen, dass eine Poolnudel – egal ob am Boden liegend oder gehalten, statisch oder dynamisch – keine gefährliche Schlange, sondern etwas ganz Normales ist.

Flaggenstafette

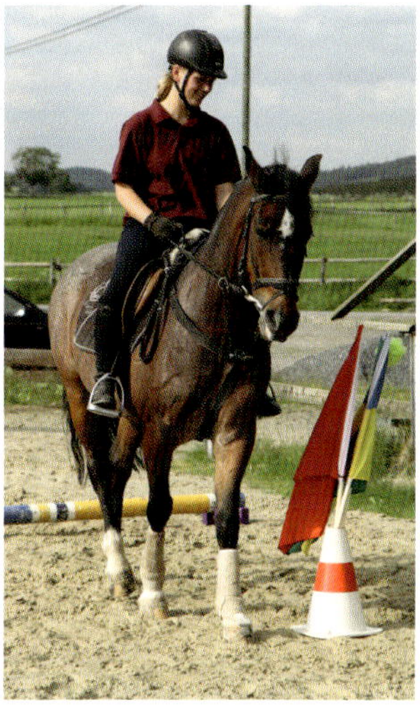

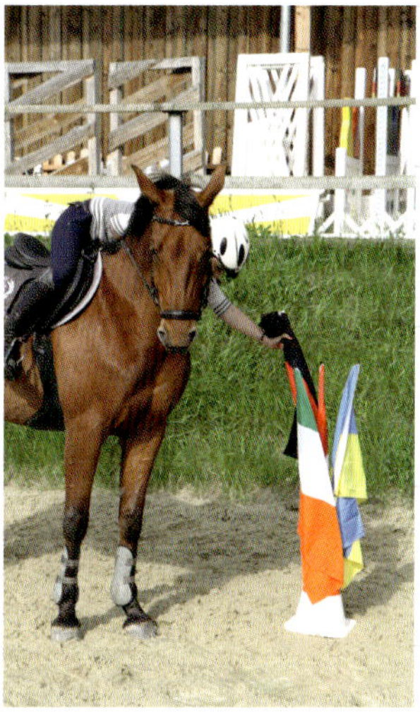

Helfer: pro Bahn 2 (Auf-/Abbau und Anreichen der Flaggen)

Material: pro Spielbahn 6 Flaggen in je 2 Ständern (oben offene Pilonen) mit je 2 Start-/Ziellinien (siehe Foto)

Ablauf: Aufgabe des Teams (eine Hälfte steht am Anfang, die andere am Ende der Spielbahn) ist es – nach dem Startzeichen –, die drei Flaggen mit Bommel gegen die drei ohne Bommel (oder die hellen gegen die dunklen) zu tauschen. Dazu reitet Nr. 1 los, nimmt aus dem zuerst erreichten Ständer eine Flagge, reitet mit dieser zum nächsten Ständer und steckt sie dort hinein. Dann reitet er weiter über „seine" Ziellinie, die die Startlinie für Teamreiter Nr. 2 ist. Der transportiert nun eine der Fahnen, die auf die andere Seite müssen. „Seine" Ziellinie ist die Startlinie von Nr. 1, 3 und 5 usw. Die Zeit wird genommen, wenn Nr. 6 „sein" Ziel erreicht.

Hinweis: Die Helfer reichen – wenn nötig – die Flaggen an und stecken die neuen in den Ständer, für den sie zuständig sind.

Variation: (Textil-)Blumenstafette; anstatt Flaggen werden große gegen kleine Textilblumen ausgetauscht.

Sicherheit
- Selbstverständlich sollten die Pferde mit Flaggen vertraut sein und trotzdem starten die ersten zwei eines Teams grundsätzlich nur im Schritt.

Ausbildung
- Neben Auge-Hand-Koordination sind Taktik und Kommunikation gefragt.

Maibaum-Reiten

Helfer: 1 (kräftiger) Erwachsener zum Halten des Stabes und evtl. „Entwirren des Knotens"

Material: 1 ausreichend langer Stab zum Befestigen der Bänder, 6 Bänder in verschiedenen Farben (ca. 20 m lang, an einem Ende am Vierkantholz/Stab befestigt)

Ablauf: *Startposition:* Drei Reiter befinden sich auf einem kleineren Kreis innen (z.B. rechte Hand) und drei Reiter auf einem größeren Kreis außen (dann linke Hand). Gleichzeitig setzen sie sich nun in Bewegung und reiten nun im Slalom (einmal außen – einmal innen) um die Mitreiter der anderen Mannschaft.
Ziel: Der lange Stab soll durch die Bänder bunt eingepackt werden.

Variation: **Maibaum-Reiten für Einsteiger:** Das Team besteht aus drei Reitern (auf der einen Hand, z.B. links) und drei Fußgängern (auf der anderen Hand, dann rechts) oder alle Teilnehmer der beiden Teams werden auf ihren Pferden geführt.

Sicherheit
- Damit alle den Ablauf begreifen – stets wissen, wo es gerade lang geht, ist hier ein Trockentraining ohne Pferd bestimmt sinnvoll.

Ausbildung
- Koordination und Konzentration auf jedem Meter

Pferd
- Pferde sollten kein Problem mit räumlicher Enge und Über-Kopf-Aktionen haben.

Ausgerechnet DEINE/IHRE Lieblingsspielidee an der Longe ist zwischen den 365 Ideen nicht zu finden? Nicht wirklich ein Problem, denn hier ist Platz, um sie nachzutragen:

NAME: __________

Helfer: __________

Material: __________

Ablauf: __________

Malen nach Zahlen

Helfer: –

Material: –

Ablauf: Jeder Teilnehmer überlegt sich eine Zahl und malt (in diesem Fall reitet) sie in den Hallen-/Platzboden. Die übrigen Teilnehmer haben die Aufgabe, sie zu erraten. Derjenige, der zuerst richtig geraten hat, ist als Nächster an der Reihe. Auf diese Art können natürlich auch kleine Rechenaufgaben gestellt werden.

Alternative: Das Ganze funktioniert natürlich auch mit Buchstaben und kompletten Namen bzw. Wörtern.

Sicherheit
- Die Ratenden sollten nicht zu dicht beieinanderstehen, damit niemand unter dem Sattel die fehlende Konzentration ausnutzen kann.

Ausbildung
- Bewegungssehen plus Konzentration können gar nicht oft genug auf dem Trainingsplan stehen.

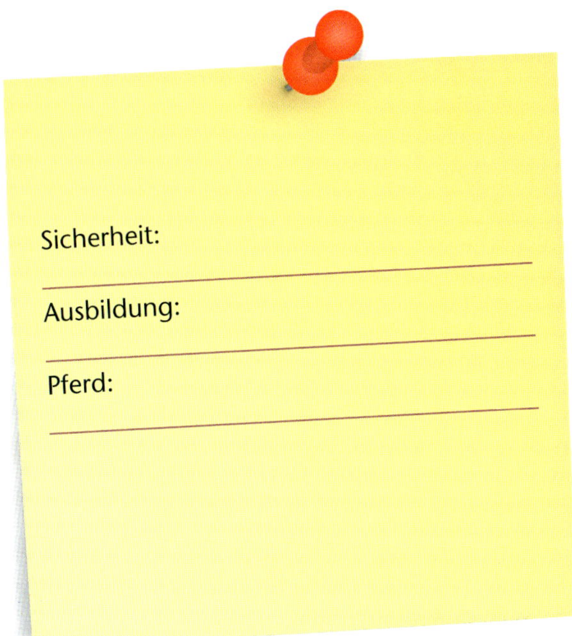

Eier-Rennen

Helfer: 1 Starter, zugleich Zielrichter, sowie 1 Helfer pro Bahn

Material: Pro Teilnehmer 1 Gipsei oder (Tisch-)Tennisball und 1 Ess- oder Salatbesteckklöffel

Ablauf: Die Teilnehmer reiten in großen Abständen auf der ganzen Bahn und tragen auf dem Löffel ein „Ei". Gangart und evtl. Handwechsel werden angesagt. Wer das „Ei" verliert, scheidet (für eine Runde) aus.
Sieger ist, wer als Letzter das Ei noch auf dem Löffel trägt bzw. nach 3 Minuten die wenigsten „Aussetzer/Zwangspausen" zu verbuchen hat. Das Ei darf nicht mit dem Finger gehalten werden.

Variation: Das oben beschriebene Eier-Rennen ist in den USA als **„Spoon-Egg-Race"** beliebt.
Die englische Variante ist das **„Raquet-Race"**, bei dem ein Tennisball auf einem Tennisschläger „jongliert" wird.
Auf dem gleichen Prinzip (einen mitgeführten Gegenstand nicht zu verlieren) beruht das beim Westernreiten beliebte **„Dollar-Bill-Race"**. Hierbei wird eine Dollarnote (ein Stück Papier in Postkartengröße) auf dem Sattel mit dem Gesäß festgehalten. Wer sie verliert, scheidet aus.

Sicherheit
- Am Boden liegende Eier werden umsichtig von den Helfern aufgehoben, wenn das Pferd ausreichend weit weg ist.

Ausbildung
- Auge-Hand-Koordination/ruhige Hand, Balancegefühl plus Konzentration sowie einem kleinen Check, wie es denn um die Hilfengebung mit Gewicht und Schenkel bei nur einer Hand steht.

Musikreaktionstest/-reiten

Helfer: –

Material: CD-/MP3-Player und passende Musik für jede Gangart

Ablauf: Nach Musikstart müssen die Reiter genau zuhören und jeweils in der Gangart reiten (ganze Bahn, Zirkel, Schlangenlinien ...), die der Takt der Musik vorgibt.

Sicherheit
- Die Reiter sollten die Bahnregeln beherrschen, ansonsten die Linienführung (nur auf geraden oder nur auf gebogenen Linien – auf einer Hand) oder die Bahnfiguren vorgeben. Damit keinesfalls Hektik aufkommt, erfolgt der Wechsel der Musikstücke ebenfalls gemäß dem Ausbildungsstand der Reiter, also lieber in angemessenem Abstand als „dicht an dicht".

Ausbildung
- Auch Zuhören will heutzutage geübt sein und ist außerdem eine tolle Sache, um das Gefühl für den Takt zu entwickeln (schulen), und somit auch eine gute Vorbereitung für das Kürreiten.

LUST auf mehr?

Wer das Ganze/die ausgewählte Idee gerne einmal in Bewegung sehen würde, dem möchten wir an dieser Stelle die DVDs „Reiten mein Sport" und „Voltigieren mein Sport" ans Herz legen.

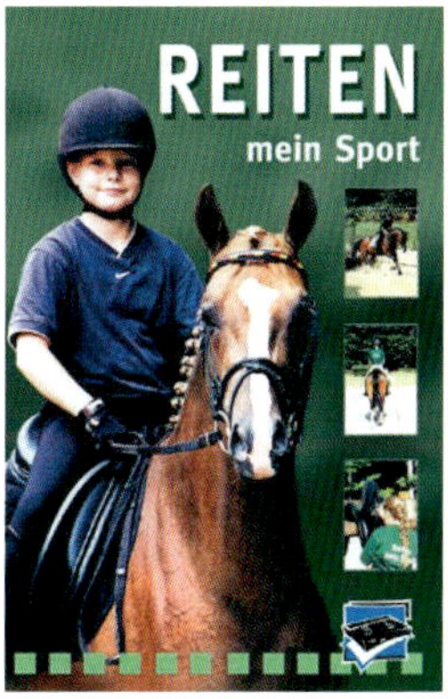

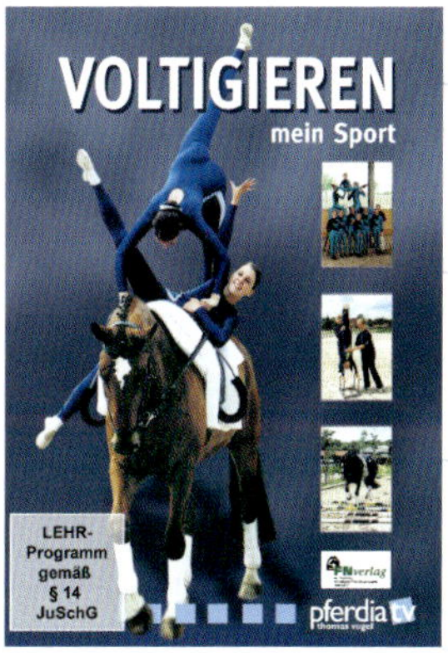

Neros Tränen

Helfer: –

Material: Litermaß oder Pokal mit 2 Griffen, Flüssigkeit, Stoppuhr

Ablauf: Bis zu sechs Reiter können dieses Spiel gemeinsam spielen. Sie nehmen ein Litermaß, welches zur Hälfte (2/3) mit Flüssigkeit gefüllt ist.
Dann setzen sie sich im Schritt in Bewegung und müssen mindestens alle 20 m oder alle 10 Sekunden das Gefäß, ohne etwas von der Flüssigkeit zu verlieren, weiterreichen. Wie viel vielleicht doch verschüttet wird, zeigt die Mess-Skala.
Alle Abteilungen eines Vereins/Betriebes versuchen ihr Glück: Wer ist am Ende der Woche Sieger/wer hat am wenigsten verschüttet?

Hinweis: Das Spiel ist nach dem Kaiser Nero benannt, da der im alten Rom seine Tränen in kleinen Gefäßen auffing, weil er sie für so wertvoll hielt.

Alternative: Die Gruppe, die es sich zutraut, kann selbstverständlich auch im Trab oder Galopp ihr Glück versuchen.

Sicherheit • Das verwendete Gefäß sollte auf jeden Fall der Kraft der Spieler entsprechen.

Ausbildung • Um die Wechsel in der vorgegebenen Strecke/Zeit hinzubekommen und möglichst wenig zu verschütten, braucht es Übersicht und Teamgeist. Wenn die Ergebnisse (s.o.) an einer dafür vorgesehenen Stelle am Schwarzen Brett notiert werden, liegen Transparenz und Motivation schnell bei 100 Prozent.

Pferd • Pferde sollten – wie bei vielen anderen der „365 Ideen" – keine Berührungsängste haben.

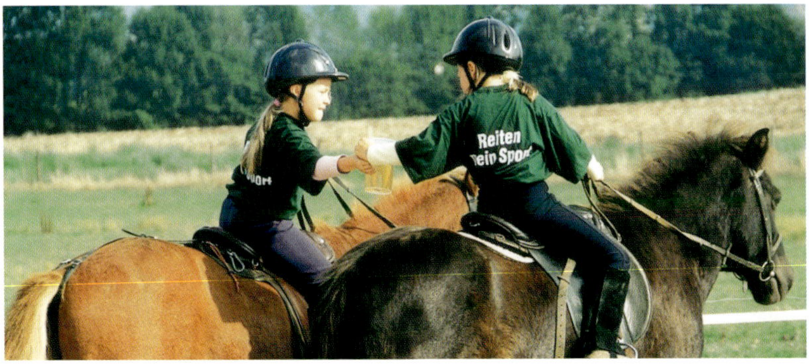

Reiten, Rennen und Würfeln

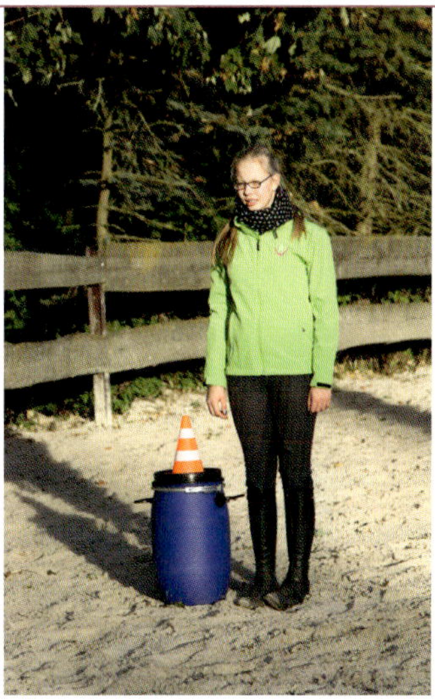

Helfer: 1–2 zum Auf- und Abbau bzw. Würfeln und Notieren

Material: 1 großer (Schaumstoff-)Würfel, 12 Fahrkegel o.Ä., Zettel und Stift

Ablauf: Aus den Fahrkegeln werden zwei identische Spielbahnen mit je sechs Kegeln und je 4 (6) m Abstand gebaut. Jedes Team besteht aus je drei Reitern und drei Fußgängern. Auf jeder Bahn stehen an Position 1, 3 und 5 die Läufer und an 2, 4 und 6 die Reiter. Der Helfer mit dem Würfel steht außerhalb davor. Würfelt er nun z.B. eine Zwei müssen die dazugehörigen Reiter jedes Teams starten und versuchen, möglichst als erster ihr Team einmal zu umrunden. Wer zuerst wieder am Kegel ist, punktet für sein Team usw. Gespielt wird z.B. zuvor festgelegte zehn Durchgänge oder bis ein Team sechs Punkte hat.

Variation: Nur mit Reitern oder Läufern oder Rad- oder Sulkyfahrern spielen.

Sicherheit
- Sollten die Aktiven noch nicht über genügend Routine verfügen, umrunden die Fußgänger ausschließlich vorne herum und die Reiter ausschließlich hinten herum ihr Team, um ungewollte Treffen auf alle Fälle zu vermeiden.

Ausbildung
- Reaktions- und „Antritts-“ sowie Konditionstraining

Pferd
- Pferde müssen selbstverständlich erst gut gelöst sein, bevor sie bei diesem abrupten Wechsel von Ent- und Anspannung an den Start gehen können, außerdem sollten sie in puncto „Gewusel“ eine hohe Toleranz besitzen.

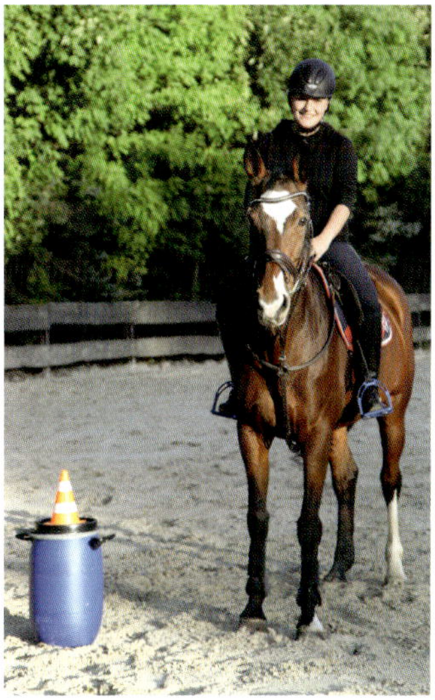

Regenschirmreiten

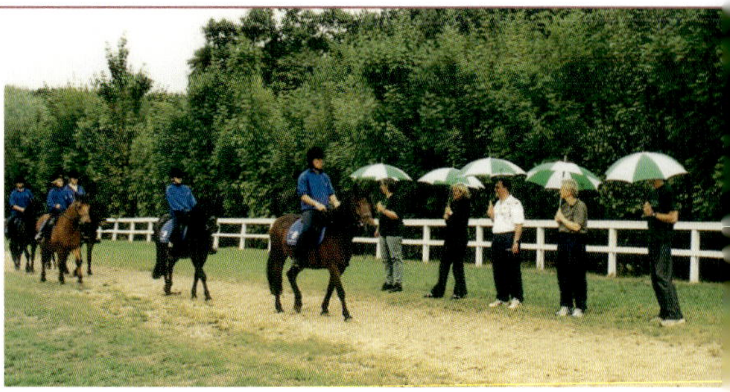

Helfer: So viel Regenschirmhalter, wie Regenschirme vorhanden sind

Material: 4–5 Regenschirme

Ablauf: Wer kennt das nicht: Chaos auf dem Dressurviereck, und das nur, weil es regnet und einige Zuschauer gewagt haben, einen Schirm aufzuspannen?!
Nun: Vorbeugen ist besser als heilen. Die Abteilung kann diese Situation üben, indem sie z.B. am Stundenende an nebeneinanderstehenden freiwilligen Regenschirmhaltern vorbeireitet.

Variation: **Pfützen reiten:** Auch Wasser und Pfützen bescheren oft Chaos, aber auch dem kann vorgebeugt werden. Entweder wirklich nach einem Regenguss/Dauerregen den ohnehin nach dem Hausturnier ruinierten (jetzt leeren) Transporter-Parkplatz aufsuchen und durch die größten der unzähligen Pfützen reiten, bevor dieser wieder gerichtet wird, oder mithilfe von reißfesten Planen oder künstlichem Wassergraben Pfützen und Wasserlachen vortäuschen. Diese gilt es dann so oft wie möglich zu „treffen". Mit einem erfahrenen Führpferd auch hier wieder bedeutend einfacher. Damit das Spiel auch eine Herausforderung für sehr erfahrene Reiter und Pferde darstellt, kann auch mit Wunderkerzen gearbeitet werden.

Sicherheit
- Ein erfahrenes „regenschirmerprobtes" Pferd an der Tete ist natürlich durch nichts zu ersetzen. Die Abstände zwischen den „Schirmständern" und den Pferden untereinander sind selbstverständlich zu Beginn üppig und werden erst nach ein bis drei Probedurchgängen (etwas) verkürzt.

Ausbildung
- Zu Hause derart präpariert, ist die Gelassenheit beim Meeting umso größer, da es sich um eine Selbstverständlichkeit handelt.

Pferd
- Pferde sollten konsequenterweise zu Beginn im Sattel und am Boden mit Profis üben. Wenn sie „bestechlich" sein sollten, darf diese Schwäche ruhig ausgenutzt werden ... sprich loben und Leckerlis nicht vergessen.

Reiten mit Sti(e)l

Helfer: –

Material: Pro Team 2 Pylonen (oben offen), 3–4 (Besen-)Stiele und 2 Poolnudeln/Stangen oder Sägemehl für die Start-/Ziellinie

Ablauf: Die (beiden) Mannschaften postieren sich hinter den Start- und Ziellinien. Dort steht auch jeweils eine Pylone mit drei (vier) Stielen darin. Reiter Nr. 1 greift sich nach dem Startsignal einen Stiel, reitet damit bis zur Wendepylone, steckt den Stiel dort hinein und reitet dann um die Pylone zurück zum Team, damit der Nächste durchstarten kann, wenn Reiter Nr. 1 wieder hinter der Start- und Ziellinie ist. Gewonnen hat das Team, das als erstes alle Stiele von einer Pylone in die andere transportiert hat.

Hinweis: Geht ein Stiel verloren, muss der Pechvogel natürlich absitzen, den Stiel aufheben, damit aufsitzen und dann seinen Durchgang beenden.

Alternative: Profis in Sachen Spielen müssen unterwegs auch noch zwei bis drei Tauchringe von „lebenden Ständern"/Profihelfern einsammeln und ebenfalls bei/auf der Pylone platzieren.

Variation: Und wo wir gerade beim Einsatz von (Besen-) Stielen in der Halle/auf dem Platz sind, hier direkt ein Zusatzangebot für Fußgänger: Die mit dem Stiel tanzen. Die Gruppe (siehe Foto) steht im kleinen Kreis „linke Hand". Jeder hält seinen Stiel in aufrechter Position. Auf das Kommando (z.B. der Ältesten) „HIPP" lässt jede Amazone ihren Stiel los und ergreift im Gehen den nächsten – usw. Sobald die „Taktgeberin" dann aber „HOPP" ruft, wird die Richtung gewechselt und es geht so lange rechtsherum, bis wieder „HIPP", „HIPP"… ertönt

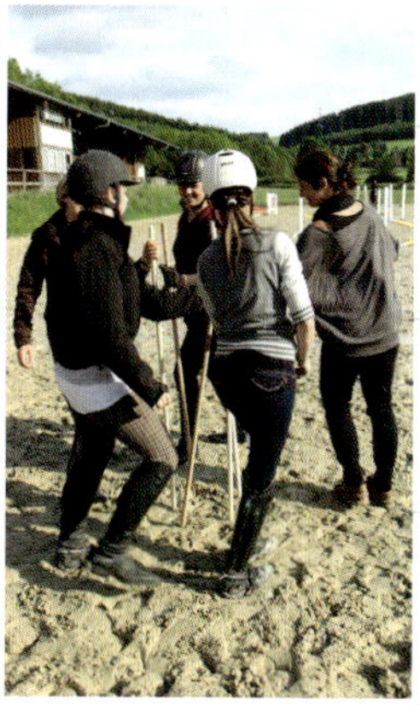

Sicherheit
- Zu Beginn können erfahrene Helfer an den Pylonen beim Herausholen und Reinstecken der Stiele behilflich sein. Reiter müssen auf alle Fälle so weit fortgeschritten sein, dass beim Transport kein Stiel gegen ein Pferd kommt.

Ausbildung
- Bewegungsgenauigkeit und -fluss bzw. Koordination sind Trumpf.

Reithallen-Memory

Helfer: 2–3 zum Basteln der „Papphüte" und zum Auf- und Abbau

Material: 30 Pylonen oder Eimer oder selbst gebastelte Papphüte (alle in einer Farbe), die dazu dienen, die Gegenstände abzudecken. Unter den „Tarnkappen" stecken je 2-mal ...

- Hufeisen
- Hufauskratzer
- Schälchen mit Hafer
- Schälchen mit Leckerlis
- Äpfel
- Steigbügel
- Gummistriegel
- Führstrick
- Huffett
- Igel
- Einflechtegummis
- Sprungglocken
- Bandagen
- Schwämme
- Reithandschuh

Ablauf: Um X herum wird (vor Eintreffen der Reiter/Spieler) das Spielfeld (siehe rechts) aufgebaut. Unter jeder Pylone befindet sich einer der 30 Gegenstände, von denen je zwei zusammengehören. Die Reiter werden durchnummeriert.

Während alle in großen Abständen und auf beliebiger Hand Schritt reiten, beginnt Nr. 1. Er reitet zum Spielfeld, sitzt ab, hebt nacheinander zwei „Tarnkappen" hoch und sagt noch einmal laut dazu, was zu sehen ist.

So ist dann einer nach dem anderen dran.

Entdeckt ein Mitspieler zwischen Ab- und Aufsitzen ein Paar, bekommt er/sie einen Punkt und die Gegenstände werden von zwei Helfern aus dem Spielfeld genommen.

Das Spiel endet nach festgelegter Zeit oder wenn alle Paare abgeräumt sind.

Sicherheit
- Da diese Memoryvariante sehr viel Über- und Umsicht verlangt, kann zunächst einmal Reithallen-Memory ohne Vierbeiner gespielt werden, bevor dann zu einem späteren Zeitpunkt Spielen und Reiten kombiniert werden.

Ausbildung
- Eine sehr anspruchsvolle Konzentrationsübung, da sich die Reiter auf Pferdebewegung, Aktivitäten der Mitreiter und das Spielfeld gleichzeitig zu konzentrieren haben. Außerdem wird fleißig sowohl Ab- wie Aufsteigen trainiert.

Rittergolf

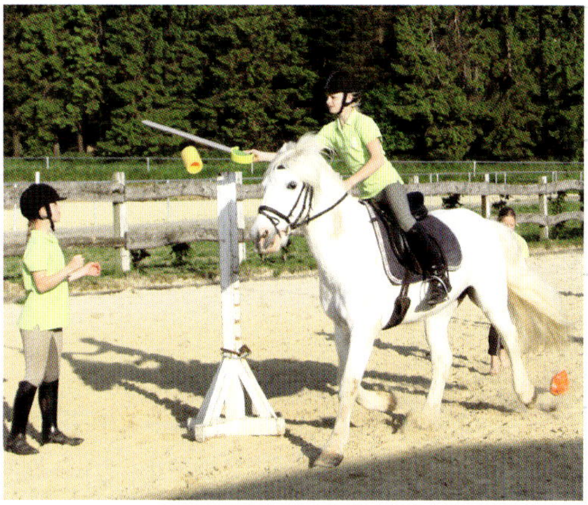

Helfer: 8 (Aufheben der Poolnudelstecker) und evtl. 2 Zeitnehmer

Material: 8 Ständer, 8 Poolnudelstecker oder Schwimmflügel, 2 Schaumstoffschwerter, 4 Start-/Ziellinien

Ablauf: Mithilfe der Ständer und der Start-/Ziellinien werden zwei gleiche Spielbahnen von 30–35 m Länge gebaut. Oben auf die Ständer kommt je ein Poolnudelstecker. Die Teams stehen vor und hinter ihrer jeweiligen Strecke. Auf das Startzeichen hin reiten die Startreiter mit dem Schaumstoffschwert in der Hand los, um im Vorbeireiten auf ihrer Bahn möglichst alle Stecker herunter- bzw. abzuschlagen. Auf der gegenüberliegenden Seite überreicht Reiter Nr. 1 sein Schwert (= Staffelstab) an Nr. 2, dieser agiert identisch. Wenn alle TN des Teams durch sind (= die Seite gewechselt haben), wird die Gesamtzeit genommen. Von dieser werden dann pro abgeschlagenem Poolnudelstecker noch je 3 Sekunden abgezogen und damit steht dann das Totalergebnis.

Hinweis: Bei drei Teammitgliedern geht`s auf der Seite mit den zeri TN los

Variation: **... an der Longe** (Ständer oder weitere TN um den Zirkel gestellt – Reiter ist in Schwertbesitz)
... zu Fuß (Aufbau und Ablauf wie oben – eben nur zu Fuß oder auf dem Cityroller oder Fahrrad – dann natürlich auf festem Untergrund)

Sicherheit • Die Schlagrichtung der Schwerter ist logischerweise vom Pferd weg – dann fliegt auch nichts vor den Kopf oder die Füße. Probedurchgänge im Schritt vereinfachen das Ganze zusätzlich.

Ausbildung • Koordination/„Geschicklichkeit" und Bewegungserfahrung bzw. -gedächtnis sind gleichermaßen gefordert und gefördert.

Pferd • Pferde mit Spielwitz geben hier schon gerne mal Gas – deshalb sollten sie einander kennen und vertrauen – gerade bei der Übergabe.

Scheherazade

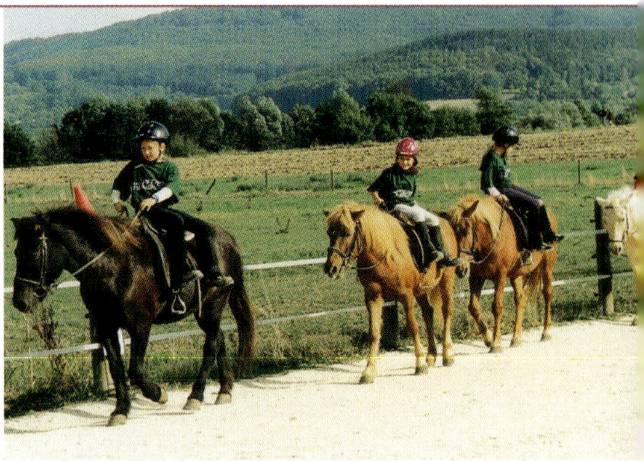

Helfer: Pro Pferd/Pony
1 Helfer zum Führen

Material: –

Ablauf: Scheherazade ist die Märchenerzählerin aus Tausendundeiner Nacht. In diese Rolle schlüpft der Ausbilder. Er erzählt der geführten Abteilung z.B., auf welchen Tieren in anderen Ländern wie geritten/gesessen wird. (z.B. seitwärts- oder rückwärtssitzend, quer über dem Pferd liegend, beide Arme hoch in die Luft oder in Vorhalte streckend, eine Hand als Sonnenschirm über die Augen und die andere in die Seite stemmend halten oder Arme und Hände wegweisend wie ein Verkehrspolizist einsetzend oder Brust- bzw. Delphin schwimmend oder wie die Queen winkend oder wie ein Page grüßend oder oder, ...)

Variation: Natürlich funktioniert diese Idee auch an der Longe mit Reitanfängern. Routinierte Breitensportler mit diesbezüglichen Profis unter dem Sattel können die eine oder andere Reitweise aber tatsächlich auch während einer bewussten Entspannungsphase ungeführt oder führen ihr Pferd dann je nach Geschichte selber vorwärts-, seitwärts- oder rückwärtsgehend oder mit Gänsefüßchen oder auf Schulterhöhe im Gleichschritt (selbstverständlich ohne Sporen).

Sicherheit
- Es dürfen natürlich nur solche Pferde und Ponys eingesetzt werden, auf die man sich absolut verlassen kann. Ansonsten bitte immer nur mit Führer arbeiten.

Ausbildung
- Je variantenreicher er/sie/es zu Pferd sitzt, desto eher findet der Zweibeiner zu einer guten Balance und baut erst gar keine Angst auf vor einem evtl. „Positionsverlust".

Pferd
- s.o.

Schon gewusst?

Helfer: Einer zum Notieren der Treffer (und evtl. Fragen vorbereiten/stellen)

Material: Vorbereitete Statements/(Multiple-Choice-)Fragen

Ablauf: Der Ausbilder stellt z.B. in der Schrittphase zum Ende der Stunde der Gruppe gegenüber Behauptungen (s.u.) auf oder stellt die Fragen. Die Gruppe einigt sich auf das Ergebnis (*richtig/falsch*) oder die Antwort; der Helfer notiert die richtigen Lösungen Punkt für Punkt.

Hinweis: **Mögliche Behauptungen ...**

- Das Pferd des Vielseitigkeitsdoppelolympiasiegers von London, Michael Jung heißt Sam! (*richtig*)
- Die Gerte darf bei Springprüfungen laut LPO max. 120 cm lang sein! (*falsch*)
- Eines der offiziellen Maße für eine Reitbahn (z.B. in einer Reithalle) ist 20 x 30 m (*falsch*) usw.
- Pferde mit einem Stockmaß <148 cm werden Pony genannt! (*richtig*)
- Shire horses gelten mit einem Stockmaß von nicht selten um die 2 m als die größten Pferde der Welt! (*richtig*)
- In einem Springparcours sind die Hindernisse rechts mit roten Fähnchen und auf der linken Seite weiß ausgeflaggt! (*richtig*)
- Werden Isländer auf Island gekauft und mit in eine neue Heimat jenseits des Eilandes genommen, dürfen sie später jederzeit wieder zurück! (*falsch*)

Variation: **Teekesselchen für Pferdefreunde**
Hierbei beschreibt ein Teamplayer jeweils *„ein Ding"* aus der Welt der Pferde, während sein Partner (abwechselnd) *„sein"* Teekesselchen gleichen Namens aus dem Rest der Welt mit Worten umschreibt - z.B.: Amboss, Atlas, Bandage, Bande, Flanke, Fuchs, Gebiss, Isabelle, Kastanie, Krone, Laterne, Pony, Schimmel, Schlauch, Schweif, Steigbügel, Stern, Strahl, Zirkel, ... Theorie trifft Praxis

Ausbildung
- Schöne Frage-/Trainingssituation vor Motivations- oder Leistungsabzeichen ... alles bleibt sicherlich noch besser haften, da im Sattel be-/erarbeitet.

Slalomrennen

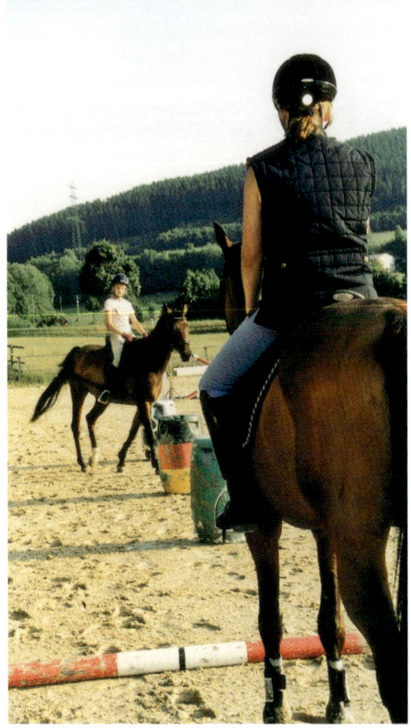

Helfer: Nach Bedarf

Material: 1 Poolnudel, 3 Tonnen oder Ständer oder ausrangierte (verschossene, aber nicht kaputte) Sonnenschirme, 1 Gerte pro Team

Ablauf: Die Teilnehmer (aufgeteilt in zwei Teams) stehen hintereinander hinter ihrer Start-Ziellinie (Poolnudel). Nach dem Startzeichen/-signal reitet der erste Teilnehmer eines jeden Teams im Slalom um die Tonnen, Ständer oder Sonnenschirme (max. in Kniehöhe der Reiter) hin und zurück, übergibt die Gerte und der nächste Teilnehmer in Gertenbesitz darf starten und ebenfalls den Slalomparcours absolvieren. Gewonnen hat die Mannschaft, die als erste komplett wieder hinter der Linie (hintereinander) steht.
Bei Verlust des „Staffelstabes" muss derjenige, der ihn verloren hat, absitzen – ihn aufheben –, wieder aufsitzen und darf ihn dann erst weiterreichen.

Sicherheit
- Das Spiel wird ruhiger und auch mit jedem Pferd spielbar (das z.B. Angst vor Gerten, die angereicht werden, hat), wenn nicht mit Gerte als Staffelstab, sondern z.B. mit einem Paar Arbeitshandschuhen als „Staffelstab" gespielt wird.

Ausbildung
- Mit Herausforderungen spielen ist immer wieder gut und positiv für die Handlungskompetenz im Sattel.

Pferd
- Rösser mit Materialerfahrung. Und außerdem gilt: Wenn mehrere Pferde auf begrenztem Raum auf ihren Einsatz warten oder der Staffelstab plus x herangeflogen kommt, setzt das Pferde ohne Berührungsängste voraus.

Staffelspiel(e) *immer wieder anders*

Helfer: 1–3 zum Auf- und Abbauen

Material: Siehe Text, Ablauf und Hinweis

Ablauf: Der einfache Slalom um drei/vier Ständer oder das Überqueren von einem „See“ aus Zeitungen oder das Durchreiten eines (Flatterband-)Tores oder der Transport von (Tischtennis- bis Basket)bällen oder Flaggen oder Messbechern oder (Gips-)Eiern bzw. Stoffblumen oder Wäschestücken oder, oder, oder kann jederzeit als Staffelspiel von zwei (drei) Mannschaften gegeneinander organisiert werden. Dadurch, dass der zu reitende Kurs immer mal wieder ein anderer ist und das Transportgut wechselt oder der Staffelstab nicht aus der Gerte, sondern aus einem Paar Arbeitshandschuhen oder aus „Frostschutz“ (Pudelmütze – natürlich über und nicht anstatt des Reithelms – Schal, Stulpen) besteht, sind Staffelspiele eine unendlich ideenreiche Geschichte.

Sicherheit
- Wie auch immer Ihre Staffelidee aussieht, denken Sie daran, immer erst alles mit (Spiele-)Profis im und unter dem Sattel im Schritt auszuprobieren. In eine 20-x-40-m-Halle passen nur dann drei Teams auf der kurzen Seite (und mit Slalom auf und parallel zur Mittellinie) nebeneinander, wenn alle Akteure erfahren sind. Außerdem ist eine Parcoursbesichtigung unverzichtbar und Aktive, die ihre Aktionsfläche überschreiten/verlassen, scheiden genauso aus wie beim Verlassen des Vierecks oder Einschlagen eines falschen Parcours üblich.

Ausbildung
- Bewegungserfahrung und -gedächtnis leben von entsprechenden Angeboten/Herausforderungen. Wer diese immer wieder neu/anders inszeniert, der hat auch mit so komplexen Dingen, wie z.B. dem Merken eines Stechparcours oder dem Auswendigreiten einer Aufgabe, die geringsten Probleme.

Pferd
- Pferde „lieben“ Automatismen, aber keinesfalls Langeweile, d.h. brauchen leistbare Herausforderungen/Abwechslung im Alltag.

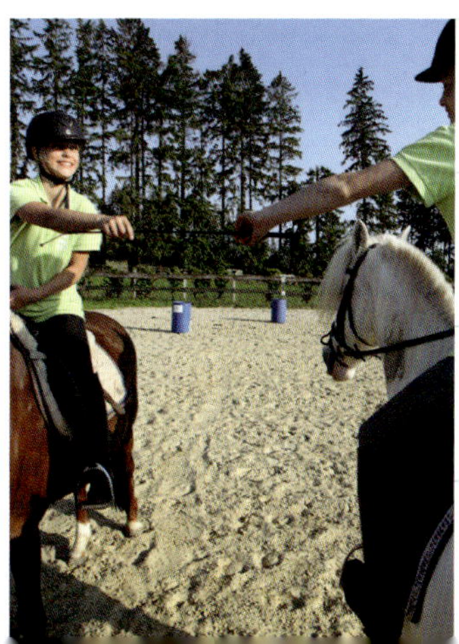

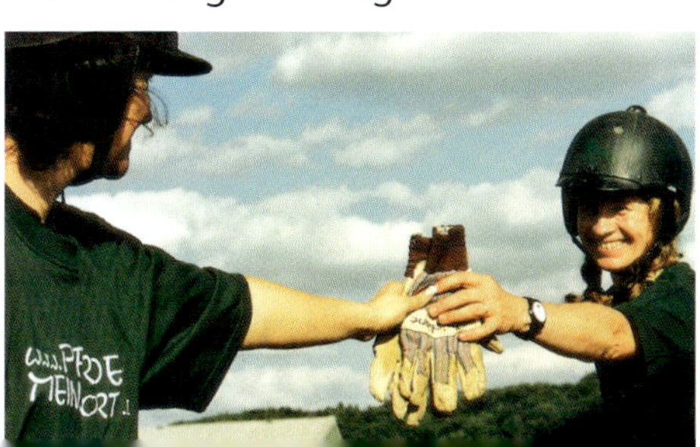

Teebeutelweitwurf

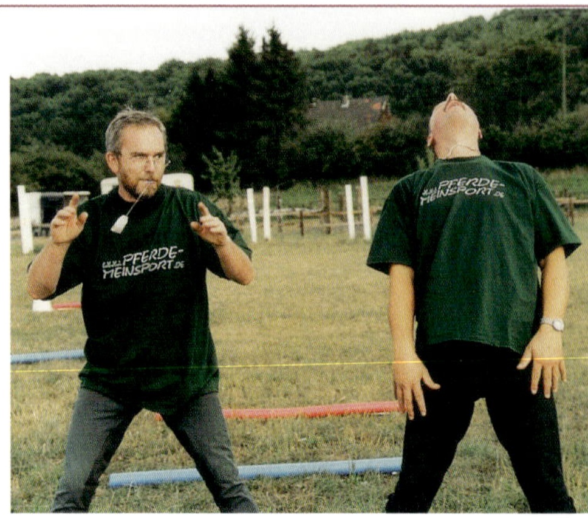

Helfer: 2 zum Aufbauen

Material: 3 gelbe, 3 rote, 3 blaue Poolnudeln, 6 Pylone, je 4-mal „T“ „E“ „A“ auf Karten, je 2 Start-/Zielschilder

Ablauf: Je ein Fußgänger und ein Reiter bilden ein Paar. Es wird im K.O.-System gespielt. Die beiden Fußgänger stehen am mittleren Spielfeld, die beiden Reiter jeweils an einer Start-/Ziel-Pylone. Die Fußgänger haben am Papierchen einen Teebeutel im Mund, den sie nach Ertönen des Startsignals so weit wie möglich wegzuschleudern versuchen.

In unserem Beispiel fliegt der Beutel des linken Spielers „nur“ in die T-Zone, der vom rechten Spieler landet in der A-Zone. Deshalb stellt sich der linke Reiter auf die Startposition T und der rechte Reiter auf die Startposition A.

Dann bekommen die Reiter ihr Startsignal. Der Reiter in der besseren Ausgangsposition muss Schritt reiten, um ins Ziel zu gelangen, der andere Reiter darf die Gangart frei wählen. Das Siegerpaar kommt eine Runde weiter.

Sicherheit
- Der Teilnehmer im Schritt nutzt die Innenbahn und der andere Teilnehmer die Außenbahn der Halle/des Platzes.

Ausbildung
- Strategie- und Glücksspiel mit richtig guten Chancen auch für weniger Geübte im Sattel.

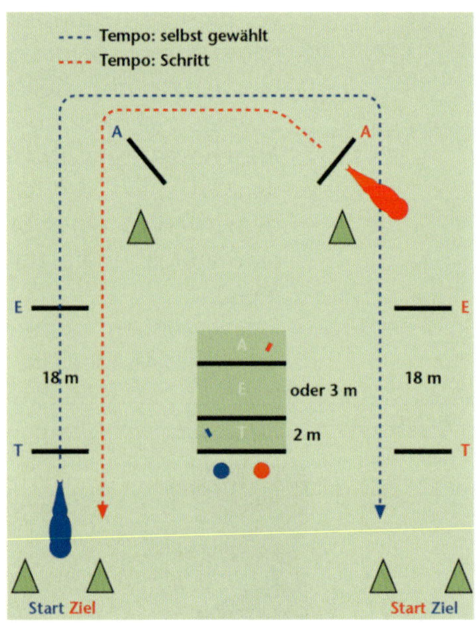

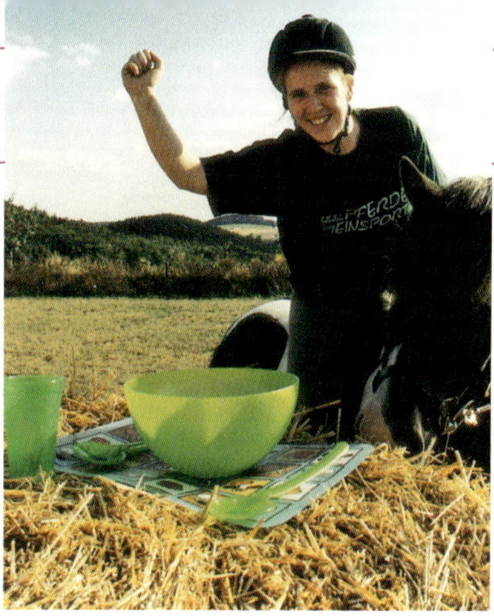

Tischlein deck dich

Helfer: Evtl. 1–2 zum Vorbereiten

Material: Je Mitspieler (max. 4) je 1 Platzdeckchen, 1 Schüssel, 1 Becher, 1 Salatbesteck und 1 Eierbecher in der gleichen Farbe, dazu Pylonen oder Jutesäckchen/-decken oder (Bananen-) Kartons, unter denen alle Einzelteile verborgen werden, und z.B. 1 Rund- oder Quaderballen als Tischersatz sowie mindestens 18 kleine Strohballen

Ablauf: Der Rund- oder Quaderballen liegt in der Platz- oder Hallenmitte (bei X) – es sei denn man ist im Erntegebiet zu Hause, dann wird in Absprache mit dem Landwirt direkt auf dem Stoppelfeld gespielt.
Alle Teile zum Tischdecken liegen unsichtbar unter den Pylonen oder Jutedeckchen je auf einem kleinen Strohballen verteilt in der Halle bzw. den anderen Ballen auf dem Acker. Alle Reiter sitzen zu Pferd (direkt am Tisch/Rundballen) und warten auf das Startzeichen.
Auf Pfiff reiten alle los und suchen nach ihrem Tischgedeck.
An einem Versteck (kleiner Strohballen plus Aufbau) angekommen, wird nachgesehen, ob die passende Farbe (vorher zugelost) darunter steckt. Dazu muss der Reiter natürlich ab- und wieder aufsitzen.
Hat er ein passendes Teil erwischt, bringt er es schnell (reitend) zum Tisch (Rund- bzw. Quaderballen).
Stimmt die Farbe nicht, sitzt er wieder auf und versucht sein Glück woanders. Gewonnen hat der Teilnehmer, der alle sechs Teile in der richtigen Farbe ordentlich an seinem Platz gedeckt hat.

Sicherheit
- Um ungewollte Begegnungen zu vermeiden, kann die Reitrichtung auf eine Hand beschränkt werden. Weniger Geübte bekommen zunächst nur vier Teile versteckt – damit die Konzentration/Reaktionsfähigkeit auf alle Fälle bis zum Spielende reicht. Draußen agieren selbstverständlich wie immer nur Profis.

Ausbildung
- Neben der richtigen Aufsitz- und Transporttechnik sind vor allem Glück und Zufall bedeutend, d.h., gute Reiter sind nicht automatisch Sieger.

Pferd
- Pferde sollten sicher beim Auf- und Absteigen stehen und kein Problem damit haben, wenn der Reiter etwas auf dem Strohballen aufdeckt und damit aufsteigt.

Tonnenrennen auf Amerikanisch *(Barrel racing)*

Helfer: 1–3 Helfer zum Aufbauen des Dreiecks und zur Zeitnahme

Material: Pro Team 3 (Pop-up-)Tonnen (die – gem. Skizze – zu einem Dreieck aufgebaut werden), 1 Poolnudel oder Sägemehlmarkierung für die Start-/Zielkennzeichnung und 1 Stoppuhr plus Block und Stift

Ablauf: Anders als bei den bekannten (Staffel-)Rennen ist hier weniger der „Wegteiler", sondern die Streckenführung die Herausforderung, denn nach dem Startzeichen reitet der erste Reiter eines jeden Teams (in der markierten Zone wartend) wie folgt: Die erste Tonne wird in einer Linkskurve umrundet, die zweite Tonne in einer Rechtskurve. Tonne Nr. 3 an der Spitze des Dreiecks wird wiederum linksherum genommen. Dann geht es so schnell wie möglich zurück zur Start-/Ziellinie/markierten Zone. Gewonnen hat die schnellste Gruppe (oder wie in Amerika innerhalb eines Rodeoevents, der schnellste Reiter).

Hinweis: Bei Gruppenwettbewerben mit nur 1-mal drei Tonnen können übrigens zunächst alle ersten Reiter, dann alle zweiten Reiter usw. starten, so bleibt die Spannung erhalten, es müssen nur anschließend die Zeiten/Ergebnisse addiert werden (wie im ganz großen Sport).

Variation: **A:** Alternative Streckenführung (z.B. erst um die rechte Tonne, dann um die mittlere und zuletzt um die linke wieder retour)
B: Mit 4 Tonnen = Glückskleerennen

Ausbildung
- Bei großzügig bemessener Start-/Ziellinie und dem Verzicht auf einen Staffelstab geht es „nur" um korrektes Reiten/optimale Hilfengebung plus Linienführung.

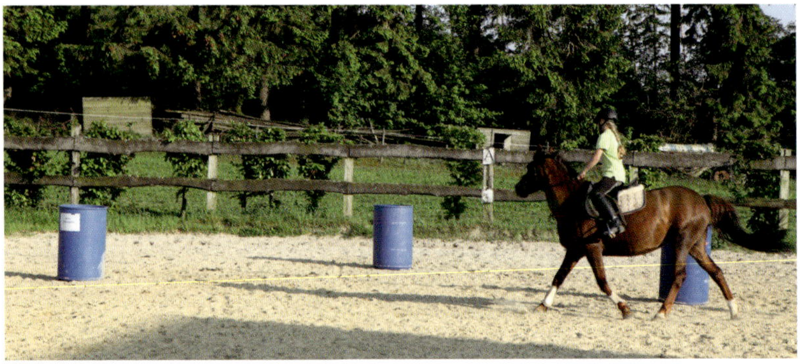

Harmonie im Sattel ©gg

Harmonie im Sattel ganz konkret ➜ **Handlungsplanung** – der Akt, mit dessen Hilfe es gelingt, eine Handlung/Bewegung(sreihenfolge)/ „richtiges Reiten" zu realisieren – setzt sich z.B. beim Tonnenrennen zusammen aus ...

Zeitwahrnehmung
(Dauer, Wahl des angemessenen Tempo/GGA, Rhythmisierungsfähigkeit)

Umstellungsfähigkeit = angemessene Reaktion auf veränderte Situation (z.B. Schwierigkeiten bei Gertenübergabe)

Auge-Hand-Koordination
(bei der Übergabe der Staffelgerte)

Gleichgewichtsfähigkeit

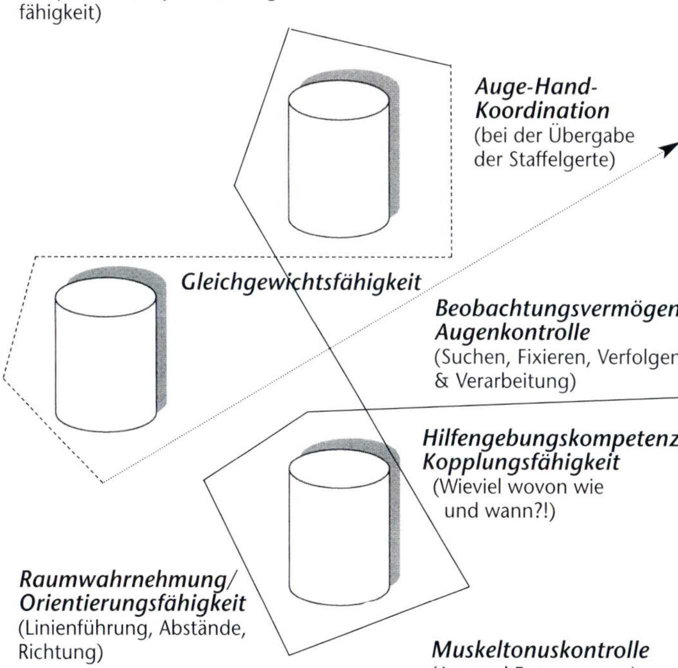

Beobachtungsvermögen/ Augenkontrolle
(Suchen, Fixieren, Verfolgen & Verarbeitung)

Hilfengebungskompetenz/ Kopplungsfähigkeit
(Wieviel wovon wie und wann?!)

Raumwahrnehmung/ Orientierungsfähigkeit
(Linienführung, Abstände, Richtung)

Muskeltonuskontrolle
(An- und Entspannung) Rhythmisierungsfähigkeit

Differenzierungsfähigkeit =
Gefühl für's Pferd/die äußeren Bedingungen

Körperschemaerfahrung
(Was ist wie positioniert/ gewinkelt? Oder auch Seitigkeitssicherheit)

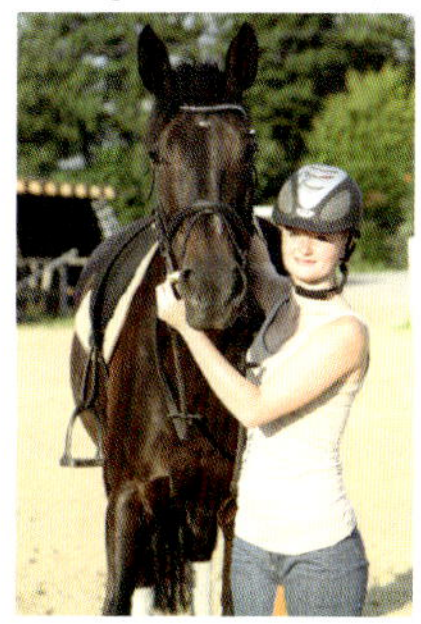

Koordinations- und

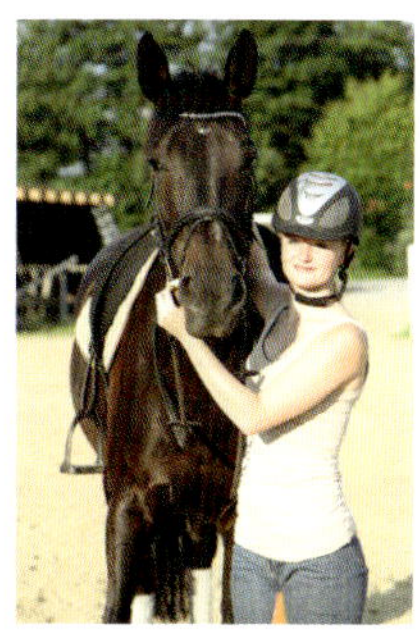

Kooperationskompetenz

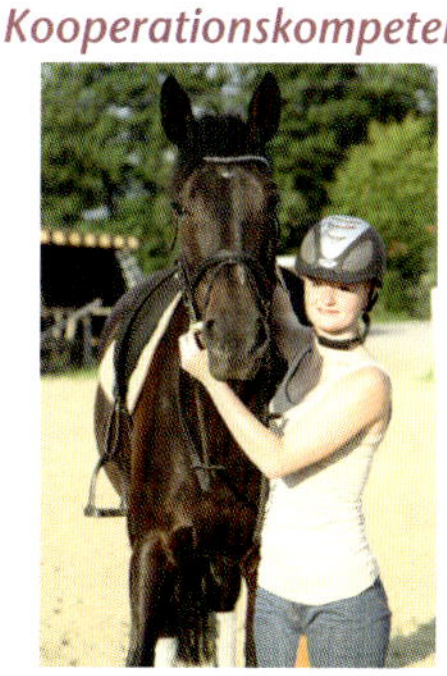

Konzentrationsfähigkeit

Merke ⇨ *REITEN ist also eine schöne und zugleich komplexe Angelegenheit – Fehler können daher viele Ursachen haben!*

Up und Down

Helfer: Pro Teilnehmer 1 Führender (wenn die Pferde/Ponys noch nicht so spielerprobt sind)

Material: Evtl. 4–6 umgedrehte (leere) Wasserkisten entlang der Mittellinie oder auf dem dritten Hufschlag, Handy zwecks Zeitmessung

Ablauf: Die Pferde gehen auf dem ersten Hufschlag (wenn geführt, entlang der Mittellinie). An einer Längsseite (entlang der Mittellinie) stehen gleichmäßig verteilt die Kisten als AUFSITZHILFE (müssen unbedingt genutzt werden!). Mal sehen, wem unter den folgenden Bedingungen nicht die Puste ausgeht bzw. wer am häufigsten auf- und absitzen kann. Die Idee dahinter ist das Spiel mit dem Auf- und Abspringen – wahlweise können z.B. in der Schrittphase zu Stundenbeginn ein/zwei Dutzend Aufsprünge verpflichtend gemacht werden oder es werden in der Stunde zwei Minuten Zeit gegeben, in denen entlang des „Wasserkisten-Limes" gegen die Uhr so viele Aufgänge über die Kisten wie möglich erfolgen sollen.

Ausbildung

- Dient zur Verbesserung der Geschicklichkeit beim Aufsitzen. Außerdem wird durch eine verbesserte Geschicklichkeit auch die Geschwindigkeit erhöht. Dies reduziert die einseitige Gewichtsbelastung auf den Pferderücken und trägt zu dessen Schonung bei.

Pferd

- Bei weniger geübten Teilnehmern sollte zunächst mit einem Holzpferd geübt werden. Die Pferdegesundheit steht hier klar im Vordergrund, daher bitte wirklich erst ein echtes Pferd einsetzen, wenn rückenschonendes Aufsitzen den Teilnehmern in „Fleisch und Blut" übergegangen ist.

Tipp

Testet vorher doch mal eure Kraft im Oberschenkel. Der Stuhltest ist dafür eine der besten Möglichkeiten. Setzt euch einmal auf einen Stuhl/zwei Getränkekisten und versucht mit nur einem Bein aufzustehen. Beim „Aufstehbein" ist dabei der Oberschenkel im rechten Winkel zum Unterschenkel, das andere Bein ist dabei angewinkelt hochzuhalten (hilft nicht beim Aufstehen) und auch die Arme sind passiv. Bei z.B. gesundheitlichen Einschränkungen wird Aufsteigen durch Üben ab einem gewissen Punkt ja nicht mehr wirklich besser – all denen möchten wir kein schlechtes Gewissen machen, aber bitten im Interesse der Vierbeiner um angemessene/durchdachte Aufsitzhilfen.

Wäscheklammerspiel

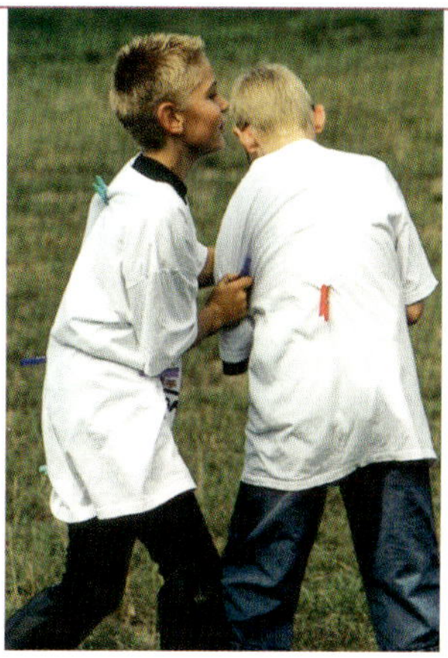

Helfer: Eine Person, welche die Wäscheklammern austeilt und evtl. wieder aufhebt

Material: 1 Stoppuhr, pro Person 5 Wäscheklammern der gleichen Farbe

Ablauf: Alle stehen in der Halle/auf dem Platz verteilt und haben ihre Wäscheklammern am T-Shirt befestigt.
Nach Startzeichen reiten alle Teilnehmer im Schritt und versuchen die fünf Wäscheklammern loszuwerden, indem sie sie bei einem anderen Teilnehmer anheften.
Wer als Erstes keine Wäscheklammern mehr besitzt, hat das Spiel gewonnen.

Alternative: Nach 2 oder 3 Minuten ruft der Spielleiter laut „Stopp"! Alle Spieler bleiben stehen und zählen dann die Wäscheklammern, die an ihnen hängen. Gewonnen haben dann alle Teilnehmer mit der niedrigsten Anzahl von Wäscheklammern.

Sicherheit
- Hierbei sollten nur spielerprobte und brave Pferde zum Einsatz kommen. Außerdem dürfen die Wäscheklammern nur an den anderen Teilnehmer – nicht aber an den Pferden, befestigt werden. Fällt eine Wäscheklammer herunter, so muss der Helfer diese wieder aufheben (die Reiter müssen dann natürlich Obacht geben und diesen nicht umreiten) und an den Teilnehmer, der sie verloren hat, wieder zurückgeben.

Ausbildung
- Während z.B. beim Fuchsgreifen alle gegen einen „spielen", ist hier jeder gegen jeden unterwegs. Dennoch können die eigenen Ideen dem ein oder anderen helfen oder ihn zum „Wäscheklammermännchen" Nr. 1 werden lassen – Strategie pur.

Pferd
- s.o.

Variation: Ein sehr tolles und lustiges Spiel, welches auch ohne Pferd (z.B. Eltern gegen Kinder) riesig viel Spaß macht und sowohl die Reaktion als auch die Kondition schult.

Wassertransport

Helfer: 1 Helfer zum Wassernachfüllen, 4 Helfer zum Auf-/Abbauen und Halten der Pferde

Material: 2 große, schwarze, runde Speiskübel (Wasserbehälter vom Bau), 4 5-Liter-Eimer, 4–8 kleine Hindernisse (mit Unterbauten, z.B. Stroh)

Ablauf: Zwei Mannschaften mit je vier (fünf) Personen starten gegeneinander.

Das eine Team schöpft mit den 5-Liter-Eimern auf das Startzeichen hin das Wasser von dem gefüllten schwarzen Behälter in den 3 m entfernt stehenden leeren Kübel. Das andere Team versucht während der gesamten Zeit, in der das Wasser umgeschöpft wird, so viele Sprünge zu absolvieren wie möglich. Welcher Reiter welchen Sprung überwindet, ist dabei nicht entscheidend. Wichtig ist nur, dass die Reihenfolge der Sprünge eingehalten wird. Es darf sich immer nur ein Paar in der Sprungphase befinden. Genauso beliebig ist die Art und Weise des Umschöpfens – natürlich darf keiner der beiden schwarzen Behälter zum anderen getragen werden.

Der Durchgang ist beendet, wenn das ganze Wasser umgeschöpft ist, dann werden die Rollen getauscht. Letztendlich gewonnen hat das Team, das mehr Sprünge fehlerfrei überwunden hat.

Sicherheit
- Die Aktiven zwischen den Kübeln und die im Parcours werden so weit voneinander getrennt, dass sich niemand in die Quere kommt.

Ausbildung
- Eine unheimlich schöne und herausfordernde Bewegungs- und Konditionsaufgabe, wo wirklich nur Mannschaftsspieler eine Chance haben. Wird eine Stange gerissen, muss das Team selbst Hand anlegen und den Sprung wieder aufbauen.

Variation: **Wassertransport für Voltigierer:** Voltigierer teilen ihre Gruppe in zwei Teams (z.B. alle geraden gegen alle ungeraden Armnummern).

Während zunächst eine Gruppe Wasser schöpft, springt die andere (im Trab) so viele Male auf und ab wie möglich. Dann schöpfen die ehemaligen Aufspringer und die „Exschöpfer" sitzen auf.

Hinweis: Sollten Sie gelegentlich – egal welche Variante – wiederholen, achten Sie darauf, dass dann die Mannschaft mit der jeweils anderen Rolle startet. Wasser marsch!

Weihnachtsbäume markieren

Helfer: 2–3 zum Aufstellen/Verteilen der Bäume und evtl. Halten des/der Pferde/s

Material: Mindestens 20 Weihnachtsbäume (oder auch Birkenbüsche oder Ähnliches) und entsprechend viele kleine Strohballen (um die Bäume aufzustellen) plus 15 rote und 15 gelbe Schleifenbänder

Ablauf: Die Teilnehmer bilden zwei Mannschaften. Zu jeder Mannschaft gehören mindestens zwei Pferde. Eine Mannschaft bezieht links von den Weihnachtsbäumen Position, die andere rechts. Die einen erhalten die gelben, die anderen erhalten die roten Bänder.

Die ersten beiden Spieler einer jeden Mannschaft sind bereits aufgesessen. Auf das Startzeichen reitet der jeweils erste Reiter zu einem der Weihnachtsbäume, bindet vom Pferd aus die Schleife an dessen Spitze und eilt dann zur Mannschaft zurück. Nun reitet der zweite Teilnehmer los und markiert ebenfalls einen Weihnachtsbaum in der Mannschaftsfarbe. Der dritte ist inzwischen auf das Pferd des ersten Reiters aufgesessen und setzt das Spiel fort. Welche Mannschaft schafft es, die meisten Weihnachtsbäume für sich zu markieren?

Sicherheit
- Pferde sollten beim Schleifebinden ruhig stehen bleiben, sonst kommen die Helfer zum Einsatz. Das „letzte Bäumchen" zählt im Zweifel für beide Teams, wenn die Reiter gleichzeitig ankommen – auf die Schleifen wird dann aus Platzgründen verzichtet.

Ausbildung
- Manuell Geschickte, die dann auch noch nach Belieben mit ihrer Balance spielen (denen der Abstand zum Baum und die Höhe des Baumes sozusagen egal ist), sind klar im Vorteil – schulen ihre Flexibilität (wie alle Aktiven) noch weiter.

Pferd
- Pferde sollten nicht gerade direkt vor der/zur Fütterungszeit zum Einsatz kommen, da das frische Grün sonst zu verführerisch sein könnte.

Witwe-Bolte-Gedächtnis-Zirkel

Helfer: Ein Helfer zum Zeitnehmen, 3 (4) weitere zum Anreichen der Longen

Material: 3 (4) 8-m-Longen (je Teilnehmer 1), die mit dem Schnallenende z.B. in ein Sporenriemchen eingeschnallt werden (= „Knoten"), 1 Stoppuhr

Ablauf: Die drei (vier) Teilnehmer beziehen, wie auf dem Foto zu sehen, Position auf der Zirkellinie und erhalten jeder ein Ende der Longe in die innere Hand. Die Longen müssen so angezogen werden, dass der „Knoten" (die Schnallenenden im Sporenriemchen), der sie verbindet, nicht zu Boden fällt.
Das Team erhält nun 2 Minuten Zeit, um möglichst viele Runden zu drehen (in beliebiger Gangart). Fällt der Knoten zu Boden, ist auch vor Ablauf der 2 Minuten Schluss. Sieger ist die Gruppe mit den meisten Runden.

Variation: Spielbar auch ohne Pferde z.B. mit Cityrollern, Pedalos oder (Ein-) Rädern auf festem Untergrund. Spielbar aber auch mit z.B. vier geführten Ponys oder vier Shettypony-Sulkys (wie beim Breitensportfestival in Salgen) – immer eine wirklich runde Sache.

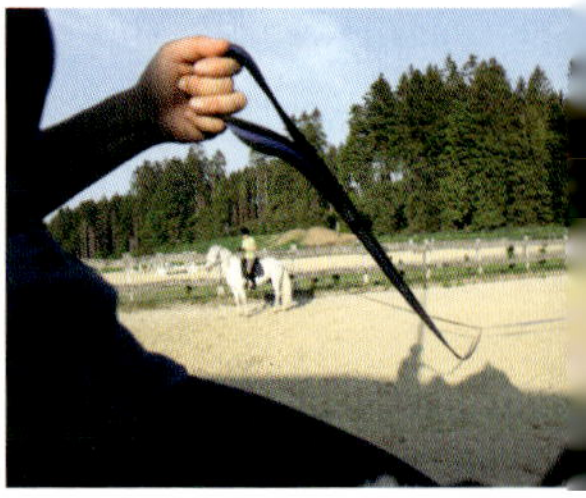

Sicherheit
- Die Longen dürfen NIEMALS um die Hand gewickelt oder am Sattel befestigt werden – es darf nur (wie auf dem Foto zu sehen) in die Sicherheitsschlaufe gegriffen werden, um jederzeit loslassen zu können. Zusätzlicher Sicherheitsfaktor sind die geschickt agierenden Helfer. Das Sporenriemchen ist Sollbruchstelle im Falle eines Falles und trägt ebenfalls zur erhöhten Sicherheit bei. Bemerkt der Zeitnehmer/Schiedsrichter einen Verstoß gegen die Sicherheitsregeln, ist sofortiger Abbruch und das Ergebnis „0 Runden" die Folge.

Ausbildung
- Das Ziel ist es, entsprechend mit Schenkeln und Gewicht zu treiben und einhändig so zu führen, dass die Abstände stimmen und so der Knoten zum „Schweben" kommt und oben bleibt! (siehe Foto). Balance, Konzentration und Kooperation wollen immer wieder aufs Neue gefordert und gefördert werden – auch und gerade bei fortgeschrittenen Reitern.

Pferd
- Pferde ohne Negativerfahrungen an der Longe

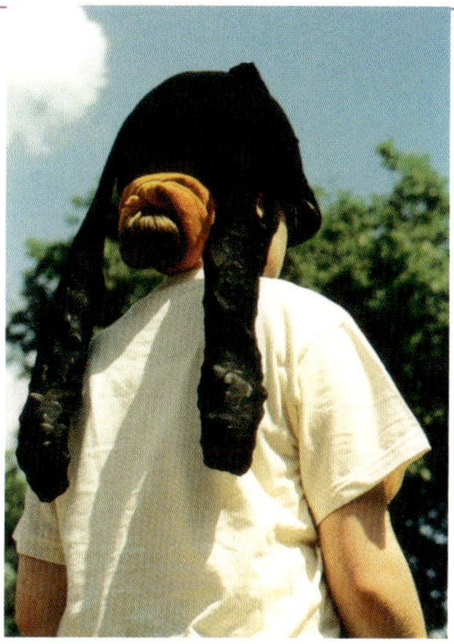

Zöpfe ziehen

Helfer: –

Material: Pro Teilnehmer 1 – als „Perücke" mit 2 Zöpfen – „umgebaute" Feinstrumpfhose (die Strumpfhosenbeine mit Füllmaterial stopfen und mit dem „Gesäßteil" über die Reitkappe, nicht jedoch über den Schirm (!) ziehen), 1 Stoppuhr

Ablauf: Bei diesem Spiel spielt jeder gegen jeden.
Die Reiter untereinander versuchen innerhalb einer bestimmten Zeit, den Mitreitern die „Zopf-Perücke" abzuziehen, ohne jedoch die eigene zu verlieren.

Sicherheit
- Bei diesem Spiel sollten die Pferde an engen Kontakt und auch an die „Zopf-Perücken" gewöhnt werden, bevor das Spiel richtig losgeht. Bei den Strumpfhosen ist darauf zu achten, dass diese von den Kappen leicht abzulösen sind, damit der Teilnehmer beim Abziehen der „Perücke" nicht aus dem Gleichgewicht gerät.

Ausbildung
- Die Grundgangart sollte vorher festgelegt sein und dem KÖNNENSTAND der Teilnehmer angepasst sein, maximal aber Trab. Koordinativ schon sehr anspruchsvoll, aber mindestens genau so extrem sind der Stolz und die Freude der Mitspieler.

Pferd
- Pferde, die einander „riechen" können

Variation: **Schweif abjagen:** Bei diesem Spiel bleiben die Pferde im Stall. Pro Fußgänger/Läufer ein Zauber- oder Geschirrtuch, welches hinten aus dem Hosenbund heraushängt und von den übrigen Mitspielern möglichst abgejagt wird – natürlich auch hier, ohne den eigenen Schweif „kupiert" zu bekommen.

Zopf flechten

Helfer: Evtl. 1 Helfer zum „Entwirren des Knotens"

Material: Je Team 3 verschiedenfarbige 30 m lange Bänder (die mit einem Ende bei C befestigt sind)

Ablauf: Das Team besteht aus drei Reitern, die gemeinsam (jeder ein Bandende in der Hand) einen Zopf flechten sollen, indem sie immer passend umeinanderreiten.

Sicherheit
- Sinnvoll ist auch hier – wo es um den genauen Weg geht – ein Trockentraining. Und niemand dreht sich irgendwas um die Hand!!!

Ausbildung
- Hier sind vor allem Strategie und Rhythmus gefragt – Reiter mit entsprechender Bewegungserfahrung sind ganz klar im Vorteil.

Pferd
- Pferde ohne Negativerfahrungen an der Longe oder langen Leine

Variation: **Steckenpferd-Zopf:** Das Team besteht aus drei Steckenpferd-Reitern, die den oben beschriebenen Zopf flechten.

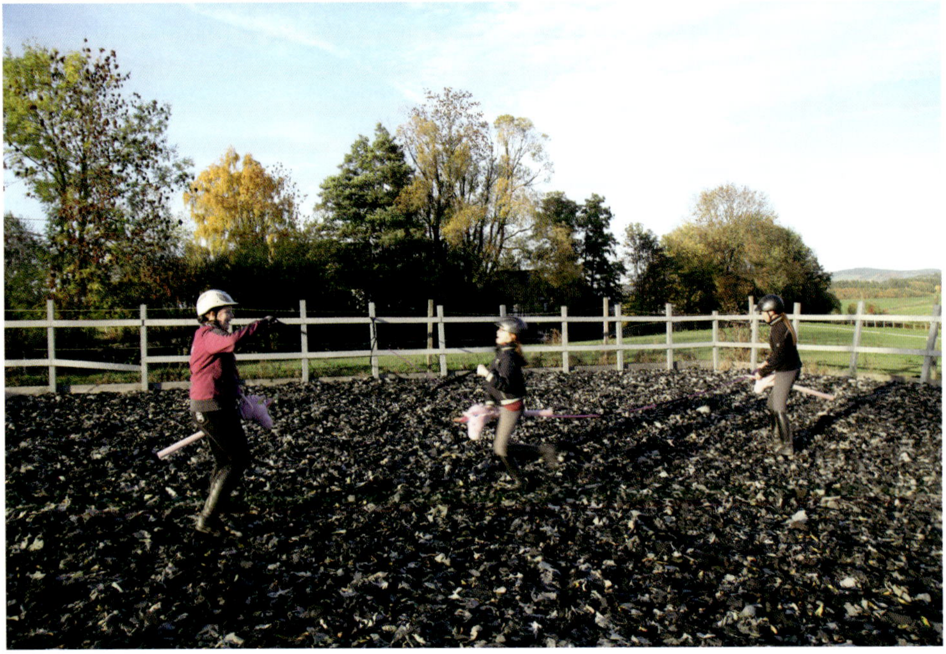

Und dann wären da noch ungezählte Variationen in Sachen Stafetten

Hinweis: Neben vielen bereits zu Papier gebrachten Vorschlägen hier zusammengefasst nochmals ein paar allgemeine Anregungen:

- Start- und Ziellinie können identisch sein, aber auch gegenüberliegen
- Die Spieler eines Teams können alle am gleichen Ende ihrer Spielbahn stehen oder auch noch mal geteilt werden und an beiden Enden Position beziehen (bei drei Mitspielern pro Team beginnt die Seite, an der zwei Teammitglieder stehen)
- Als Staffelstab eignen sich – neben der klassischen Gerte – weiche aber stabile Materialien, z.B. Pudelmützen, Schaumstoffschwerter, Stoffblumen, Stulpen … Selbstverständlich sind diese kein(e) Gertenersatz/Antriebsobjekte.
- Wenn mit Ständern gearbeitet wird, sind überzählige Auflagen aus Sicherheitsgründen grundsätzlich zu entfernen und bei der Befestigung von Materialien am Ständer sollten „Sollbruchstellen“ eingebaut sein (z.B. Gummibänder).
- Zum TranSPORTieren eignen sich vor allem „alte“ Spielsachen (z.B. Stofftiere), Tennis- oder Golfbälle, Stoffbälle oder -blumen, Papprollenkerne, aufgerollte Zeitungen … Eben alles, was „knuffig“ ist und nicht so schnell kaputt geht.
- Je länger die Spielbahn und je geringer die Anzahl der Aufgaben „unterwegs“, desto mehr Tempo entwickelt sich.

Safety first steht immer über allem!!!

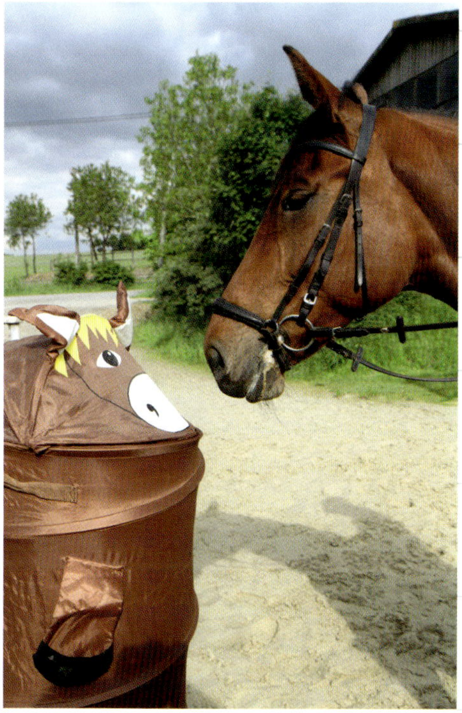

WIR haben fairstanden

Und zum Schluss wieder ein Arbeitsauftrag

Anhand des Tonnenrennens haben wir ja verdeutlicht, woraus eine solch komplexe Aufgabe/Spielidee im Wesentlichen bzw. Einzelnen besteht (siehe Seite 171). Nun ist es an DIR/IHNEN zu einer selbst ausgewählten Spielidee möglichst viele oder gar alle Details, die vom Reiter zu leisten sind, rund um unsere Amazone auf dem Foto, zu notieren.

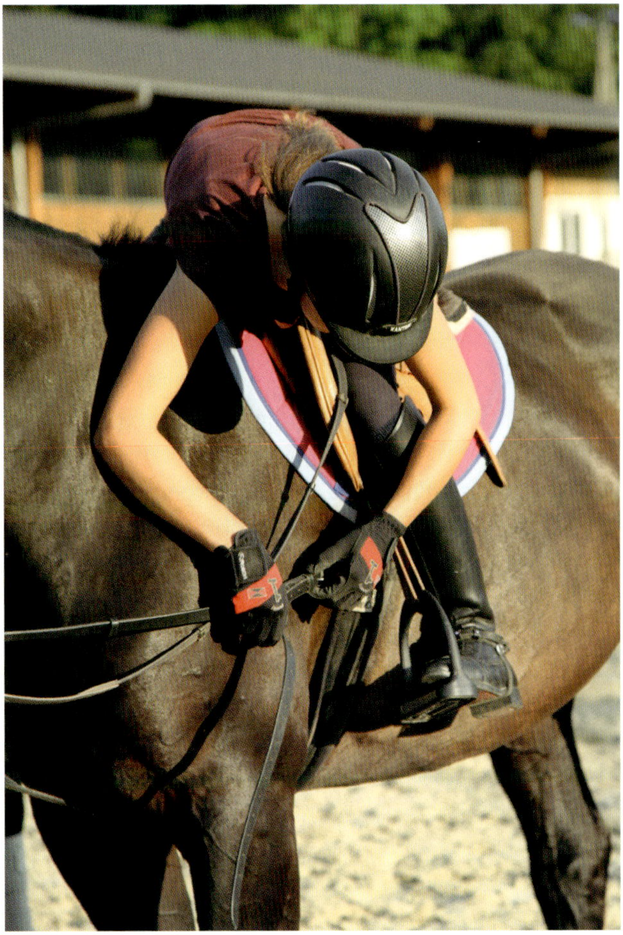

PS:

Doch noch zu schwierig? Auch im Karteikasten Reiten lehren lernen findet sich noch ein weiteres Beispiel.

Nur MUT & viel ERFOLG!

IDEEN auf dem HOF und im GELÄNDE

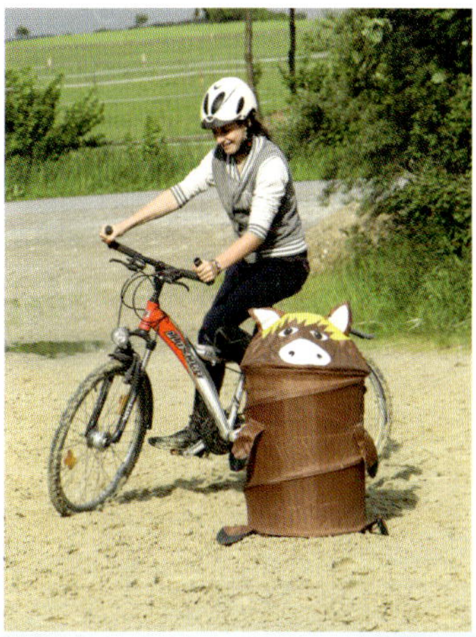

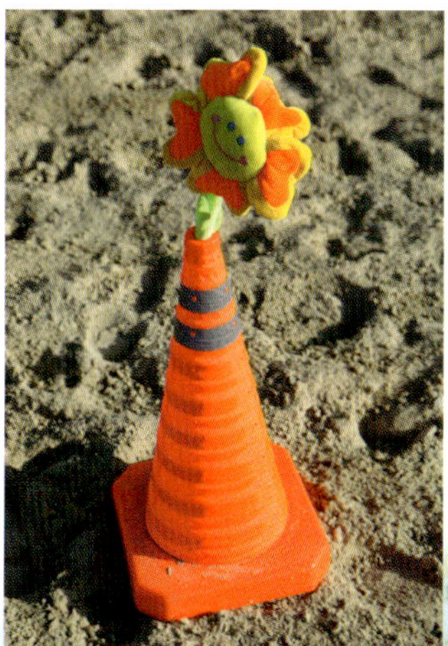

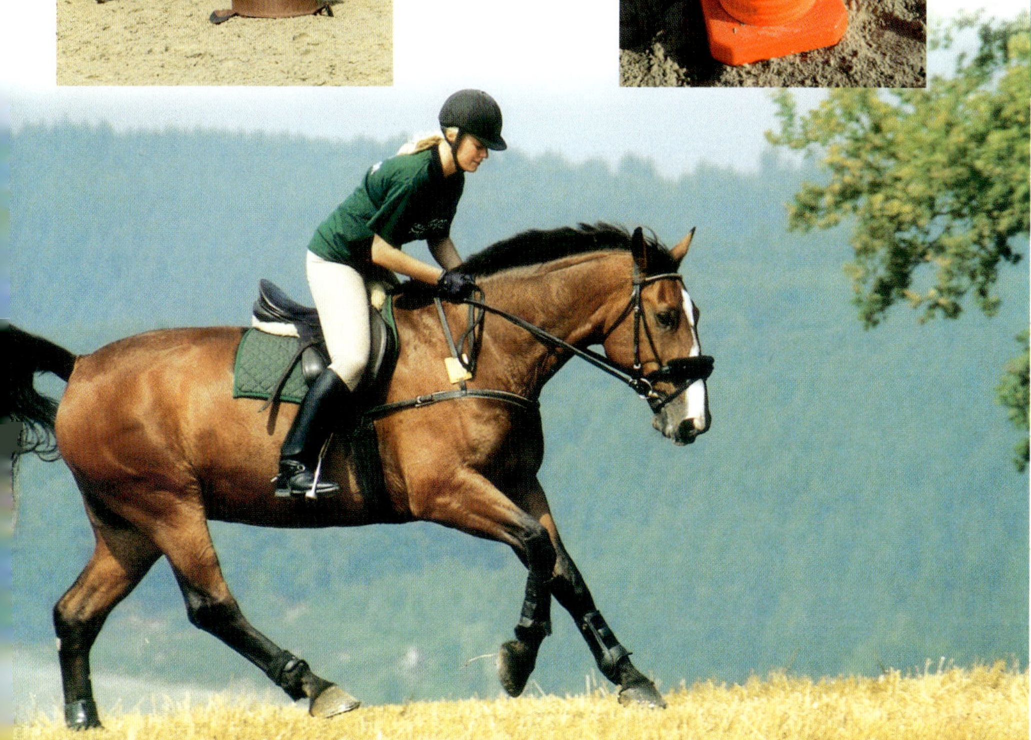

Leser, die auch Interesse für die Ideen an der Longe und in der Halle bzw. auf dem Platz hatten, kennen das Prinzip ja bereits: Zu Beginn eines jeden Ideenblocks werden die grundlegenden allgemeinen Gedanken rund um Ideen und Spiele (aus Teil A/1. Ebene) aufgegriffen, hier auf Ebene 2. weitergesponnen und dann später unter den einzelnen Ideen (= 3. Ebene) konkret und punktgenau zu Ende verarbeitet.
Und damit das mit dem Merken der vielen wertvollen Aspekte in Sachen Sicherheit sowie Ich-, Sach- und Fachkompetenz wieder besonders gut gelingt, haben wir auch hier das Bemerkenswerte auf Bilder bzw. Grafiken „gepackt".

1.) Sicherheit

Um in diesem Punkt stets den Durchblick zu haben, sei also nochmals auf Folgendes aufmerksam gemacht:

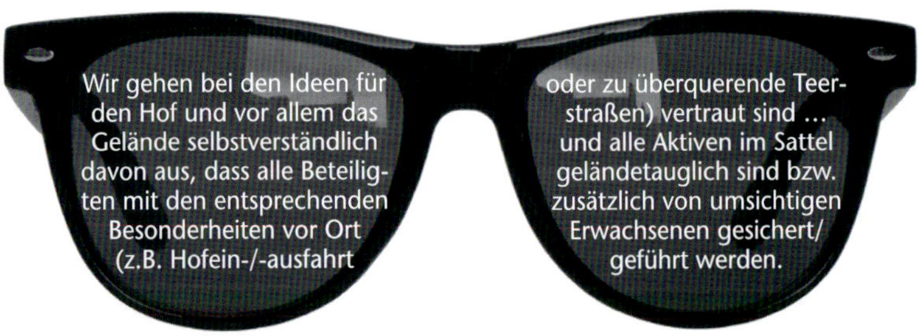

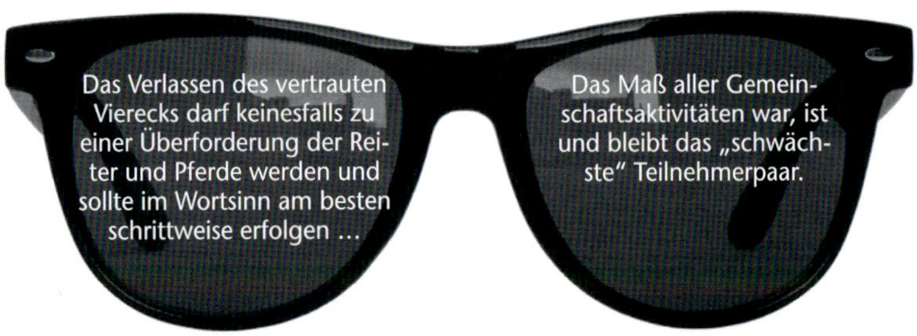

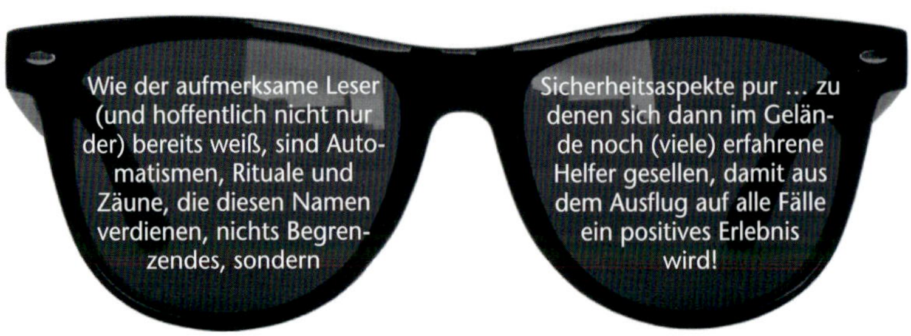

Oder auf Neudeutsch: „So geht vorsichtig."

2.) Ausbildung

Selbstverständlich auch hier wieder Erinnerungswürdiges rund um Ich-, Sach- und Fachkompetenz im Sattel

ICHkompetenz

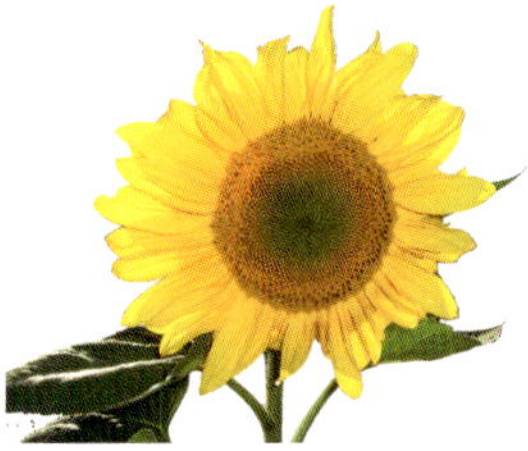

Die Natur aus dem Sattel neu entdecken, Die Selbstmotivation (sich selbst anfeuern können) ausbauen. Geländereiten meint nicht nur traditionelle Fuchsjagden/Wander- oder Distanzritte, sondern auch die Lösung „spielerischer" Hindernisse/„Komplikationen" in (un-)bekanntem Terrain, Kultur- und Naturerlebnis, vorhandene Motivation dauerhaft erhalten, vorhandene Motivation evtl. zurechtrücken

FACHkompetenz

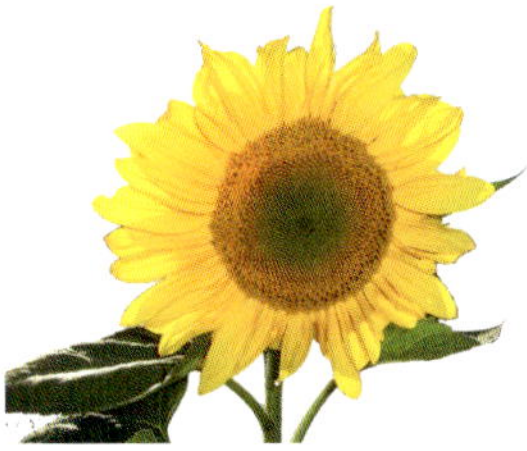

Förderung der Dauerbelastung, Förderung des dynamischen Gleichgewichts. Reitsport ist so ein ganz besonderes Naturerlebnis, Schulung des Beobachtungsvermögens unter erschwerten/herausfordernden Bedingungen. Souverän reiten kann z.B., wer sich (über die Idee hinaus) Boden- und Witterungsverhältnissen geschickt anpassen kann.

SOZIALkompetenz

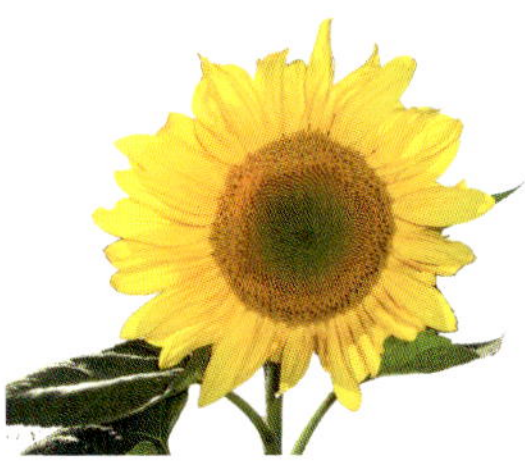

Geländekönig ist nicht, wer besonders schnell und ohne Rücksicht auf ausgewiesenen Wegen ein Stück Natur durchquert, sondern wer sich im Einklang mit anderen Erholungsuchenden (spielend) in angemessenem Tempo Mutter Natur teilt.

3.) Pferd(e)

Alters-/ausbildungsgemäße Alleskönner unter dem Sattel sind kein Zufall, sondern das Ergebnis einfühlsamer konsequenter Ausbildung im Stall und auf dem Zirkel, dem Viereck, im Gelände oder Straßenverkehr.

Um die angekündigten Qualitäten Ihres (neu erworbenen) „Verlasspferdes" im Gelände zu checken, testen Sie bitte alle Ideen im Vorfeld mit routinierten Geländereitern und erfahrenen BegLEITPFERDEN.

Pferde/Ponys, die trotz aller behutsamer Angebote gewisse Materialien/Böden (z.B. Wasser)/Situationen ablehnen, haben dann konsequenterweise ihr ganz persönliches „time-out" bei den entsprechenden Ideen!

... und fürs Gelände gelten dann noch „verschärftere" Sicherheitsmaßnahmen.

Damit es in puncto Bewegungsreiz immer nur prickelt und nie kracht, hier die *„Zwölf Gebote für das Reiten im Gelände"* der *FN*!

Zwölf Gebote für das Reiten im Gelände

1. Verschaffe deinem Pferd täglich ausreichend Bewegung unter dem Sattel und möglichst auch auf Weide oder im Paddock!
2. Gewöhne dein Pferd behutsam an den Straßenverkehr und das Gelände!
3. Vereinbare alle Ausritte mit Freunden – in der Gruppe macht es mehr Spaß und ist sicherer!
4. Sorge für ausreichenden Versicherungsschutz für dich und das Pferd; verzichte beim Ausritt nie auf den bruch- und splittersicheren Reithelm mit Drei- bzw. Vierpunktbefestigung!
5. Kontrolliere täglich den verkehrssicheren Zustand von Zaumzeug und Sattel!
6. Informiere dich über die gesetzlichen Regelungen für das Reiten in Feld und Wald in deiner Region!
7. Reite nur auf Wegen und Straßen, niemals querbeet und meide ausgewiesene Fuß-, Wander- und Radwege, Grabenböschungen und Biotope!
8. Verzichte auf einen Ausritt oder nimm Umwege in Kauf, wenn Wege durch anhaltende Regenfälle weich geworden sind, und passe dein Tempo dem Gelände an!
9. Begegne Fußgängern, Radfahrern, Reitern, Gespannfahrern und Kraftfahrzeugen immer nur im Schritt und sei freundlich und hilfsbereit zu allen!
10. Melde unaufgefordert Schäden, die einmal entstehen können, und regele entsprechenden Schadensersatz!
11. Sprich mit Reit- und Fahrkollegen, die gegen diese Regeln verstoßen!
12. Du bist Gast in der Natur und dein Pferd bereichert die Landschaft, wenn du dich korrekt verhältst!

Und für/bei den 365 Ideen fürs Gelände gilt ergänzend:

- Safety first, Kompetenz und Fitness gelten nicht nur für den Ersten und den Letzten in der Reitgruppe, sondern erst recht für die Helfer!
- Ein Erste-Hilfe-Kid und ein Handy mit allen wichtigen Telefonnummern – (Tier-) Arzt, Hufschmied, Krankenhaus ... – sind immer mit dabei!
- Kranke Zwei- und Vierbeiner sind selbstverständlich nicht startberechtigt und im Falle eines Falles ist im Vorfeld alles koordiniert!
- Dauert die eine oder andere Idee länger oder sind Tagesevents geplant, ist ein Pausenplatz plus Futter und Wasser zu organisieren!

Farmer-Trail

Helfer: An den Schikanen/Stationen 1 „Hindernisrichter"

Material: Siehe Stationen – außerdem: Pro Teilnehmer 1 Kopf- oder Rückennummer, Klemmbrett und Starterkarte plus Kuli, für jeden Schiedsrichter/für jeden Teilnehmer 1 Zettel, aus dem Ort und Aufgabe hervorgehen

Ablauf: Jeder Teilnehmer hat auf dem/um den Hof mehrere Aufgaben zu erledigen. Die Zeit zählt vom Anfassen des Tores (hier Station 1) bis zum Ertönen der Glocke (hier letzte Station).

- A = Tor öffnen und schließen.
- B = Am Traktor vorbeireiten (Geräusch mit einem MP3-Cube imitieren – der Umwelt zuliebe!).
- C = 1 Liter Flüssigkeit transportieren (jeder fehlende ml wird in Strafsekunden umgerechnet).
- D = Durch ein Flatterbandtor hindurchreiten (drei Versuche, wenn alle erfolglos – plus 30 Strafsekunden).
- E = vier verschiedene Getreidekörner (jeweils in einem Schälchen) bestimmen.
- F = Rückwärtsrichten an einem (zwischen zwei) Rundballen.
- G = Durch die Pferdeschwemme reiten.
- H = Die Pfähle um eine Weide (oder den Reitplatz) zählen.
- I = Über eine Brücke oder Wippe reiten.
- J = Das Gewicht der Strohballen schätzen.
- K = Einen „Berg/Wall/Billard" erklimmen.
- L = Die Hofglocke läuten.

Variation: **Generationen-Trail:** Die Reitanfänger können selbstverständlich auch geführt werden – oder der „Farmer-Trail" wird direkt für ein Elternteil plus Kind ausgeschrieben.

Sicherheit • Pferde ohne „Spielerfahrung" sollten zunächst mit einem Führpferd trainiert werden, dann haben sie später „allein" auch keine Angst vor lauten Traktoren („vom Band"), flatternden Bändern, dem kühlen/feuchten Nass oder der knarrenden Brücke.

Ausbildung • Genau wie man sich im Training einen Parcours Sprung für Sprung erarbeitet, wird in der Vorbereitung jedes Trailstück – welches körperliches/reiterliches Geschick verlangt – separat erobert, aber auch bei den Schätz- und Knobelaufgaben kann fürs Leben gepunktet werden.

Pferd • s.o.

Gespensterritt

Helfer: Je Station 1 Hindernisrichter als Zeitnehmer, 1–2 für den Aufbau

Material: Siehe Stationen

Ablauf: Beim Gespensterritt handelt es sich um einen 2 (5) km langen Gelände(Rund-)Ritt. Obwohl es hell ist, kommt der Reiter an fünf (acht) „unheimlichen" Stationen vorbei, die er zu meistern hat. Gewonnen hat jedes Paar, welches zwischen einer zuvor festgelegten Mindest- und Höchstzeit die Ziellinie überquert.

1. Durch eine Gasse aus zwei 5 m langen Wäscheleinen plus Wäsche reiten.
2. Eine Volte (Durchmesser 8–10 m) um ein Lagerfeuer reiten.
3. An einem Forstarbeiter in Signal-/Schutztracht und Motorsäge, selbstverständlich ausgeschaltet, vorbeireiten (das Geräusch wird mit CD-Player nachgestellt).
4. An einer Stelle in einen Fluss hineinreiten und an einer anderen Stelle wieder heraus.
5. An einer Jagdhornbläsergruppe oder Blaskapelle (CD-Player mit Marschmusik und drei bis vier Statisten mit Instrumenten) in geringem Abstand vorbeireiten.
6. „Lasso werfen". Die Teilnehmer werfen Ringe aus Strohbänder aus dem Stand über entsprechende Zaunpfähle oder Ständer.
7. Über eine 6 m lange künstliche Brücke (stabile, genügend breite Holzbohlen) reiten.
8. Mit einem Wasserstrahl/-schlauch Dosen von einer Bohle herunterspritzen (z.B. in Start-/Zielnähe)

Variation: Selbstverständlich kann der Gespensterritt auch geführt oder im „Doppelpack" absolviert werden.

Sicherheit
- Die Helfer im Gelände müssen handfest sein, nötigenfalls zupacken können und gegebenenfalls die Herausforderung minimieren. Der zu durchreitende Flussabschnitt ist selbstverständlich genau zu erkunden! „Idealzeit-Ausritte" helfen planloses Agieren zwischen Start und Ziel zu vermeiden, da die Maxime „schnell, schneller, am schnellsten, Sieg" ausgesetzt ist.

Ausbildung
- Herausforderungen meistern zu wollen und können ist absolut menschlich – egal, ob es sich um eine Aufgabe, einen Parcours oder ein Breitensportevent handelt.

Pferd
- Pferde mit (viel) Erfahrung im Gelände und in Sachen alternative Aufgaben

Paris – Dakar

Helfer: Pro Buchstabenstation einer (zum Verteilen der Umschläge)

Material: Pro Teilnehmer 5 gleichfarbige Umschläge mit jeweils einem Großbuchstaben auf Kartonpapier (innen liegend), Urkunden für die Teilnehmer

Ablauf: In gleichmäßigen Abständen entlang einer 5–7 km langen Strecke stehen fünf Streckenposten.
Eine z.B. acht-köpfige Gruppe reitet gemeinsam von Station zu Station und erhält dort immer wieder je einen Umschlag. Nach der 5. Station hat jeder Reiter der Gruppe seine fünf gelben, blauen, roten, grünen bzw. lilafarbenen Umschläge bzw. seine fünf Buchstaben zusammen. Bis zum Ende des Ausritts sollten alle TN der Gruppe nun die fünf Buchstaben so kombiniert haben, dass sie z.B. eine Stadt (oder ein Land, einen Star auf vier Hufen, usw.) herausgefunden haben.
Eine Urkunde gibt es für jeden Mitreiter – inkl. des Vermerkes, Rätselkönig zu sein, da man beim Reiten auch noch erfolgreich den Kopf auf Trab gebracht hat.

Buchstabenvorschläge:

PARIS (gelb), DAKAR (blau), CELLE (rot),
GOTHA (grün), MAINZ (lila) oder ESSEN und ETTAL

Variationen: A) **Puzzle-Tour:** In den einzelnen Umschlägen stecken keine einzelnen Buchstaben, sondern ein komplettes Wort – natürlich mit Buchstaben in absolut unleserlicher/unlogischer Reihenfolge. Wer schafft es bei drei (oder vielleicht sogar sieben) Stationen, die meisten Wörter zu entzaubern? Gewinner sind die Reiter, die alle Wörter richtig zusammenpuzzeln. Vizechampion sind die, die lediglich 1-mal keine Lösung anzubieten haben.

B) **Blumenkorso:** An den einzelnen Stationen werden den Teilnehmern Blumen oder Blätter oder Früchte präsentiert, die sie bestimmen müssen. Wer kennt sich am besten draußen aus und erhält die meisten Punkte?

Sicherheit
- Wer nicht parallel reiten und rätseln kann, verbindet die Umschlagverteilung eben mit einer kurzen Pause.

Ausbildung
- Reiten ist ein Ganzkörpersport – d.h. eine permanente Herausforderung für Körper und Geist – und so sollten Reiten und Knobeln einen gebührenden Platz im Jahrestrainingsplan haben.

Reiter-Gelände-Rallye

Helfer: Pro Station 1 (der diese auch vorbereitet und betreut)

Material: Siehe Stationen plus „Laufkarten" für jeden Reiter und Stempel für jede Station

Ablauf: Je nach Gelände wird mit Sägespänen oder Holzpfeilen eine 1–2 km lange Strecke gekennzeichnet. An der Strecke liegen (je nach Helferzahl) bis zu einem Dutzend „abzuarbeitende" Stationen.

A = Altersbestimmung eines gefällten Baumes
B = Gewicht eines Steines schätzen
C = Baumstamm werfen
D = „Zapfen-Dart" Die Zielscheibe hängt an einem Baum. Die Pfeile werden durch Zapfen ersetzt und der Helfer prüft, ob der Zapfen die Scheibe getroffen hat oder nicht.
E = Pflanzenbestimmung
F = Pfosten/Pfähle zählen (entlang einer bestimmten Wegstrecke)
G = Tiere am Wegesrand (auf vorgegebener Weide) bestimmen
H = Einen Wasserlauf (kann auch künstlicher Wassergraben aus dem Springparcours sein) durchqueren
I = Holzpuzzle zusammenpuzzeln lassen
J = Berühmte Reiter auf einem vorbereiteten Bogen ihren Pferden zuordnen
K = Quer über eine am Boden liegende Poolnudel (schmale Schaumstoffrolle ca. 1,50 m lang oder Flatterband) reiten
L = Giftpflanzenfotos richtig mit Wortkarten kombinieren

An jeder Station erhält der Einzelreiter einen Stempel für das Mitmachen. Die Teilnehmer, die alle Aufgaben zwischen vorgegebener Mindest- und Höchstzeit erledigen, erhalten eine entsprechende Urkunde.

Sicherheit
- Bei so vielen Streckenposten ist das Alleinreiten sicherlich kein Sicherheitsrisiko. Natürlich macht diese Rallye (den Ausbildungsstand berücksichtigend) auch geführt oder mit einem Führpferd sehr viel Spaß. Die Wasserdurchquerungsstelle ist besonders sorgfältig zu checken.

Ausbildung
- Anspruchsvolles Arrangement – was aber, sorgfältig erarbeitet, sicherlich kein Problem darstellt und alle Absolventen einfach nur stolz macht.

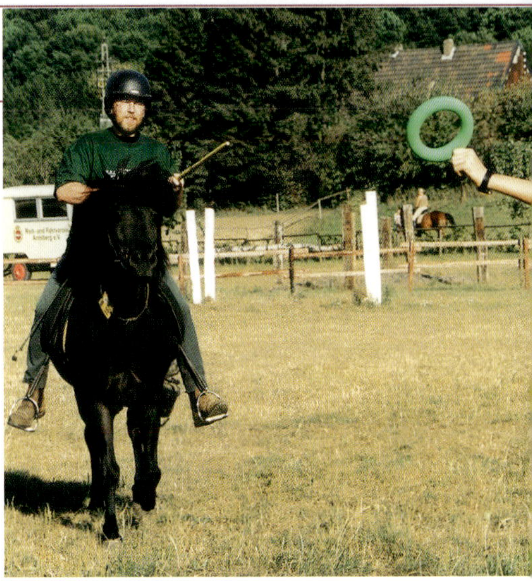

Ring an Ring

Helfer: Pro Ring(-station) einer, plus 1 Starter

Material: Stoppuhr, für jeden Teilnehmer 5 (3) Gummireifen, 1 Besenstiel, 5 (3) Reifenhalterungen (an Ständern)

Ablauf: Auf einem ca. 500 m langen Rundkurs um die/auf der Anlage werden in gleichmäßigen Abständen die Ständer mit den aushakbaren Reifen gestellt. Gestartet wird dann, wenn alle Stationen bereit sind, d.h., der Nächste wird immer dann erst losgeschickt, wenn der „Vordermann" wieder im Start-/Zielbereich ist.
Die Reiter müssen auf dem Rundkurs möglichst alle fünf (drei) Reifen mit ihrem Besenstiel (ihrer „Lanze") von den Halterungen fischen. Sieger ist der Reiter mit der niedrigsten Zeit.
Mehrfaches Anreiten bestraft sich von allein. Ein fehlender Ring schlägt mit 20 (30) Strafsekunden zu Buche.

Variation: Beim **Lanzenstechen/Rolandreiten** ist die Strecke mit einer Wendemarke versehen. Die Idealzeit ist so zu bemessen, dass man vom Start bis ins Ziel traben muss und trabend die Ringe „einzusammeln" hat. (Zuvor natürlich durch Abreiten zu ermitteln.) Jeder, der max. +/- 5 Sekunden von dieser Zeit abweicht, ist Sieger (mit entsprechender Urkunde), Vizechampion sind die, die max. 20 Sekunden langsamer waren usw. „Profis" können natürlich zwischenzeitlich auch einen Galopp einlegen.

Sicherheit
- Auge-Hand-Koordination sollte so ausgeprägt sein, dass wirklich nur Ringe/Reifen mit dem Stab bearbeitet werden. Funktionstaugliche Aufhängevorrichtungen sind selbstverständlich.

Ausbildung
- Koordination pur

Pferd
- Pferde ohne Angst vor der Lanze/heranrutschenden Reifen

Schatzsuche

Helfer: Ein Team, welches die Infoblätter für die Aktiven vorbereitet und später die Strecke betreut

Material: Je Station ein Infoblatt und eine Schatztruhe mit Inhalt für alle, die „durchkommen"

Ablauf: Zwischen Start und Ziel liegen 1 (3/5) km. Am Start liegt die erste Info, aus der die erste Wegstrecke hervorgeht (z.B. „Bitte zunächst am Zaun entlangreiten, am 28. Zaunpfahl genau im rechten Winkel links abbiegen und dann bis zur Bank auf der Lichtung reiten. Unter dem Papierkorb liegen neue Infos.").
Nach vier (sieben) Stationen ist der/die Reiter/-in in der Nähe der Schatztruhe. Dort hält ein Helfer das Pferd fest und der Reiter sucht (zwischen Sträuchern und Bäumchen) in einem ca. 10 x 10 m großen Abschnitt „seinen" Schatz.

Variationen: **A)** Es starten keine Einzelreiter, sondern immer Reiterpaare.

B) Auf dem Ponyhof können so auch 16 Reiter mit acht Ponys durchstarten. Das Team besteht jeweils aus einem Vierbeiner und zwei Zweibeinern. Die Kinder/Jugendlichen wechseln selbst beliebig zwischen Laufen und Reiten und suchen gemeinsam den vielleicht noch etwas komplizierter versteckten (z.B. in einen Baum gehängten) Schatz.

Sicherheit
- Alle Beschreibungen/Infos in Richtung nächste Station sollten sehr genau sein und mindestens 1-mal von einem nicht Eingeweihten getestet werden, bevor man zehn (15/20) Reiter auf Schatzsuche schickt.

Ausbildung
- Konzentrations- und Durchhaltevermögen

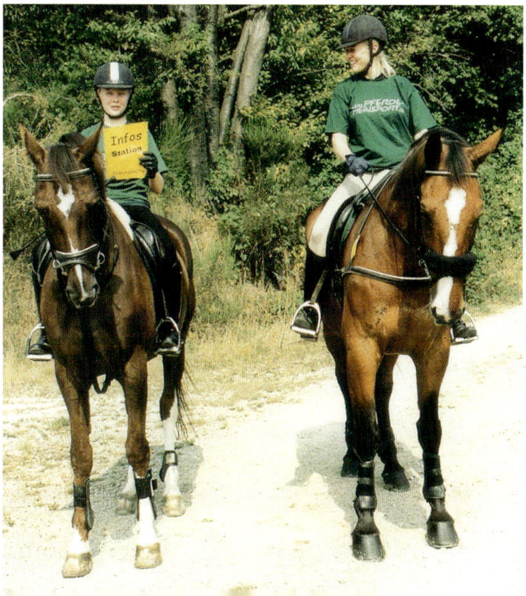

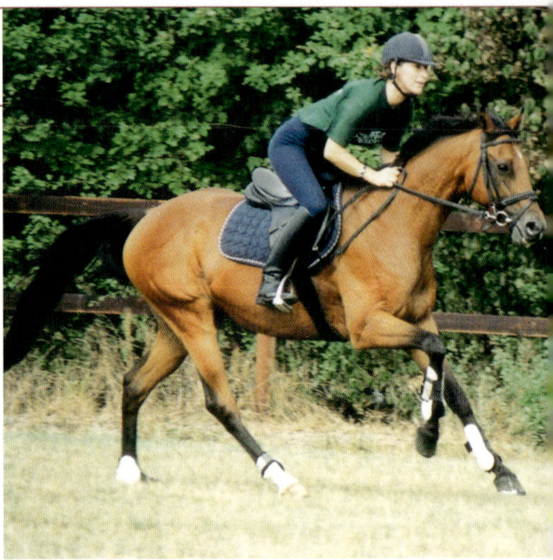

Zeitzonen-Derby

Helfer: Je Streckenabschnitt 1 Zeitkontrolleur

Material: 1 Stoppuhr und 1 Handy pro Helfer

Ablauf: Eine 5 (10) km lange markierte Strecke wird in drei (vier) Zeitzonen geteilt. Jede ist in einer genau vorgegebenen Zeit (+/- 5 Sekunden) zu absolvieren. Teilnehmer, die schneller sind, bekommen ebenso „Strafsekunden" wie Teilnehmer, die zu langsam unterwegs sind.

Hinweis: Gewinner ist der Reiter mit der Optimalzeit! Dadurch, dass an Start, Ziel und unterwegs Zeitnehmer mit Stoppuhren und Handys stehen, ist der Wettbewerb auch für Begleiter/Pferdepfleger/Zuschauer interessant, sobald wieder neue Zahlen bzw. Zeiten verkündet werden. Um im zeitlichen Limit zu bleiben, muss schon etliche Male trainiert werden.

Variationen: **Zeitzonenausritt mit Handicap:** Alle Reiter müssen ihre Uhren und Handys abgeben – können sich also nur noch auf ihr „Bauchgefühl" verlassen.
Weißt du, wohin? Die Strecke ist nicht markiert, sondern lediglich auf einer Karte eingezeichnet und vollständig vom Reiter zu managen.

Ausbildung
- Zeitgefühl – eine Fähigkeit, von der auch Leistungssportler schwärmen.

Checkpoint Charly und Co

Helfer: An jeder Station mindestens ein Helfer und einer im Start-/Zielbereich

Material: 4 Stationen mit Stoppuhren und vorbereiteten Aufgabenkarten (z.B. Haus vom Nikolaus zeichnen, Mathematik Textaufgabe lösen, Pferderassen Ursprungsländern zuordnen und Hufeisen-Werfen) und Notizzettel plus Stifte

Ablauf: Die Gruppe unterbricht ihren Ausritt an vier zuvor festgelegten Streckenabschnitten. Dort erledigt jeder Reiter nacheinander beim Helfer die jeweilige Stationsaufgabe (s.o.) gegen die Uhr. Wer alles richtig löst, bekommt pro Station zwischen 10 und 50 Sekunden gutgeschrieben. Gewinner ist der Reiter mit der niedrigsten an den Checkpoints gebrauchten Gesamtzeit.

Variation: **Black Jack und Co** = Das Ganze als Geländewettbewerb einzeln im Zeittakt nacheinander: Selbstverständlich gilt zwischen den Checkpoints wieder das Idealzeitprinzip und die Zeitnahme bei den Checkpoints sieht gemäß obigem Beispiel konkret wie folgt aus ->

- Die Zeitnahme beginnt, nachdem der Helfer die Aufgabenstellung bekannt gegeben und Papier und Stift überreicht hat. Die Aufgabe gilt als erledigt, wenn der Reiter das Haus vom Nikolaus – ohne den Stift abzusetzen- mit einem Strich durchzeichnet. Bei dem ein oder anderen klappt es sicherlich sofort ... wieder andere brauchen mehrere Anläufe und die Uhr läuft und läuft und läuft.
- Die Zeitnahme bei der Mathematikaufgabe beginnt mit der Übergabe von Schreiber und Aufgabenblatt und endet, wenn sie wieder an den Helfer zurückgereicht werden. Zur korrekten Erledigung gehören neben dem richtigen Ergebnis selbstverständlich: Frage, Rechnung und Antwort. Fehlen diese oder ist das Ergebnis nicht korrekt, gibt`s einen Zeitzuschlag.
- Die Zeitnahme bei der Zuordnungsaufgabe beginnt und endet ebenfalls bei der Stift-/Zettelübergabe. Zur gebrauchten Zeit werden hier im Falle von Zuordnungsfehlern dann ebenfalls weitere zuvor festgesetzte Sekunden addiert.
- Die Zeitnahme beim Hufeisenwerfen erfolgt vom ersten bis zum letzten Wurf. Dann werden noch die (Zenti-)Meter gemessen, die die Eisen vom Zielstab trennen, und addiert. Der beste Werfer erhält keinen Zeitzuschlag, der Zweitbeste dann z.B. 10 Sekunden, der Drittbeste 15 Sekunden usw.

Abschließend wird dann alles zusammengetragen und die Sieger werdengekürt.

Ausbildung

- Aufgaben, die im oder direkt neben dem Sattel erledigt werden, bleiben so richtig gut haften. Eine attraktive Herausforderung der kognitiven und körperlichen Leistungsfähigkeit.

Cross-Country-(Führzügel-)Wettbewerb

Helfer: Pro Station mindestens 1 Helfer, (Vereins-)Urkunden für alle Teams

Material: Siehe Stationen und 1 Laufkarte je Team, die nach Aufgabenerledigung vom Stationsbetreuer abgehakt oder abgestempelt wird

Ablauf: Zwei Zweibeiner und ein Vierbeiner bilden ein Team. Das Team absolviert (in sehr großzügig bemessener Idealzeit) einen kleinen (Schritt-) Geländekurs mit fünf (außerhalb der Zeitwertung liegenden) Stationen:

1. Station Ausrüstungskontrolle oder Schätzaufgabe (wenn Reiter und Führer ohne Einfluss auf das Outfit des (Schul-)Ponys sind)

2. Station Zwei alters-/ausbildungsadäquate (Sachkunde-)Fragen ziehen und beantworten lassen (je eine vom Reiter und eine vom Führenden)

3. Station Entlastungssitz in einer markierten Zone zeigen

4. Station Durchreiten eines Slaloms im Leichttraben mit Fußwechsel beim Handwechsel

5. Station Springen aus dem Trab eines an der Erde liegenden max. 30 cm hohen Baumstammes am Führzügel

Variation: **Generationen- oder Geschwister-Derby**
In diesem Fall handelt es sich bei den Führern um (Groß-)Eltern oder mind. 14-jährige Geschwister, die entsprechendes Know-how haben und gemeinsam mit dem Familienküken alles für die erste (Familien-) Urkunde/Auszeichnung geben (Anforderungen s.o.)

Sicherheit
- Führzügel bedeutet: Sicherheitsleine, und diese ist kein Zügelersatz! Bei der Wahl der Hilfszügel ist darauf zu achten, dass sie den Anforderungen an den Stationen entsprechen (Martingal erlaubt – hingegen sind Ausbinder oder gar Stoßzügel nicht gestattet).

Ausbildung
- Tolles Teamerlebnis plus unzähliger möglicher positiver Impulse für das Selbstwertgefühl

Hof-Rallye

Helfer: Pro Station 2 plus 1 Zeitnehmer

Material: Siehe Stationen plus 1 Stoppuhr

Ablauf: Die Helfer bauen verteilt über den Hof bzw. die Anlage ihre Stationen auf. Teilnehmer, Spielleiter und Zeitnehmer treffen sich an der vereinbarten Start-/Ziellinie (z.B. Hofeinfahrt). Gespielt wird paarweise (z.B. ein Kind plus ein Erwachsener/Elternteil oder eine jugendliche Reiterin plus Freund/Klassenkamerad).
Im Drei-Minuten-Takt wird gestartet und nacheinander werden z.B. folgende Stationen „abgearbeitet":

1. Der/die „Kleine" wird von dem/der „Großen" über eine vorgegebene Strecke mit einer Schubkarre transportiert.
2. In einem Buchstabenrechteck (Suchsel) sind die Namen aller Pferde (Tiere), die auf dem Hof leben, mit einem Textmarker zu markieren.
3. Hufeisenwerfen: Jedes Paar erhält acht Eisen/Versuche. Von einem liegenden Ast (= Abwurflinie) sind die Eisen um/an einen in den Boden geschlagenen Ast (= Ziel) zu werfen. Es zählen nur Treffer.
4. Gewichte schätzen. Das Paar hat zu schätzen, wie viel ein Bund Stroh, ein Bund Heu, 3 Liter Hafer, fünf Äpfel und ein Eimer mit Wasser (3 Liter) gemeinsam auf die Waage bringen.
5. Mülltonnentransport: Wieder ist der/die „Kleine" von dem/der „Großen" eine festgelegte Strecke zu transportieren. (Wer keine Tonne hat, kann auch beide Sackhüpfen lassen.)
6. Das Paar setzt gemeinsam eine zuvor „zerlegte" Trense wieder zusammen. Das Handicap des Reiters im Team besteht darin, bei der Arbeit nicht reden zu dürfen.

Natürlich ist die Rallye um weitere Stationen ausbaubar – sechs sollten es allerdings mindestens sein.

Hinweis: Sieger ist das Team, welches in der kürzesten Zeit alle Aufgaben richtig erledigt. Für nicht gefundene Pferdenamen, Hufeisen, die nicht am Zielpfahl gelandet sind, und falsch platzierte Trensenteile bzw. eine starke Abweichung vom Realgewicht gibt es Strafsekunden. Selbstverständlich gibt es Urkunden für alle Teilnehmer und vielleicht sogar ein gemeinsames Picknick für alle zum Abschluss.

Sicherheit
- Umsichtige Helfer an allen Stationen und möglichst ein „Profi" in jedem Team

Ausbildung
- Strategie und Geschicklichkeit. Kognitive und körperliche Fitness sind wichtige Grundlagen für (d)einen Livetimesport. Die regelmäßige Einbeziehung nicht reitender Bezugspersonen, sollte zum selbstverständlichen Angebot jedes Betriebes gehören, nicht zuletzt um die Akzeptanz von z.B. Zeitaufwand und Schmutz durch positive Impulse fürs Wir-Gefühl erneut zu puschen.

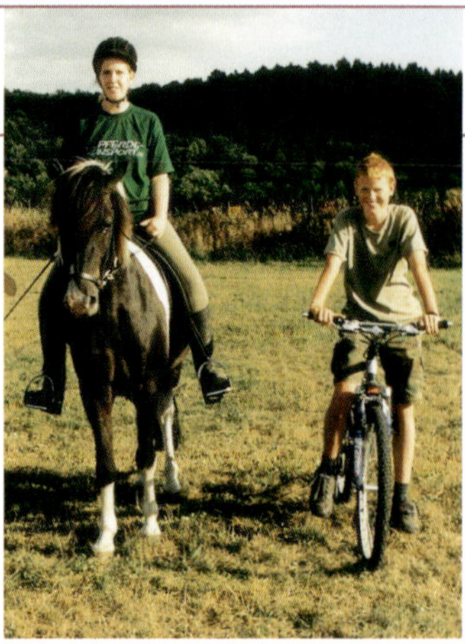

Pony-Express

Helfer: 1 Zeitnehmer, 1 Starter und 1 Wendepunktbetreuer, einer zum Auszeichnen der Strecke

Material: 2–5 (Mountain-)Bikes, 1 Pkw (Kombi), Pfeile/Sprühfarbe

Ablauf: Je zwei Reiter und ihre Pferde/Ponys bilden ein Paar. Die zu reitende Strecke wird halbiert, d.h., sie führt zu einem Wendepunkt (Wp) und zurück. Eine andere Strecke (am besten geteert und mindestens gleich lang, wenn nicht sogar noch länger) führt ebenfalls zum Wp.

Der erste Reiter startet mit dem ungesattelten, routinierten, erprobten Handpferd seines Teamkollegen in Richtung Wp. Dieser startet zeitgleich (ebenfalls in Reitausrüstung) mit dem Rad auf seinem Weg zum Wp.

Am Wp angekommen, wird das eine Pferd gesattelt (Sattel ist per Betreuer und Kombi vor Ort!). Nun steigt der Radfahrer in den Sattel seines Pferdes und reitet mit dem Handpferd (ungesattelt) des Partners zurück. Der muss nun seinerseits Rad fahrend zurück ins Ziel.

Die Zeitwertung erfolgt, wenn beide Partner (reitend und radelnd) wieder im Ziel sind.

Hinweis: Reit- und Radfahrstrecke sind mit Pfeilen/Farbe entsprechend zu kennzeichnen. Wenn viele Paare im 5-Minuten-Takt starten, müssen entsprechend viele Räder vorhanden sein und evtl. ein oder zwei Betreuer (und 1 weiteres Fahrzeug) am Wp eingesetzt werden.

Variation: **GeoCaching on horse:** Der Schatz wird (wie vom Original bekannt) an einer sorgfältig ausgesuchten Stelle positioniert. Den Weg dorthin finden die Reiterpaare (Dreierteams) ebenfalls wie bekannt – nur dass sie in diesem Fall nicht mit dem Auto oder zu Fuß, sondern samt Smartphone (und vom Veranstalter zur Verfügung gestellten Zugriffcodes) auf dem Pferderücken unterwegs sind.

Sicherheit • Handpferdreiten sollte natürlich zuvor auf begrenztem Raum (Halle/Platz) erarbeitet worden sein und richtig gut sitzen.

Ausbildung • Koordination und Kondition

Pferd • Pferde sollten mit beiden Rollen vertraut sein.

Reiten und Rennen

Helfer: 1 Zeitnehmer und Streckenposten (je nach Länge der Geländestrecke bis zu 6 Personen/Erwachsene mit Handy – mindestens an den Wechselstellen sollte eine Handy vorhanden sein und dieser „Handyman" hat auch jeweils ein Auge auf das angebundene Pferd)

Material: 1 Stoppuhr pro Team, Halfter plus Strick an jedem Pferd/Pony, eine Anbindevorrichtung an jeder Wechselstelle

Ablauf: Je ein Fußgänger in Reitausrüstung und ein Reiter mit Pferd bilden ein Team. Sie stehen gemeinsam an der Start-/Ziellinie. Auf gekennzeichneter Strecke haben die Teams 2 (5) km laufend bzw. reitend die gleiche Strecke hinter sich zu bringen, bevor sie das Ziel erreichen. Der Rundkurs ist in vier gleiche Teile aufgeteilt, d.h., nach 500 m (1250 m) gibt es den ersten Wechselpunkt. Dort bindet der Reiter das Teampferd an und läuft schon weiter – ohne auf den Läufer zu warten. Dieser bindet, wenn er angekommen ist, das Pferd wieder los und reitet nun selbst bis zum nächsten Wechselpunkt. Vermutlich überholt er dabei „seinen" Läufer.
Am Wechselpunkt angekommen, wird das Pferd erneut angebunden. So funktioniert es auch am dritten Wechselpunkt und dann geht es so schnell wie möglich zurück zur Start-/Ziellinie. Sind beide Teamkollegen wieder da, wird die Zeit genommen. Es genügt ein Zeitnehmer, wenn im 3-(5-)Minuten-Takt gestartet wird und pro Team (Startnummer und Uhrnummer = identisch) eine Extra-Stoppuhr läuft. In manchen Regionen wird diese Idee sogar wettbewerbsmäßig/regelmäßig angeboten.

Sicherheit
- Das Pferd darf nur am Halfter angebunden werden. Um Hektik erst gar nicht aufkommen zu lassen, kann dies auch durch den Handyman (nach korrekter Übergabe in einer dafür vorgesehenen Zone) geschehen oder es werden alle TTs von WP zu WP befördert, um dort die Pferde zu übernehmen/führen, während auf den anderen Reiter gewartet wird.

Ausbildung
- Konditionstraining, Teamevent

Pferd
- Pferde sollten geduldige/problemlose Warter sein.

Variation: **A) Reiten und Rennen mit Handpferd** (für drei Zweibeiner und zwei Vierbeiner): In diesem Fall bildet z.B. ein Erwachsener (Elternteil) mit zwei Kindern/Jugendlichen ohne große Erfahrung im Geländereiten ein Team. Der Erwachsene hat sozusagen ein (mit Sattel oder Voltigiergurt ausgerüstetes) Handpferd. Er muss dann an den Wechselpunkten jeweils warten, bis der Reiterwechsel vollzogen ist, bevor es weitergehen kann.

Sicherheit
- Bei dieser Version darf keinesfalls auf die Sicherheitswesten bei den Kindern verzichtet werden. Das Schuhwerk ist so zu wählen, dass es Reiten und Rennen ohne „Folgeschäden" erlaubt.

Ausbildung
- Konditionstraining, Teamevent

Pferd
- Verlasspferde

Variation: **B) Reiten und Radeln:** Hier bilden ein Mountainbike-Fahrer und ein Reiter mit Pferd ein Team. Anstatt laufend und reitend wird bei dieser Variation radelnd und reitend (wie oben beschrieben) die Strecke absolviert. In diesem Fall ist es natürlich nötig, dass genügend Fahrräder zur Verfügung stehen.

Sinnenparcours

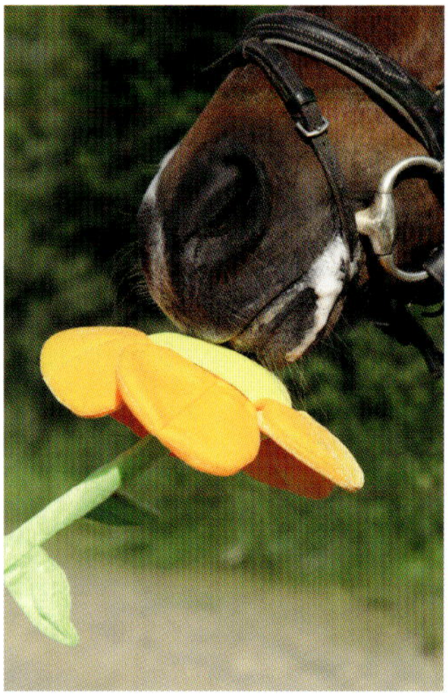

Helfer: 3–5 zum Sammeln der Materialien und späteren Parcoursaufbau/-betreuung

Material: Siehe Stationen plus Augenbinden

Ablauf: Entlang einer Geländestrecke von 5 (7) km werden folgende Stationen aufgebaut:
1. eine Taststation,
2. eine Schmeckstation,
3. eine Fühlstation,
4. eine Hörstation,
5. eine Sehstation,

die aus dem Team, bestehend aus zwei Reitern mit Pferden oder einem geführten Pony, anzulaufen und abzuarbeiten sind. Der Streckenverlauf ist mit Spänen oder Holzpfeilen gekennzeichnet. Gewinner des Sinnenparcours ist nicht das Paar, welches am schnellsten wieder im Ziel ist, sondern mit den meisten richtig benannten „Produkten" pro Station.

Variationen: **A) Tastboxen-Rallye:** Bei dieser Gelände-Rallye geht es ausschließlich an allen Stationen um den Tastsinn. In Schuhkartons mit Eingriff befinden sich an den einzelnen Stationen z.B. Haarbürste, Schuhbürste, Kamm, Anspitzer, Fingerhut, Kerze, Stoffente, Büroklammern ... die es zu erraten gilt.

B) Schmeckparcours: Zehn bis zwölf neutrale Gefäße mit z.B. Zucker, Mehl, Salz, Oregano, Zimt, Vanillezucker, Orangensaft, Apfelsaft, Pfefferminztee, Fencheltee ... auf z.B. fünf bis sechs Stationen im Gelände verteilt, sind mit verbundenen Augen vorsichtig zu testen und richtig zu benennen.

C) Riechparcours: Um die Nase nicht zu sehr zu strapazieren, sind es hierbei lediglich sechs Stationen: Deo (Roll on), Aftershave, geöffnete Flasche Bier, Essigreiniger, WC-Stein und Desinfektionsspray oder ein frisch verkohltes Stück Holz, Harz, eine Blume, ein Pilz, ein Stück Huf und Waldboden, die mit geschlossenen Augen (nur durch Riechen) erkannt werden müssen.

D) Fühlparcours für die Füße: Er steht selbstverständlich nicht im Gelände, sondern wird in der Reithalle aufgebaut. Dabei können unbegrenzt viele Reiter ohne Pferd und Nichtreiter mitmachen.
So kann jeder seinen Tastsinn an den Füßen testen. Man kann so viele Stationen aufbauen, wie unterschiedliches Material vorhanden ist (z.B. zehn Stationen). Möglich ist: z.B. Moos, Stroh, Laub, Korken usw. Natürlich dürfen die Teilnehmer den Kurs vorher nicht sehen und tragen auf der Strecke eine Augenbinde. Ihrem Führer sagen sie dann, wo sie ihrer Meinung nach gerade drinstehen/draufstehen oder drübergehen. Wer die meisten richtigen Tipps abgibt, ist „Fühlkönig".

Hinweis: Die Füße sind in unserem Kulturkreis dauerhaft in irgendwelches Schuhwerk reingezwängt. Wer jedoch gefühlvoll den Steigbügel benutzen und seine Bewegungsenergie geschickt Richtung Boden lenken möchte, der kann seinen Füßen gar nicht genug bieten.

Ausbildung
- Mit allen Sinnen bewusst erleben – für Reiter sollte dies eine Selbstverständlichkeit sein/werden.

Zentrale – bitte melden

Helfer: 1 Team zum Vorbereiten und Betreuen der Wegstrecke

Material: 1 Karte und Fotos von Wegkreuzungen/-gabelungen pro Team, sowie 1 Handy pro Teilnehmer

Ablauf: Ein Nichtreiter und ein Reiter bilden jeweils ein Team. Im 5-Minuten-Takt wird ins Gelände gestartet.
Der Nichtreiter bleibt mit der vom Veranstalter zur Verfügung gestellten Karte und den Fotos im Start-/Zielbereich. Nach ca. 500–800 m sollte die erste Weggabelung/-kreuzung liegen.
Anhand der Beschreibung des Reiters (per Handy) dirigiert der Nichtreiter mithilfe der Karte und der Fotos seinen Reiter (über den Rundkurs) auf den richtigen der beiden (drei) Wege. Das Gleiche wiederholt sich an jeder Gabelung/Kreuzung, bis der Reiter wieder im Ziel ist.

Sicherheit
- Die Fotos sind aus der gleichen Richtung aufgenommen, aus der die Reiter später auf die Gabelung/Kreuzung kommen, und mit einem Folienschreiber ist die zu reitende Richtung eingezeichnet. Auf jedem „verkehrten" Abzweig steht nach 300–500 m jemand, der den Reiter wieder auf den richtigen Weg umschickt, damit niemand in dem (unbekannten) Gelände verloren geht. Wichtig: Vorher klären, ob der Handyempfang klappt.

Ausbildung
- Sinnentnehmend lesen bzw. etwas so beschreiben, dass „man" es versteht, als ob man direkt nebeneinander stünde, ist leider keine Selbstverständlichkeit und sollte immer mal wieder angeboten/ausprobiert werden.

Variation: Bei Geländeprofis kann der Nichtreiter auch dann erst die Karte/Fotos überreicht bekommen, wenn der Reiter gestartet ist.
Dieser kennt dann ausschließlich die Länge des zu reitenden Kurses – ohne zu ahnen, ob es sich um einen Rundkurs, eine Zick-Zack-Rallye oder was auch immer handelt.

Hinweis: „Verkehrte Wege" werden in diesem Fall lediglich mit Sägespänen abgestreut und signalisieren dem Reiter so, dass er wenden muss.

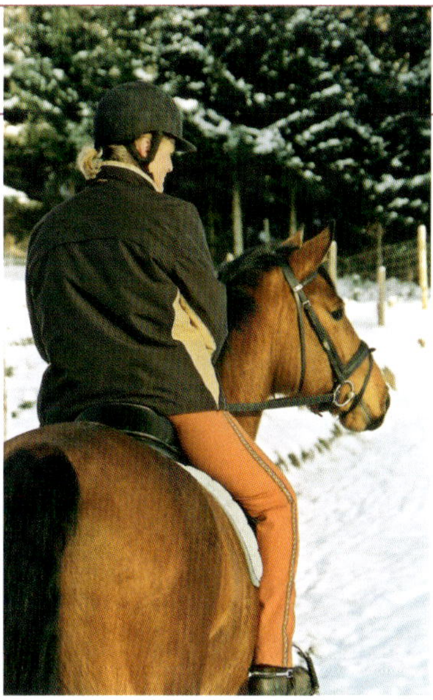

Deine Spuren im Schnee

Helfer: Einer, der vor der Ausreitgruppe ins Gelände reitet und sozusagen die Spur legt. 2–5, die für den Equipmenttransport und das Catering im Gelände verantwortlich sind

Material: Handys für den Einzelreiter und die Gruppe sowie gelände-/wintertaugliche Fahrzeuge für den Fall eines Falles, Urkunden

Ablauf: In Anlehnung an die traditionelle Schleppjagd reitet ein einzelner Reiter mit ca. 15 Minuten Vorsprung ins Gelände. Die Gruppe setzt sich dann auf seine Fährte und versucht seinem (Rund-)Kurs zu folgen. Selbstverständlich wechselt die Position des Tetenreiters bei z.B. einer halben Tagestour oder wenn alle ortskundig sind unterwegs mehrfach, damit sich möglichst viele fährtensuchend betätigen können.

Hinweis: Ist die Region, in der das Ganze geplant ist, nicht schneesicher, ist es garantiert von Vorteil, alternativ einen Reiter samt Pferd so zu schulen, dass er in der Lage ist, mit Sägespänen (aus mehreren Satteltaschen) eine nachvollziehbare Spur zu ziehen – den gemeinsamen Ausritt im Winter ganz abzublasen wäre bei dem Vorbereitungsaufwand für den Schneefall (im Vorfeld s.u.) die schlechteste Variante.

Sicherheit
- Mobiles, ortskundiges Helferteam (s.o.) – vorbereitungsintensiv (s.u.)

Ausbildung
- Abschließend erhalten alle Teilnehmer eine Urkunde, in der sie zum Trapper (des Monats Januar oder des Winters 2013/2014 ...) erklärt werden. Der Reiz liegt bei diesem Ausritt in der Streckenführung. Der routinierte Einzelreiter bleibt selbstverständlich, so oft es geht, auf verschneiten (Feld-)Wegen. Ab und an wechselt er (nach vorheriger Absprache mit den Besitzern) jedoch in den Hochwald oder quer über einen „schlafenden“ Acker, damit es richtig spannend wird. Ein frühzeitiges Abgehen der Strecke (ohne Pferde und Schnee) ist natürlich selbstverständlich!

Pferd
- Pferde, die nicht barfuss sind, sollten mit Schneegrips ausgerüstet sein.

Moderner Fünfkampf spezial

Helfer: 1 Team zur Vorbereitung, später mindestens 2 pro Station als Parcoursdienst bzw. Hilfsrichter

Material: Siehe Stationen

Ablauf: Der moderne Fünfkampf lebt davon, dass ganz viele Teams (aus vielen Vereinen/Pferdebetrieben) an den Start gehen, damit es so richtig spannend wird und sich der Aufwand so richtig lohnt.

Jedes Team besteht aus einem Anhängerfahrer, einem Reiter, einem Longenführer bzw. Akteur am Langzügel, einem Gespannfahrer und einem TT (Helfer). Jeder hat eine auf ihn abgestimmte Aufgabe zu lösen. Die Einzelergebnisse werden addiert und ergeben so die Gesamtsieger.

A) Anhängerfahren drei bis vier Stationen = Mit eigenem (also mitzubringendem und nicht vom Veranstalter gestelltem) Zugfahrzeug und Hänger z.B. Anfahren am Berg, vorwärts durch eine Poolnudelgasse, eine große Acht um entsprechend aufgestellte Pylone, „rückwärts einparken“... und das alles bei laufender Zeit!

B) Der Reiter hat einen (Trail-)Parcours zu absolvieren – bestehend aus fünf bis sechs Hindernissen bzw. Stationen, wie z.B. Tor öffnen und schließen, durch Flatterbandtor hindurchreiten, klappernden Dosensack an einem Seil 10 m hinter sich her ziehen, absitzen, einen Luftballon rasieren und wieder aufsitzen, 3-mal nach links ab- und rechts wieder aufsitzen ...

C) Der Akteur am Langen Zügel hat mit seinem Pferd vier bis fünf Aufgaben zu bewältigen, wie z.B. durch eine Regenschirmgasse gehen, über halbe Bodenwellen traben, einen kleinen See (z.B. auch längsseits eine leere Wassermatte) überqueren oder einen Sitzball über eine Stangengasse treiben, ...

D) Der Gespannfahrer (ein- oder mehrspännig) soll z.B. an fünf bis sechs Stationen Materialien für ein gemeinsames Frühstück „einsammeln“ (= analog Ostereiersuchfahrt: Er fährt eine kurze Geländestrecke mit Kontrollpunkten an Hand einer Karte ab, bei den Kontrollpunkten gibt es zur Belohnung: Kaffee oder Saft, Brot oder Brötchen, Eier, Aufschnitt, Marmelade oder Honig und Butter).

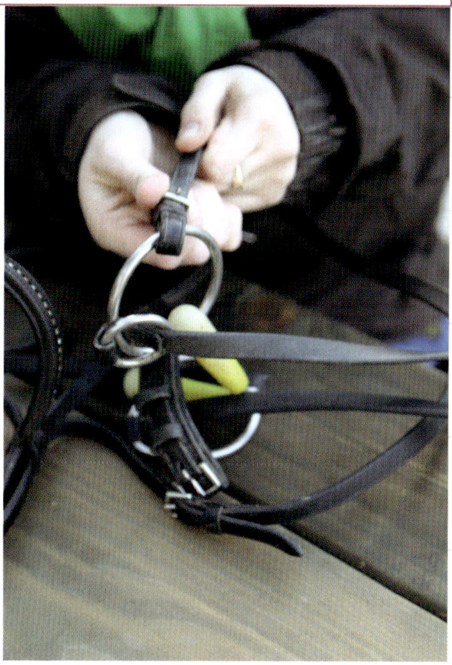

E) Der TT (Helfer) hat z.B. folgende Aufgaben zu bewältigen:
- Zerlegte Trense richtig zusammenbauen,
- ein Vorder- und ein Hinterbein eines Pferdes bandagieren,
- Stollen in ein Eisen hinein- und wieder herausdrehen,
- ein Pferd (mit einem weiteren Helfer) verladen (niemals gegen die Uhr) oder
- eine Fotoserie zum Thema korrekt hintereinander sortieren.

Hinweis: Selbstverständlich kann jede Mannschaft „ihr" Frühstück als kleine Belohnung behalten und bekommt obendrein noch tolle Erinnerungsurkunden und evtl. sogar weitere Ehrenpreise.

PS:

Übrigens eine super tolle Sache, evtl. „Berührungsängste" der unterschiedlichen Disziplinen untereinander ad absurdum zu führen.

Variation: **Siebenkampf:** Zusätzlich zu den o.g. Teammitgliedern kommt hier nun noch eine Voltigiergruppe, die z.B. innerhalb von 5 Minuten so viele Auf- und Absprünge turnt, wie sie schaffen, und eine Fan-Truppe, die z.B. mit Tischdecke, Servietten, Geschirr, selbst gepflückten Blumen und Gräsern und mit den Frühstücksmaterialien, die der Gespannfahrer eingesammelt hat, einen super tollen Frühstückstisch herrichtet.

Sicherheit
- Es wird vorausgesetzt, dass jeder, der einen Part übernimmt, diesen (mit Ausbilderhilfe) Stück für Stück übt und sicher beherrscht.

Ausbildung
- Tolles Teamevent – besonders, wenn man sich bereits zum Üben verabredet und zumindest über die unterschiedlichen Herausforderungen spricht und Erfahrungen austauscht.

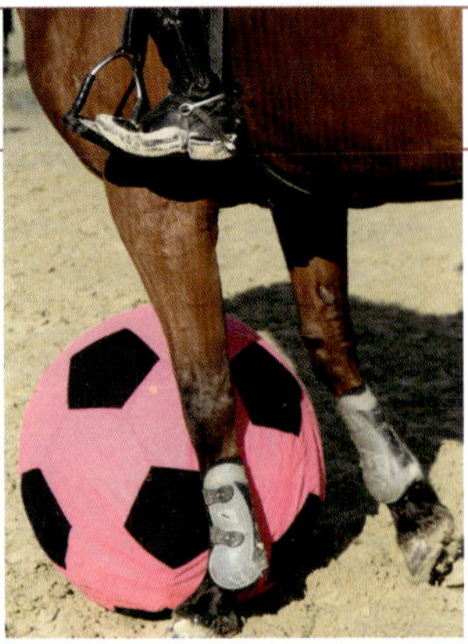

Pferdefußball

Helfer: 1 Schiedsrichter, 2–4 erfahrene/umsichtige Linienrichter

Material: 1 Sitzball (mindestens 1 m Durchmesser; je größer je besser und am besten noch einen gleich großen Ersatzball) als Fuß- bzw. „Huf"ball, 2 Tore (= 2 Hindernishänger vom Freispringen pro Tor im Abstand von 10 m an der kurzen Seite), gleichfarbige T-Shirts für jedes Team und die Schiris, 1 Uhr, 1 Notizblock und 1 Pfeife

Ablauf: Je zwei Reiter und Pferde (farblich abgestimmt) sowie evtl. je ein (geführtes oder gerittenes) Pony im Tor bilden eine Mannschaft. Die Spielzeit beträgt 2 x 10 Minuten, dazwischen 5 Minuten Pause. Jede Mannschaft versucht in der 20-x-36-m-Arena so oft wie möglich – trotz des Tor-Ponys – ein Tor zu schießen. Die Mannschaft mit den meisten Toren hat gewonnen. Landet der Ball im Seitenaus, kommt das andere Team in Ballbesitz und nach einem Tor geht's von der Mitte mit den gerade Glücklosen weiter. Bei einem Schiripfiff parieren grundsätzlich alle TN sofort durch zum Halten.

Sicherheit
- Da hier die Pferde den Ball spielen, sollten sie besonders vorsichtig mit ihrem Job vertraut gemacht werden. Die Größe des Spielfeldes richtet sich natürlich nach der Anzahl der Spieler – wenn also TN-mäßig „aufgerüstet" wird, dann geht es am besten raus.

Ausbildung
- Reiter sollten ausbalanciert/unabhängig von der Hand und mannschaftsdienlich agieren können. Schöne Gelegenheit, um zu beweisen, dass man die Sache mit dem Siegen und Verlieren fairstanden hat.

Pferd
- Manche Pferde spielen sehr gerne Ball und sind schon mal schneller als ihr Reiter, was den nächsten, pfiffigen Schritt/Spielzug betrifft – die Zweibeiner sollten sich daher bemühen, auf Augenhöhe mit den Ballkünstlern zu bleiben. Pferde, die das Runde nicht ins Eckige „befördern" wollen, haben spielfrei.

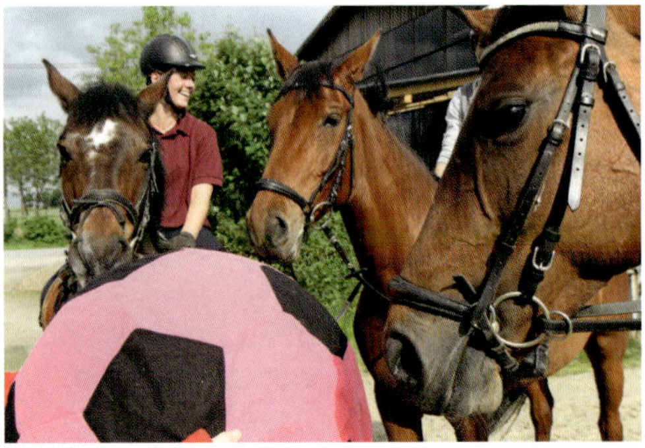

Winterwonderland

Helfer: (Siehe jeweilige Sommer- oder Frühlingsvariante)

Material: Teilnehmende Pferde benötigen meistens Hufgripp und Stollen

Ablauf: Wenn die Witterung es zulässt, können viele der „Spielvorschläge im Gelände" auch im märchenhaften Winterwald umgesetzt werden. Das bedeutet dann, dass z.B. Fahrräder gegen Skier ersetzt werden oder Autos durch z.B. kleine Schneebobs. Denkbar ist es auch, die einzelnen Spiele, bei denen es von Station zu Station geht, im Team zu erledigen, das sich in einem Pferdeschlitten fortbewegt.
Bei entsprechenden Voraussetzungen kann natürlich auch Biathlon on horse gegeben werden – wobei am Schießstand auf die TN keine Waffe wartet. Alternativ zum Gewehr (und den endlosen Vorschriften in diesem Zusammenhang) können z.B. ein neonfarbener Golfball plus Schläger oder Metallflaschen plus Softball oder ein Baumstamm (wie bei den Highlandgames) zum Einsatz kommen.

Hinweis: Natürlich ist eine Streckenkennzeichnung mit Spänen im Schnee weniger gut. Wählen Sie neonfarbene Hinweisschilder, die selbstverständlich nach der ganzen Spielaktion wieder einzusammeln sind. Wird um Ehrenpreise gespielt/(Ski) gelaufen/(Schlitten) gefahren, bieten sich Mützen, Schals, Handschuhe, Muffs oder dicke Socken als Präsente an.

Sicherheit
- Lassen Sie sich nötigenfalls die Kompetenz/das Üben unter Anleitung ihrer TN durch die Trainer des Ski- bzw. Golfklubs schriftlich bestätigen, um sicher davon ausgehen zu können, dass eigentlich nichts passieren dürfte.

Ausbildung
- Tolles Teamevent, bei dem manchmal ausgerechnet die zu punkten verstehen, die bei bekannten Leistungsvergleichen bisher weniger glänzen konnten.

Pferd
- S.o. inkl. Aufgeschlossenheit gegenüber Lautem und weniger Vertrautem.

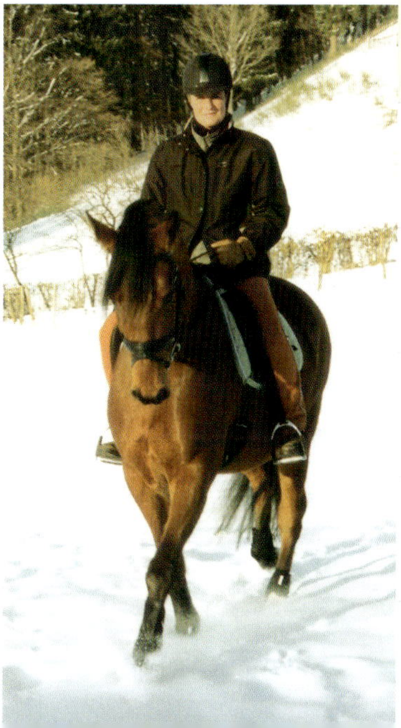

Zapfen werfen

Helfer: 1–2 Helfer zum Verteilen der Zapfen und Aufstellen der Dosen

Material: 25 Dosen, je Teilnehmer 3 Zapfen (plus Reserve), 1 (Bier- oder Steh-) Tisch, 1 Poolnudel (weiche Schaumstoffstäbe – im Spielwarenhandel oder Kaufhaus erhältlich) oder 1 Eimer mit Sägespänen zur Markierung der Wurflinie

Ablauf: Jeder Teilnehmer bekommt drei Zapfen. Dann versucht einer nach dem anderen, so viele Dosen, wie er mit drei Würfen von der Poolnudel aus abräumen kann, abzuwerfen.
Wer die meisten Dosen umgeworfen hat, ist Sieger im Auge-Hand-Wettbewerb und darf z.B. die kleinen Erinnerungen an den gemeinsamen Ausritt an alle persönlich verteilen.

Variationen: A) Der Werfer sitzt im Sattel und das Pferd wird festgehalten.

B) Der Werfer ist abgesessen, hält mit der Rechten das Pferd und muss mit der Linken werfen.

C) Zapfen-Dart: Dabei ist die Zielscheibe an einen Baum geheftet und das Wurfmaterial eigentlich reichlich vor Ort, wenn es sich um Fichten handelt.

Sicherheit
- Wenn die Herausforderung an die TN ihrem Vermögen entspricht, ist dieses Glücksspiel nur spannend und nicht gefährlich.

Ausbildung
- Zapfen werfen (auf Dosen oder durch einen Reifen oder auf eine Markierung/Zielscheibe an einem Baum) ist eine tolle Variante zum Fuchsgreifen nach einer Fuchsjagd. Nur dass es in diesem Fall nicht um Tempo und Taktik geht, sondern dass Ruhe und Treffsicherheit zum Sieg führen.

Pferd
- Pferde mit „Wurferfahrung"

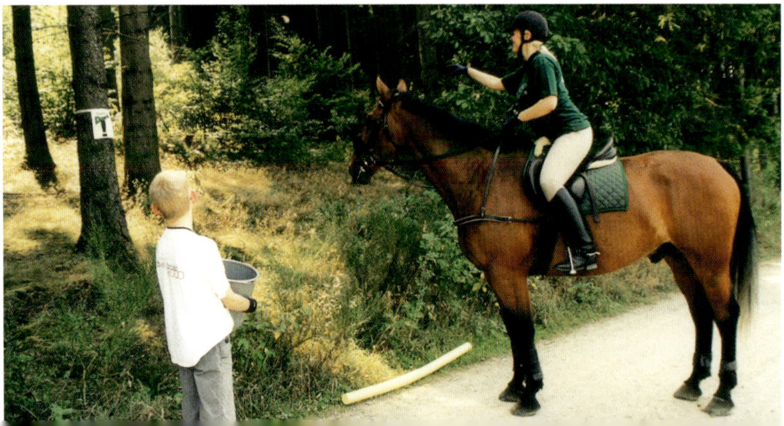

IDEEN/SPECIALS für den UNTERRICHT und besondere EVENTS

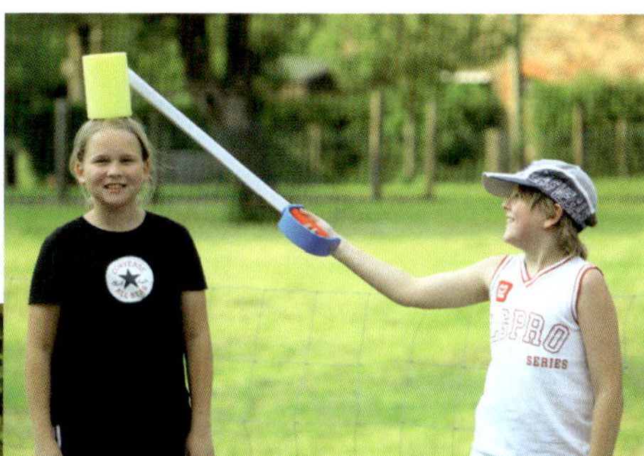

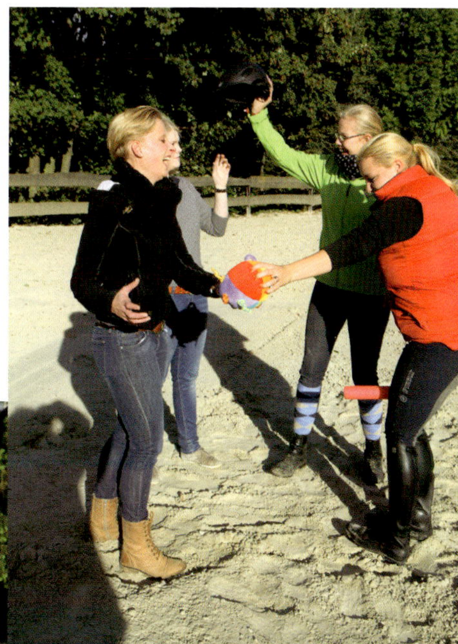

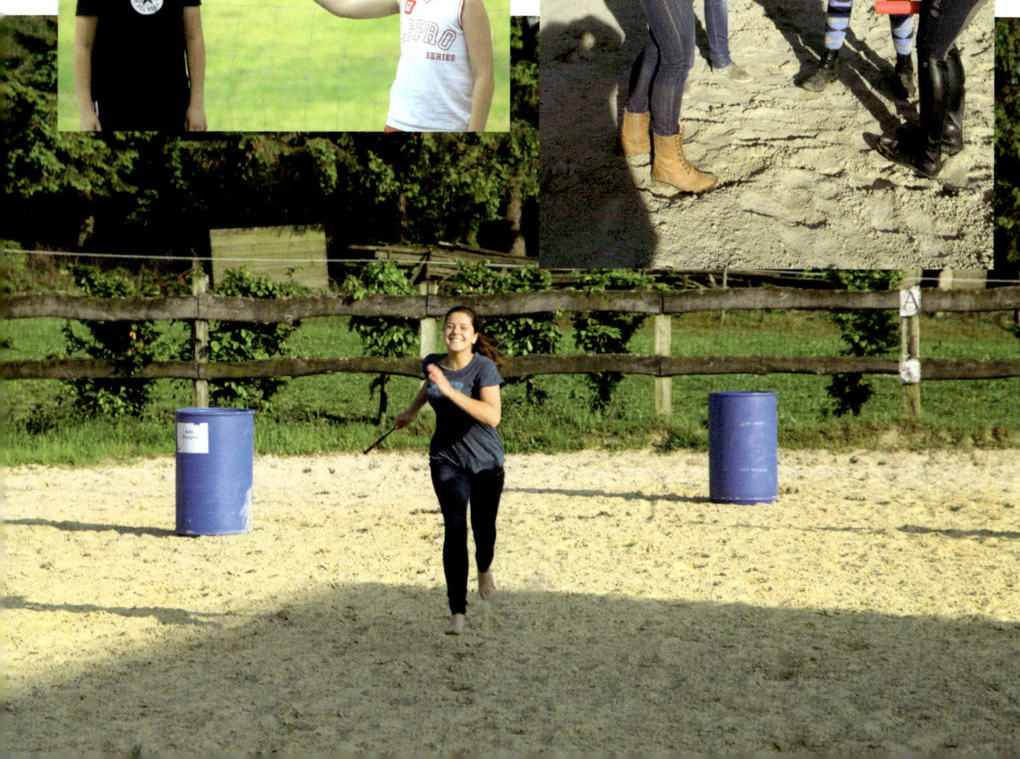

Spielen hilft Lernen zu lernen – egal ob nun ohne oder mit Pferd. In Ergänzung zu den nachfolgenden Ideen können selbstverständlich auch bereits aus dem Sattel/vom Pferderücken her bekannte Ideen (von den vorangegangenen Seiten – dann in abgewandelter Form ohne Pferd) zum Einsatz kommen. Auf einem Steckenpferd oder gebrauchstauglichen Cityroller lassen sich umgekehrt aber auch Regeln und Abläufe einüben, ohne sich auch noch auf den vierbeinigen Partner konzentrieren zu müssen! **Über den Einsatz im Unterricht hinaus sind die Ideen ohne Pferd eine Bereicherung von z.B. Familien- oder (Groß-)Elterntagen im Verein oder Betrieb.** Und auf Ebene 2 wäre im Zusammenhang mit den Specials folgendes von Bedeutung:

1. Sicherheit

Wer zwischen Sattel und Spielangeboten hin und her pendelt, der trägt natürlich Reitzeug (ohne Sporen). Wenn die Pferde Pause machen – also nur Ideen ohne sie umgesetzt werden –, reicht auch ein sportlich bequemes Outfit mit passendem Schuhwerk.
Zu vielen Ideen ohne Pferd bieten wir Variationen mit Pferd! Es lohnt sich also auch für „eingefleischte" Reiter, hier reinzuschauen! Dafür ist es selbstverständlich nötig, sich im Vorfeld Gedanken über zusätzliche/notwendige Sicherheitsmaßnahmen zu machen und diese zu kommunizieren!

2. Ausbildung

Da schon wiederholt darauf eingegangen wurde, wie wichtig bereits Auf- und Ausbau der mentalen und physischen Fitness neben dem Sattel sind, auch hier wieder nur die Kurzform des Erinnerungswürdigen, der wesentlichen Aspekte, durch die sich Ausbilder mit Ideen von der Masse abheben

ICHkompetenz

Aggressionsabbau erleben, grundlegende Erfahrungen (reagieren, riskieren, rennen, rollen …) sammeln, Mobilisierung der Steuerungskräfte

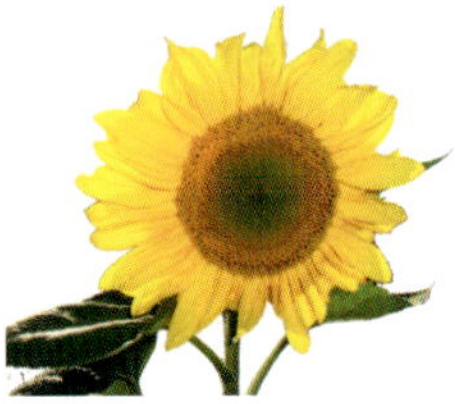

SACHkompetenz

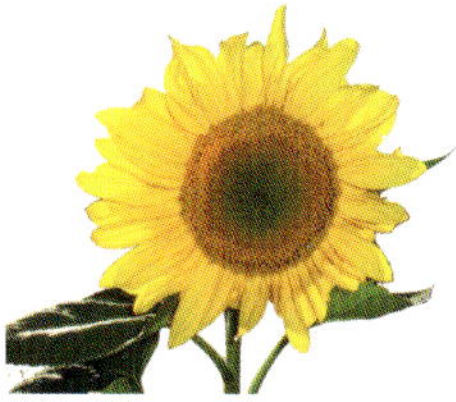

Auf- und Absitzen trainieren/optimieren (natürlich am Holzpferd), Ausrüstung kennenlernen, Bewegung/Rhythmusschulung bereits ohne Pferd, Förderung der Beweglichkeit der Wirbelsäule und der Extremitäten, Kanalisierung von Überaktivität, Kompensation mangelnder Bewegungserfahrungen

SOZIALkompetenz

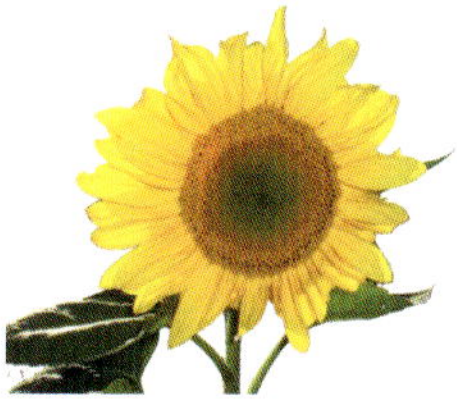

Einsicht: Nicht nur Pferde benötigen ein intelligentes/interessantes Aufwärmprogramm. Integration von Nichtreitern, Mitbestimmen dürfen

3. Pferde

Wenn Ideen ohne und mit Pferd – z.B. im Rahmen einer Reiterferienfreizeit – parallel in der einen und der anderen ***abgegrenzten*** Hallenhälfte durchgeführt werden, dann ist dies ALLEN Aktiven bewusst zu machen, damit Fördern und Fordern vom Erlebnis und Ergebnis her stimmen.
Außerdem profitiert jedes Ross von Reitern mit möglichst viel Bewegungskompetenz – wann und wo auch immer gesammelt. Und da die heutige Bewegungswelt in Summe zwar super mobil ist, sich der Einzelne aber immer weniger bewegt, ist jeder Verein gefragt, sein „Kapital" an Schulpferden möglichst zu schonen bzw. Reitanfänger fit zu machen für die trainierten Sportpartner unter dem Sattel.

Und so wandelt sich dann auch die Sinnhaftigkeit des alten deutschen Spruches:
„Das größte Glück der Pferde ist der **Reiter auf der Erde** …"

Brise

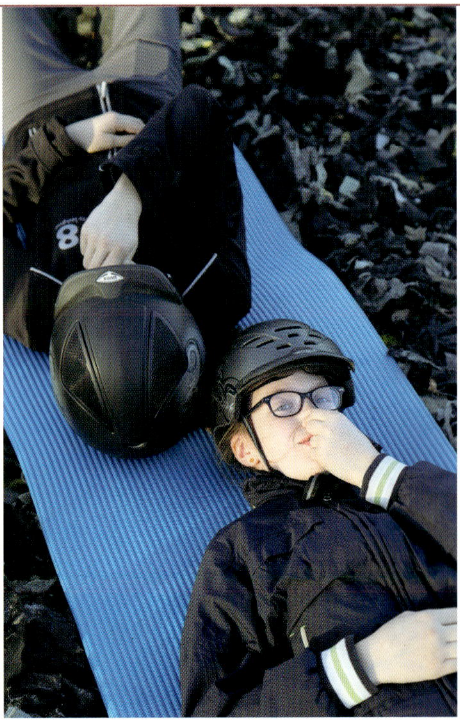

Helfer: –

Material: Evtl. Gymnastikmatten

Ablauf: Die Reiter liegen auf Gymnastikmatten entweder in einer Hallenhälfte oder auf dem Platz oder direkt auf z.B. Strohquaderballen oberhalb der Bande und atmen bewusst nach Vorgaben des Ausbilders (je 6-mal) z.B.

- durch die Nase,
- mit zugehaltener Nase durch den Mund,
- in den Bauch,
- in die obere Brust,
- und dann werden noch imaginäre Kerzen ausgepustet oder hauchend wird eine Scheibe aufgetaut oder ein Luftballon aufgepustet etc.

Variation: Aktives/bewusstes Atmen, während man auf einem Pferd an der Longe sitzt. Spannend für fortgeschrittene Reiter ist sicherlich auch der Versuch, das Pferd – ohne Hilfe des Longenführers – allein durch Atmen zum Halten durchzuparieren.

Ausbildung

- Atemtechnik, Konzentration plus (Re-)Aktion und (Ent-)Spannung sowie Bewegungserfahrung pur – wichtiger als vielleicht gedacht, da mehr Reitschüler als allgemein vermutet über die Konzentration auf die Technik des Reitenlernens das Atmen vergessen, und das ist mehr als kontraproduktiv

Glühwürmchen

Helfer: –

Material: 1 Taschenlampe weniger als Mitspieler

Ablauf: Nach der Spielerklärung verteilen sich die Mitspieler in der Halle und das Licht geht aus. Der Teilnehmer ohne Taschenlampe ist der Fänger. Die übrigen Mitspieler sind die Glühwürmchen. Sie müssen alle 10 Sekunden – dort, wo sie gerade sind – ihre Taschenlampe anmachen (selbst leise mitzählen), damit der Fänger eine Chance hat, sie zu finden. Gelingt ihm dies, werden die Rollen getauscht.

Variation: **Glöckner von Notre-Dame:** Dabei werden allen Spielern – bis auf einem – die Augen verbunden.
Der Spieler ohne Augenbinde geht im abgegrenzten Teil der Reithalle umher und klingelt alle 10 Sekunden (oder öfter) mit einem Glöckchen. Die anderen versuchen den „Glöckner" zu fangen, wem dies gelingt, tauscht die Rolle.

Hinweis: Diese Spiele sind toll zu kombinieren mit Tanztraining. Beim Tanztraining sollte der Ausbilder dann Schritte und Bewegungen vorgeben, die die Teilnehmer dann nachtanzen.
Da Tanzen und Reiten Rhythmuserleben und -schulung pur sind, profitieren derartig erwärmte Reitschüler nachhaltig von dem „Besuch" eines Tanztrainers.

Notizen:

Sicherheit
- Natürlich darf nichts mehr in der Halle rumstehen, woran sich die Spieler verletzen könnten.

Ausbildung
- Konzentration und (Re-)aktion pur

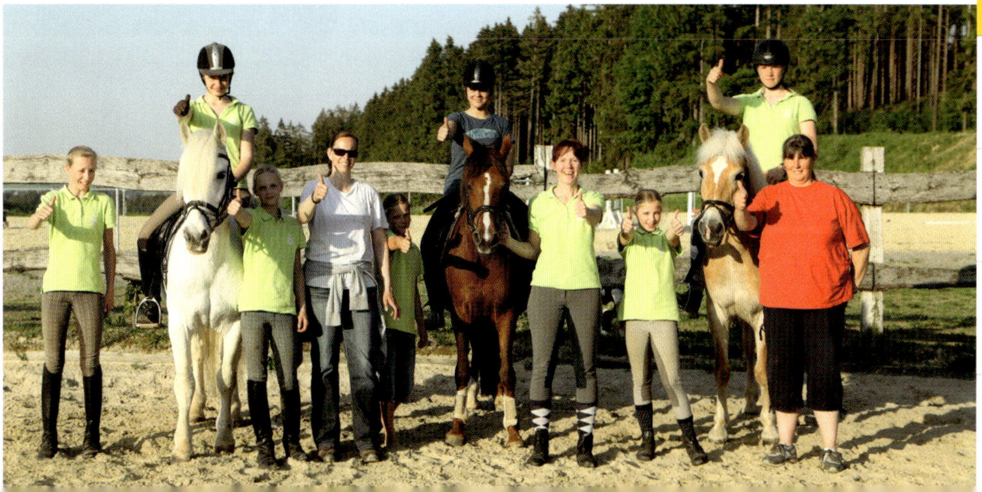

Krabbencocktail

Helfer: –

Material: Musikanlage

Ablauf: Die Aktiven bewegen sich im Vierfüßlergang rückwärts in einem Drittel der Halle. Sie versuchen (2 oder sogar 4 Minuten, so lange die Musik läuft) die MitstREITER ausschließlich mithilfe ihres Gesäßes „zu Fall" zu bringen – wobei immer mindestens drei Extremitäten den Boden zu berühren haben und Treten selbstverständlich absolut tabu ist. Die Kunst ist es, dabei selber keinen „größeren Bodenkontakt" herzustellen.

Sicherheit • Natürlich darf nichts mehr in der Halle rumstehen, woran sich die Spieler verletzen könnten, und der Boden sollte weder zu nass noch zu trocken und federnd sein. Optimalerweise wird auf das Tragen von Schuhen verzichtet.

Ausbildung • Kontrollierter Krafteinsatz, bewusster/aktiver Einsatz des Gesäßes, dem ja (später) beim Reiten (gewichtshilfetechnisch) eine nicht zu unterschätzende Bedeutung zukommt.

Reiterpyramide

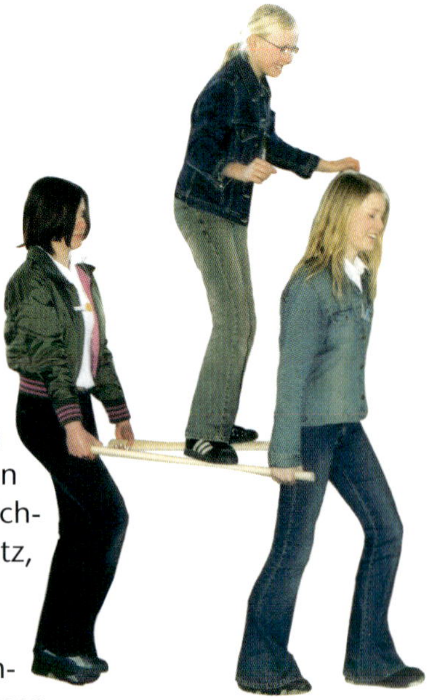

Helfer: Evtl. einer zum zusätzlichen Sichern pro Team

Material: Pro Team 2 Kreuzhackenstiele

Ablauf: Zwei Ältere/Erwachsene tragen einen/ein Jugendlichen/Kind auf den Stielen (mit Vorgaben oder frei) vorsichtig durch die Halle/über den Platz, siehe Foto

Sicherheit • Träger mit wenig „Transport"-Erfahrung üben zunächst mit einem super sportlichen Leichtgewicht nach eigenen Vorgaben.

Ausbildung • Tolles Training von Kraft, Kooperation, Balance und Körpergefühl

Schläppchen- oder auch Sockenklau

Helfer: –

Material: Pro Paar 1 Pferdedecke

Ablauf: Auf einer abgeweideten Wiese breitet jedes Paar seine Decke aus und setzt sich Rücken an Rücken darauf.
Auf Kommando des Spielleiters versucht nun jeder, seinem Partner ein (beide) Schläppchen oder Socken zu klauen. Weiter geht es entweder im K.-o.-System oder alle siegreichen Partner spielen untereinander weiter, ebenso wie alle Unterlegenen.

Sicherheit
- Reiter sind im Allgemeinen ja rücksichtsvolle Menschen. Dennoch sollte der Spielleiter vor dem ersten Durchgang darauf aufmerksam machen, dass bei dem Wort „STOPP“ – egal von welchem Partner ausgesprochen – das Spiel sofort zu unterbrechen/beenden ist und FAIRPLAY wie immer großgeschrieben wird.

Ausbildung
- Koordination, Geschicklichkeit, Bewegungserfahrung und Strategie vom Feinsten

LUST auf mehr?

Sie finden Ideen/Spiele ohne Pferd sinnvoll und nachahmenswert? Weil vieles, was neben dem Sattel erarbeitet wird, später im Sattel sehr wertvoll sein kann! Viele weitere Anregungen finden Sie z.B. in **„Karteikasten Reitenlehren lernen“** von Ulrike und Christiane Gast, **FN***verlag*, Warendorf 2008

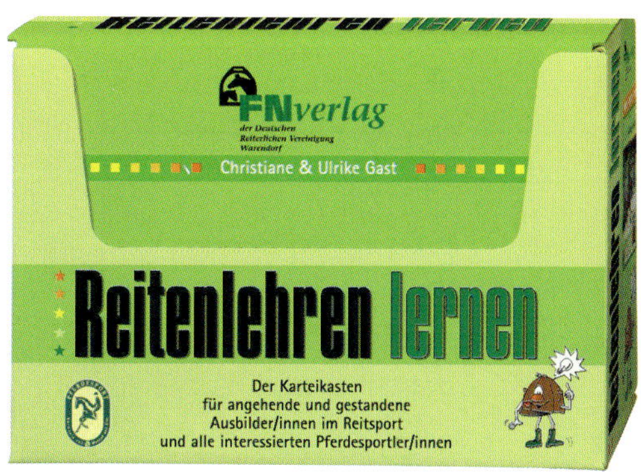

Signale im Nebel

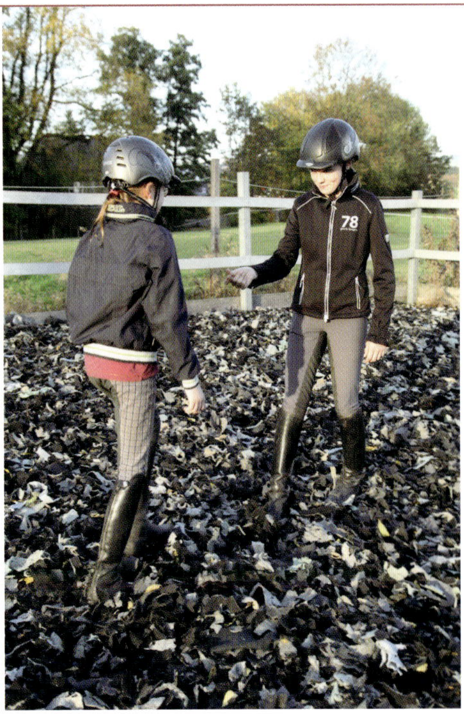

Helfer: –

Material: Pro Paar evtl. 1 Augenbinde (es geht aber auch ohne)

Ablauf: Die Teilnehmer bilden Paare. Gespielt wird entweder in der gesamten Halle oder nur in einem abgegrenzten Teil – je nach Spielerzahl. Von jedem Spielerpaar schließt einer die Augen oder bekommt sie verbunden.
Der sehende Partner führt nun sein „Schiff" mit einem ganz bestimmten Signal/Ton neben sich her durch die übrigen Paare. Der Lotse sagt z.B. permanent: „tröt, tröt, tröt" oder „ding dong" oder „brrrhhh" oder er klatscht in die Hände oder schnippst mit den Fingern oder, oder, oder.

Sicherheit
- Je „exotischer" das Signal, desto unwahrscheinlicher, dass es auch ein anderes Paar benutzt. Benutzen zwei oder mehrere Teams den gleichen Code, kann ein Schiff schon mal in einem ganz „unbekannten Hafen" landen.

Ausbildung
- Genaues Hinhören muss übrigens genauso geschult werden wie die übrigen Sinnesempfindungen/-leistungen. Insbesondere Kinder profitieren daher von diesem(n) u.ä. Spiel(en), bei dem/denen sie Geräusche und Töne voneinander unterscheiden und die Richtung bestimmen müssen.

Variation: **Rattenfänger von Hameln:** Wenn die Spielerzahl nicht paarig aufgeht und ein Spieler übrig bleibt, so ist dieser der Rattenfänger. Er mischt sich unter die Paare und versucht in einer vorgegebenen Zeit (z.B. 2 Minuten), möglichst viele „Blinde" durch Nachahmen der Signale an sich zu binden. Wem gelingt es, innerhalb der vorgegebenen Zeit die meisten „Schnäppchen" zu machen?

Statuen-Duell

Helfer: –

Material: Musikanlage

Ablauf: Nach der Spielerklärung verteilen sich die Spielerpaare – in großem Abstand von der Bande – in der Hallenhälfte. Dort stehen sie sich – im Abstand von einer Armlänge – gegenüber, bevor sie sich an den Handflächen berühren und (2–4 Minuten, so lange die Musik läuft) versuchen, sich gegenseitig aus dem Gleichgewicht zu bringen/den eigenen Standort aufzugeben.

Variation: Zusätzlich werden/wird Finten/Antäuschen erlaubt.

Sicherheit
Ausbildung

- Untergrund, der alle Aktionen auffängt/abfedert
- Dosierter Krafteinsatz in Verbindung mit einem herausfordernden Spiel mit dem Gleichgewicht plus Ausdauer bzw. Durchhaltevermögen und Ganzkörperspannung.

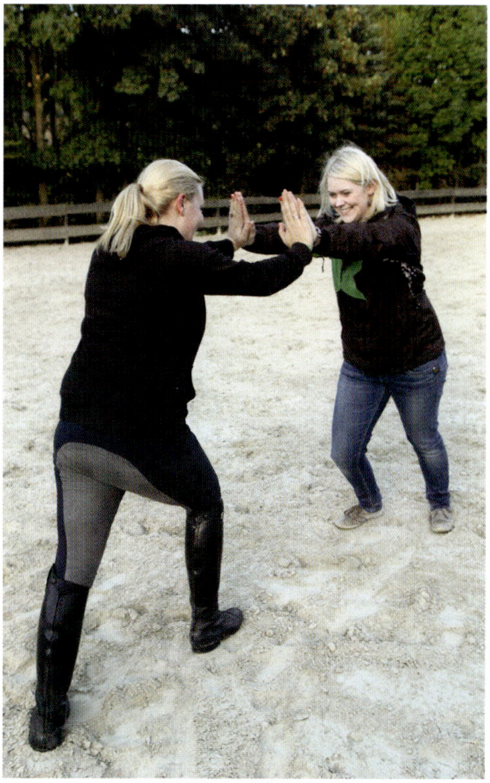

Balancier-König

Helfer: –

Material: Gummiring(-reif), Durchmesser ca. 20 cm, oder großer Knopf je Teilnehmer

Ablauf: Jeder Teilnehmer hat mit dem Ring auf dem Kopf einen Parcours nach Vorgabe (um Kegel Slalom laufen, über Cavaletti gehen – vorwärts, seitwärts oder rückwärts –, eine Kinderschubkarre mit einem Sitzball darin durch ein L aus Hindernisstangen fahren) zu absolvieren, ohne den Ring zu verlieren.
Gewinner ist der Teilnehmer, der in der kürzesten Zeit – ohne Verlust des Ringes – den Parcours absolviert hat.

Ausbildung

- Etwas balancieren ist „sich ausbalancieren" schon sehr ähnlich und hebt dieses Gefühl sehr elegant auf die Bewusstseinsebene.

Variation: Selbstverständlich auch mit Pferd zu schaffen – dafür den Ring auf die Kappe legen und mit dem Pferd einen entsprechenden Parcours in gewünschter Gangart absolvieren. Bei nicht so geübten Reitern kann/muss als Hilfestellung ein Führer tätig werden, außerdem darf das Pferd nicht auf den evtl. herabfallenden Reifen reagieren.

Ausgerechnet DEINE/IHRE Lieblingsspielidee/das „Special" IHRES Vereins ist zwischen den 365 Ideen nicht zu finden? Nicht wirklich ein Problem, denn hier ist Platz, um sie nachzutragen:

NAME: __________

Helfer: __________

Material: __________

Ablauf: __________

Magische Volten

Helfer: Einer zum Anreichen der Materialien

Material: 1 Kappe, 1 Ball und 1 Poolnudelstück oder 1 zusammengerollte Zeitung

Ablauf: Die sechs bis neun Teilnehmer bilden einen kleinen Kreis. Dann wandert gleichzeitig die Kappe rechtsherum von Kopf zu Kopf, der Ball linksherum von linker Hand zu linker Hand und das Poolnudelstück zwischen den Beinen rechts herum. Spieldauer/Herausforderung von/für z.B. 3 M.

Ausbildung
- Konzentrations- und Koordinationstraining pur

Variation: **ZIRKEL aus Strohhalmen** zusammenstecken lassen – bei der TN-Anzahl (3:3 oder 4:4) pro Gruppe 30–40 Strohhalme. Wer schafft in 2 Minuten den größten Zirkel? Wer verarbeitet alle Strohhalme am schnellsten?

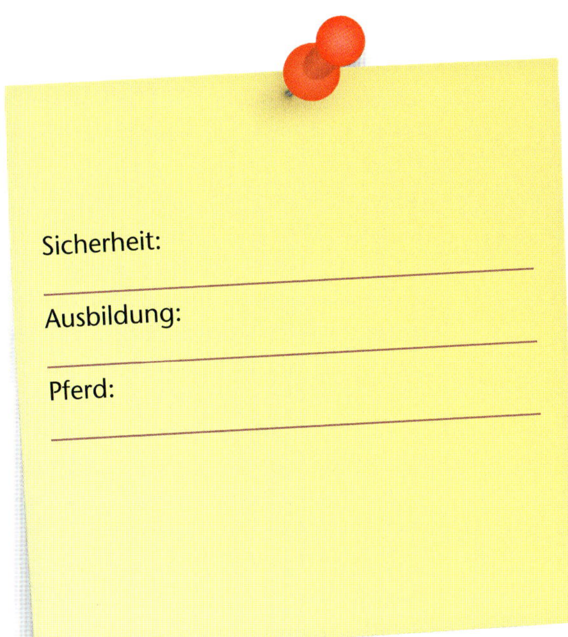

Münzendrehen

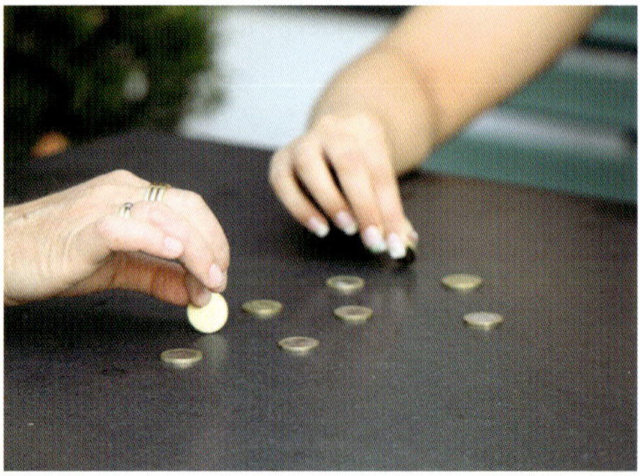

Helfer: Pro Team einer wäre nicht schlecht – aber ist keine Voraussetzung

Material: Pro Teilnehmer 4 Münzen, 1 Uhr/Kurzzeitmesser

Ablauf: Die Teilnehmer werden auf zwei Teams aufgeteilt. Die eine Hälfte der Münzen wird mit „dem Kopf nach oben", die andere mit „der Zahl nach oben" auf der Spielfläche (einem Tisch) verteilt (z.B. von den Helfern). Nach dem Kommando versucht das Team „Kopf" alle Münzen mit der Abbildung nach oben umzudrehen und das Team „Zahl" versucht die Zahlen nach oben zu drehen. Nach 2 Minuten darf keine Münze mehr angefasst werden. Dann machen die Helfer einen Münzenturm „Kopf" und einen „Zahl". Gewonnen hat das Team mit dem höheren Turm.

Ausbildung
- „Endlosspiel" mit hohem Funfaktor – Durchhaltevermögensschulung und Konzentrationstraining und Auge-Handkoordination pur

Variation: **KNÖPFE drehen**, wie oben – nur mit Knöpfen
Bierdeckeldrehen zu Fuß, d.h. in der halben Reithalle werden 30 Bierdeckel mit Schrift und 30 mit Motiv nach oben verteilt, die die Teams in bekannter Weise (s.o.) zu drehen haben.
Bierdeckeldrehen zu Pferd, d.h., auf z.B. acht Ständern und acht Cavalettiblöcken liegt jeweils ein zu drehender Bierdeckel, den die in zwei Teams geteilte Reitergruppe in der Schrittphase, z.B. 4 Minuten lang, auf „ihre" Seite drehen können. Dann ertönt z.B. ein (Klingel-)Ton – das Spiel ist aus und es wird nachgezählt, welches Team sich durchsetzen konnte.

Sicherheit
- Wenn Ständer und Cavalettiblocks, an denen schon jemand werkelt, für die Übrigen als Tabuzone erklärt werden, kann eigentlich nichts Ungewolltes passieren.

Ausbildung
- Training der Selbst-Verantwortung, denn jeder hat nach ca.10 Sekunden „seinen" Bierdeckel wieder zu verlassen.

Pferd
- Pferde/Ponys, die vertrauensvoll an die Bierdeckel herantreten und auch mit herabfallenden kein Problem haben

Black and White

Helfer: Eine Person, die als weiterer Schiedsrichter agiert

Material: Siloplane mit 8 m Durchmesser und 1 Holzpferd mit Voltigiergurt oder fixiertem Sattel

Ablauf: Es werden im Voraus zwei Gruppen gebildet, die gegeneinander antreten. Während die eine Mannschaft – auf der Silofolie stehend – versucht, diese von der weißen auf die schwarze Seite umzudrehen, ohne sie zu verlassen, muss die andere Mannschaft in der gleichen Zeit so oft wie möglich aufs Holzpferd springen.
Dann wird gewechselt: Die eine Gruppe übernimmt nun die Folie und die andere Gruppe das Holzpferd.
Gewonnen hat am Ende die Mannschaft, die die meisten Aufsprünge auf das Holzpferd verbuchen konnte. Für jedes Folienverlassen erhält die andere Gruppe 3 weitere Sekunden für ihre Aufsprünge am Holzpferd. Der Durchgang ist außerdem erst dann beendet, wenn die Siloplane wieder völlig plan/korrekt auf dem Boden liegt

Variation: **Black und White on horse**
Dabei erfolgen die Aufsprünge auf das Voltigierpferd an der Longe – Grundgangart je nach Vermögen der Gruppe/Ausbildungsstand des Pferdes!

Sicherheit
- Generelle Anlaufkriterien sind selbstverständlich zu berücksichtigen.

Ausbildung
- Geschicklichkeit, Beweglichkeit, Balance und Abstimmung innerhalb der Gruppe sind u.a. Aspekte, die hierbei gefördert und gefordert werden.

Pferd
- Außerdem profitiert jeder Vierbeiner davon, wenn das Aufsteigen (zukünftig) weniger belastend abläuft, da zügiger vonstattengehend.

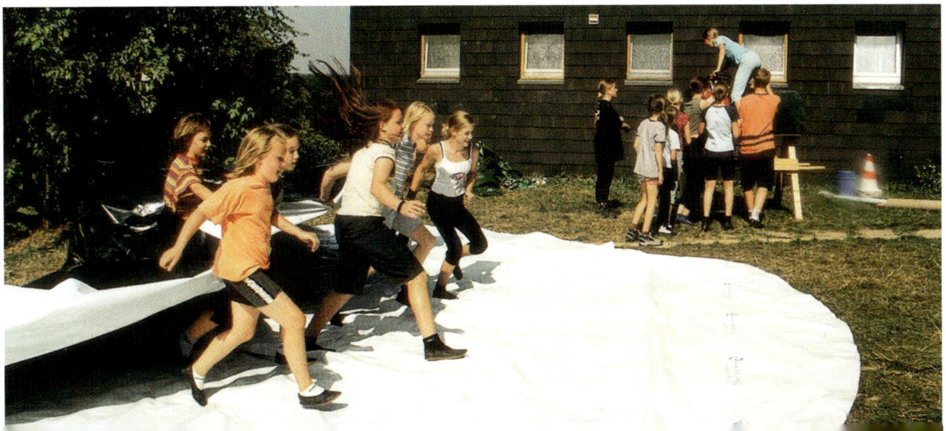

Ostfriesenrennen

Helfer: –

Material: Sägespäne, um die Start- und Ziellinie zu markieren, (z.B. 2) Kegel als Wendemarke

Ablauf: Die Mannschaften (z.B. zwei Teams von neun bis zwölf TN) stellen sich hinter der Start-/Ziellinie auf. Nach Ertönen des Startzeichens laufen immer drei Teilnehmer (einer läuft rückwärts in der Mitte von zweiVorwärtslaufenden) einer jeden Mannschaft los, einmal um die Wendemarke und zurück.
Welche Mannschaft steht zuerst wieder komplett hinter der Ziellinie?

Sicherheit
- Der Ausbilder sollte die „Vorwärtsläufer" auf die Verantwortung für die „Rückwärtsläufer" hinweisen, da das Rückwärtslaufen sowohl anstrengender wie auch koordinativ anspruchsvoller ist.

Ausbildung
- Reiter verlangen von ihrem Ross ständig, sich in einer bestimmten Richtung in einem bestimmten Tempo fortzubewegen – Gespräche über die Rolle „des Ostfriesen" sind daher klärend und interessant.

Hinweis: Nun, auf den Geschmack gekommen? Wenn Sie unsere im Aufbau befindliche Ergänzung der 365 Ideen im Breitensport – auf der Verlagsseite im Internet mit unzähligen weiteren IDEEN ohne Pferd – nicht abwarten können, dann sollten Sie sich das Lehrvideo „Reiten mein Sport" – nicht nur zur Überbrückung – unbedingt mit Ihren Schülern anschauen.

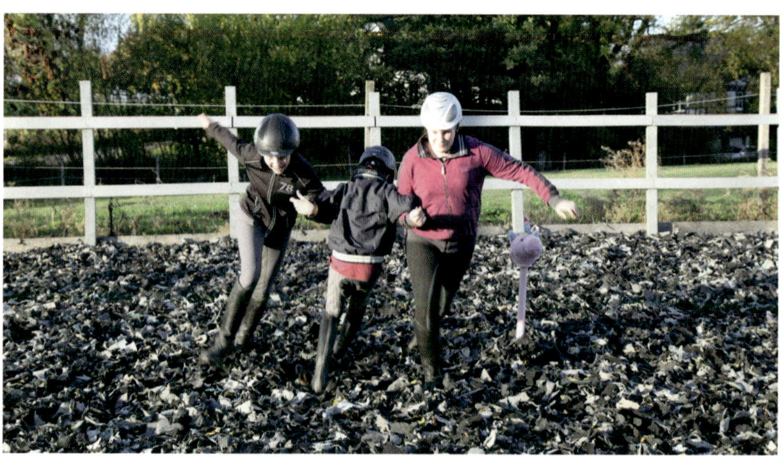

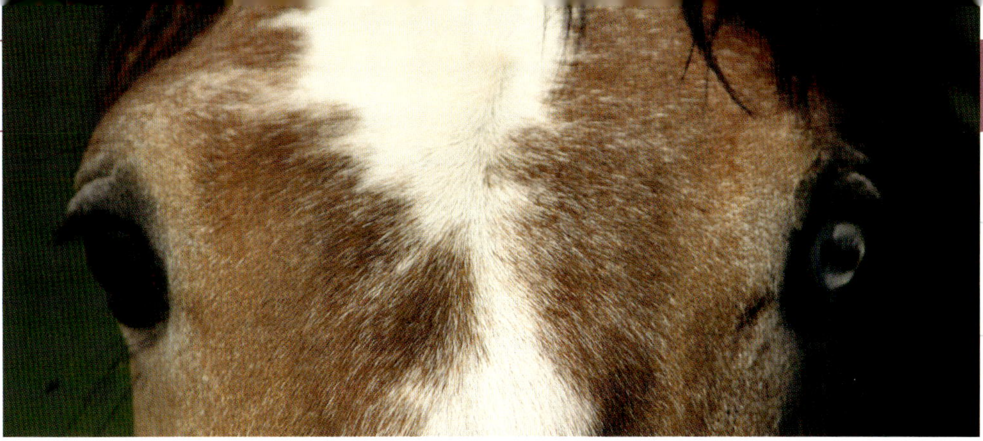

Der Blick über den „Tellerrand“
ermöglicht neue Erkenntnisse.

Weitere Specials

Wer bei der bisherigen Lektüre der *„365 Ideen für den Breitensport“* evtl. zu der Erkenntnis gelangt ist, dass das mit dem „Spielen und Reiten“ doch gar nicht so neu ist, da man z.B. selber schon vor Jahren die klassischen durch alternative Hindernisse ersetzt hat, der liegt selbstverständlich richtig.
Natürlich haben Reiterspiele – besonders in anderen Regionen, Kulturkreisen und Kontinenten – eine Tradition. Die ist wesentlich weiter zurückzuverfolgen als die „bei uns bekannten Klassiker“ Dressur bzw. Springen. Einige namhafte Beispiele in diesem Zusammenhang sind sicherlich die Aktionen der Cikos in der Pusta, die spanische Feria, das Skijöring in Skandinavien, das britisch-indische Polospiel oder das in Japan beheimatete Yabusame und nicht zuletzt die klassischen römischen Wagenrennen der Antike.
Deutschland stand und steht – nicht zuletzt getragen von der jeweiligen Favoritenrolle oder dem Image der dominierenden Mannschaft oder der Prominenz der Spring- und Dressurreiter bzw. Fahrer und Voltigierer – zunächst einmal für den Turniersport.
Unabhängig davon pflegt man in den unterschiedlichsten „Ecken der Republik“, z.T. schon über Jahrzehnte – mehr oder minder bekannt auch in Deutschland –, die Spiele mit dem Pferd. Teils in Anlehnung an ausländische Reitweisen und Reglements hat sich dadurch auch in der Bundesrepublik eine bunte Landkarte mit den unterschiedlichsten Spielehochburgen entwickelt.
Die Specials verstehen sich daher einerseits als ergänzende Information, aber auch als Grundlage/Startschuss für die eigene Kreativität bzw. als Wettkampfimpuls.

Unser **„Startschussangebot“** besteht aus einer subjektiven Übersicht über Traditionsspiele anderer Länder – in der WBO (siehe S. 80) und dem weiteren Verlagsprogramm findet der interessierte Leser dann auch noch Infos von/über die ebenfalls unter dem Dach der FN beheimateten **„Spezialverbände“**, z.B.

1. Bundes-Ponyspiele und Ponyliga Weser-Ems
2. Mounted Games
3. Mannschaftsballspiele u.v.a.m.

Traditionsspiele anderer Länder

Spiele ... sind, wie bereits erwähnt, nicht etwa eine Erfindung der Neuzeit. Genau genommen sind sie – wenn man die charakteristischen Wagenrennen und die kultischen Wettrennen mit einschließt – die älteste sportliche Betätigung mit Pferden. Die ältesten Aufzeichnungen und Belege für die Parallelität von sportlichem und wirtschaftlichem Einsatz des Pferdes in Europa und (Vorder-)Asien liegen daher auch mehr als 3000 Jahre zurück.

So spielten Perser und Inder bereits seit Ewigkeiten (nachweislich bereits um 500 v.Chr.) *POLO*, bevor es die Briten in ihren Kolonien (1869) für sich entdeckten und das auch als Ursprung aller Torspiele betitelte Mannschaftsspiel dann auch in „good old England" etablierten.

Auch die alten Griechen hatten eine „hippische" Ader. Im Jahre 680 v.Chr. führten sie anlässlich der XXV. Olympischen Spiele der Antike Wagenrennen mit der Quadriga ein. Das erste Reitturnier mit entsprechenden Spielen datiert man in Deutschland auf das Jahr 938, und auch der neuzeitlichen Kavallerie empfahl das Exerzierreglement von 1898 für die k.u.k.-Berittenen Hau- und Stichübungen mit dem Säbel aus jeder Gangart gegen eine Attrappe in der Mitte einer 400 Schritt messenden Strecke.

Andernorts standen nicht Säbel und Degen, sondern der Speer oder auch Pfeil und Bogen im Vordergrund. So z.B. in Japan.

Im Jahre 1096 soll der damalige japanische Kaiser maßgeblich zur Verbreitung von *YABUSAME* – dem religiös inspirierten Wettkampf mit Pfeil und Bogen – beigetragen haben. In Südeuropa, genauer gesagt auf der iberischen Halbinsel, hat der Stierkampf zu Pferde seit Jahrhunderten Tradition, und in den Schweizer Alpen wurde 1923 *SKIJÖRING* erstmals ins Wintersportprogramm von St. Moritz aufgenommen und seitdem gepflegt. Diese Liste könnte beliebig und endlos ergänzt und fortgeführt werden. Wir wollen es jedoch bei diesem kurzen Ausflug in die Geschichte und die Welt belassen, nicht jedoch ohne eine kurze Beschreibung nicht nur der oben aufgeführten BeiSpiele mitzuliefern:

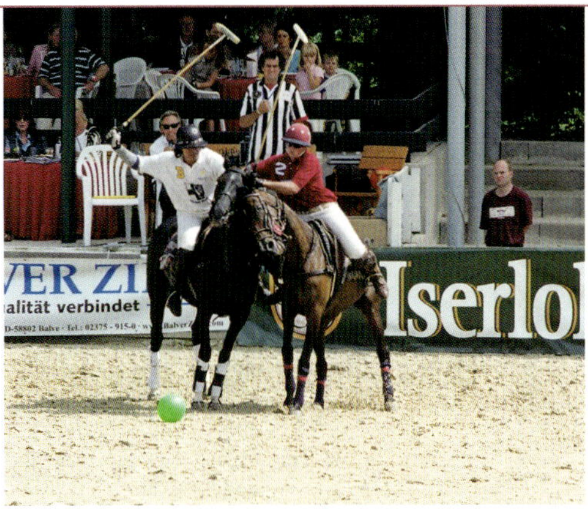

Horseball = eine gerade in Frankreich und Südeuropa sehr beliebte „Basketballalternative". Bei diesem Korbball-Mannschaftsspiel stehen sich zwei Teams (je vier Teilnehmer/und zwei Reservereiter) gegenüber und versuchen, den mit Lederschlaufen versehenen Spielball möglichst oft in den gegnerischen Fangkorb zu werfen. Der Ball wird von den Mitspielern einander zugespielt bzw. vom Boden aufgegriffen. Der Gegner versucht, den Ball abzufangen und dann seinerseits Korbpunkte zu erzielen. Der Spielablauf wird von einem Schiedsrichter und zwei Linienrichtern geleitet bzw. überwacht.

Mounted (= zu Pferde) *Games* (= Spiele) nahmen ihren Ursprung in Indien und dienten dazu, Reitersoldaten in Friedenszeiten fit zu halten. Den englischen Kolonialherren imponierte die Idee, sie entwickelten daraus einen Sport, standardisierten die Spielgeräte und schufen Regeln, nach denen heute weltweit Turniere ausgerichtet werden. Nach Deutschland kamen die Mounted Games 1990.
Mounted Games sind Staffelrennen mit erhöhtem Schwierigkeitsgrad, bei denen meist sechs Teams, bestehend aus vier Reitern und einem Trainer, direkt gegeneinander antreten. Zwischen den 54 m auseinanderliegenden Start- und Wechsellinien sind von den meist jugendlichen Reitern auf sehr spritzigen Ponys verschiedene Aufgaben zu bewältigen.

Polo = Treibball(mannschafts)spiel zu Pferd, Elefant, Rad, Segway oder vom Kanu aus – heutzutage auch gern in der Form des „Arena-Polos" zu Pferd an außergewöhnlichen Orten (am Strand oder Münchner Flughafen) in Turnierform gespielt. Von 1908–1936 war Polo sogar olympische Disziplin. Bei diesem rasanten Spiel auf riesiger Rasenfläche geht es darum, vom Pferd aus mittels eines Schlägers, dem Stick, den kleinen Ball möglichst häufig in das gegnerische Tor zu befördern. Ein Profisport, bei dem die einzelnen Spieler – ähnlich wie beim Golf – ihr eigenes Handicap haben. Besonders populär in England und in Südamerika.

Polocrosse = eine Ballspielart zu Pferd, bei der man mithilfe eines Racquets (Schläger) versucht, einen Schaumstoffball in ein Tor zu werfen und somit Punkte zu bekommen. Das Spiel mischt Polo mit LaCrosse, eine Ballspielart, die normalerweise „zu Fuß" gespielt wird. Die Idee, die beiden Spiele miteinander zu mischen und zu Pferde zu spielen, ist in Australien entstanden. Große, international spielende Ligen gibt es in Australien, Neuseeland, Südafrika, Irland und in den USA. In Deutschland wurde diese Sportart erstmals 2004 im Pferdesportverband Weser-Ems gespielt.

Yabusame = zeremonielles Spiel, bei dem der Reiter nach einer Meditationsphase auf einer 2–3 m breiten und 200 m langen, mit Seilen begrenzten Strecke insgesamt drei Pfeile vom galoppierenden Pferd aus auf in Abständen auf einer Seite stehende drei Zielscheiben schießt. Die Zuschauer befinden sich auf der anderen Seite der Rennstrecke, die Zielscheiben und Reitkünste fest im Auge.

Skijöring = Bei dieser komplexen Rennveranstaltung – z.B. auf einem tief zugefrorenen See – lassen sich Skiläufer von reiterlosen Pferden – welche sie gleichzeitig zu lenken haben – in vollem Galopp um ein Oval ziehen, immer in der Hoffnung, das Ziel zu treffen und noch besser als Erster die Ziellinie zu überqueren. Selbstverständlich verbunden mit all dem, was Galopp- bzw. Trabrennen aus- bzw. spannend macht. Damit es auch in unseren Breitengraden gespielt werden kann, anbei eine kurze Spielbeschreibung:

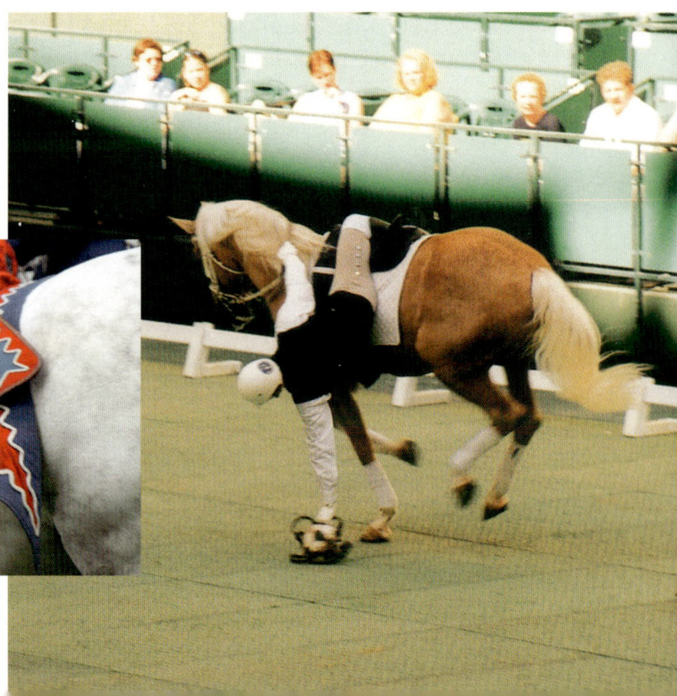

Andere Länder, andere Sitten.

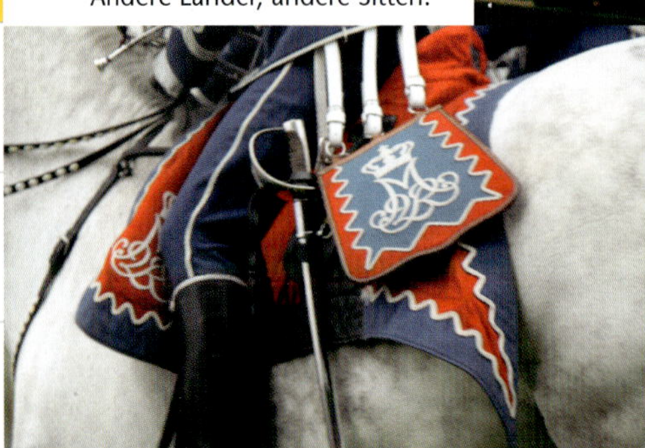

Skijöring mal anders

Helfer: 1 Team zum Anfertigen der (belastbaren/angemessenen) Ausrüstung der Pferde und zum Herrichten der Strecke bzw. Zeitnehmen

Material: Stollen und Hufgripp beim/fürs Pferd, Sattel mit Vorderzeug oder Brustgeschirr, für jeden Fahrer 2 Halte-(Zug-)Stricke und Ski, evtl. 1 Stoppuhr

Ablauf: Im Gegensatz zu dem Original aus Skandinavien bzw. den Alpenländern (bei dem sich der Skifahrer auf einem Rundkurs nicht nur in vollem Galopp vom Pferd ziehen lässt, sondern dieses auch noch lenkt) handelt es sich hier um eine ruhigere Teamvariante: Ein Reiter „zieht" seinen Partner z.B. im Trab mehrere Runden über den verschneiten Turnierplatz oder über einen kleinen Rundkurs im nahen Gelände – der weder steile Anstiege noch Abfahrten beinhalten sollte. Natürlich kann gegen die Uhr gestartet werden. Schöner ist jedoch, wenn jedes Team, das die z.B. 2 km ohne „Spitzensalat" absolviert, eine ganz „winterliche" Erinnerungsurkunde überreicht bekommt.

Hinweis: Das Spiel kann auch dann erst beendet sein, wenn jeder im Team den Rundkurs einmal zu Pferd und ein weiteres Mal auf Skiern bzw. umgekehrt absolviert hat. Das setzt allerdings voraus, dass beide Teammitglieder sowohl reiten wie Ski fahren können.

Variation: **Bimmelbahn mal anders:** Wer kennt das nicht: Holzschlitten an Holzschlitten gebunden und los geht's – gemeinsam den Hügel hinab! Diese aus max. vier Schlitten bestehende „Bimmelbahn" bewegt sich abweichend davon in der Ebene – und damit das auch gelingt, „spielt" ein erfahrenes Fahrpferd oder Rückepferd an der Hand eines Führers die Lokomotive.

Sicherheit
- Hört sich kinderleicht und nach großer Gaudi an – ist aber nur etwas für erfahrene Fahrer und Pferde und für größere Kinder, die ihr Gleichgewicht selbst beim Anfahren und Halten bzw. in den Kurven unter Kontrolle haben!

Ausbildung
- Die Fahrt beginnt z.B. an der Vereinsanlage und endet z.B. bei einem Zuchtbetrieb in 4–5 km Entfernung mit einem weiteren Gemeinschaftserlebnis: einem Bratapfel-Essen aller Teams des „Nostalgieexpresses".

Pferd
- Pferde, die kein Problem mit ihrer Rolle haben/entsprechend vorbereitet sind

Arbeitsaufträge

Und auch hier wieder abschließend zwei – in diesem Fall sehr unterschiedliche – **ARBEITSAUFTRÄGE**:

Sicherlich hat der Dachboden oder Keller bei vielen Lesern parallel zur Umsetzung dieser Lektüre viele seiner Schätze preis geben müssen ... sollten einige Materialien aber dennoch fehlen, so sollten sie diese auf dieser Einkaufsliste festhalten, um gelegentlich auch die dazu gehörenden Ideen umsetzen zu können:

____

____

____

____

____

____

Im nun folgenden Ideen-Glossar sind bereits einige Schlagwörter in Grafiken umgearbeitet. Die moderne Hirnforschung ist sich einig, dass sich Bilder im Kopf viel besser festsetzen als purer Text. Starten SIE doch deshalb den Versuch, Ihr persönliches Kopfkino in Bildern zu bannen, d.h. greifen Sie zu Papier/Poster und Stiften oder zum Fotoapparat, iPad oder PC und gestalten Ihre ganz persönlichen Gedankenstützen rund ums Glossar und alles, was Ihnen wichtig ist. Viel Spaß beim Gestalten und noch besser Behalten.

Noch mehr Spaß macht diese Aufgabe bzw. sie lässt sich noch einfacher realisieren, wenn man sie im TEAM angeht, denn Team ist nicht etwa: **T**oll **e**in **a**nderer **m**acht`s sondern **T**olle **E**ngagement **a**ller **M**itmacher

Teil 3

Ideen GLOSSAR u.m.

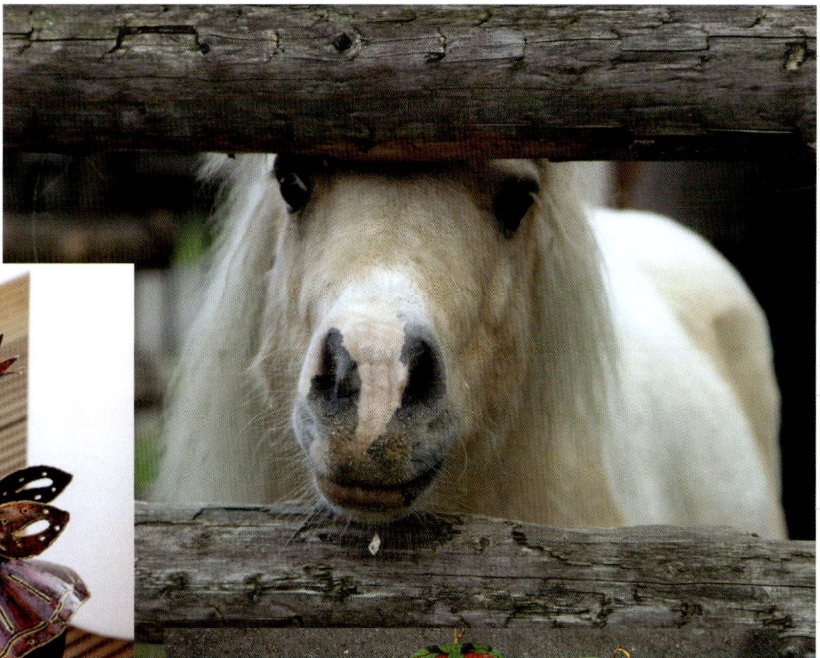

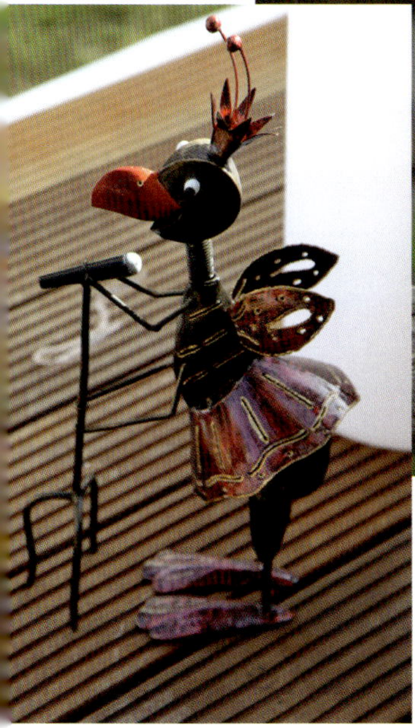

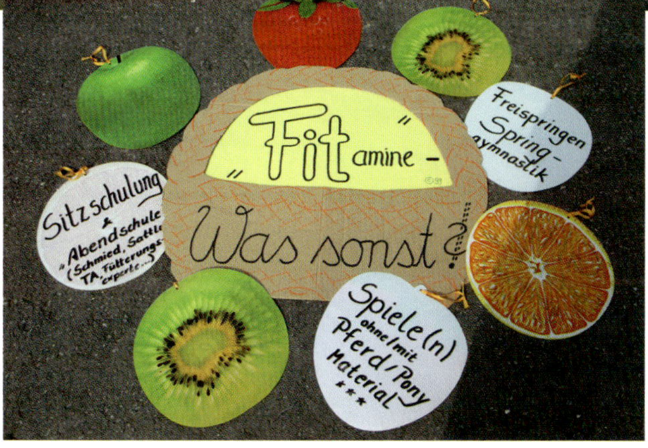

Ideen Glossar

Wer jetzt immer noch Informationen in Sachen Ausbildung vermisst, dem seien – neben der „Grundausbildung für Reiten und Pferd. Richtlinien für Reiten und Fahren, Band 1" – die Literaturtipps in diesem Handbuch empfohlen sowie ein Blick in das nun folgende Glossar. D.h., auf einem Minimum an Platz wird erneut ein Vielfaches an Information transportiert, aber gleichzeitig einiges an Hintergrundwissen und Kombinationstalent vorausgesetzt. Wir gehen dabei davon aus, dass diejenigen, die noch tiefer gehende Informationen zu einem Aspekt oder Detail haben möchten, die bereits angesprochenen Literaturempfehlungen durchforsten und so auch in diesem Fall Wissenslücken erst gar nicht aufkommen bzw. umgehend geschlossen werden.

Ausrüstung – Die gut sitzende/angepasste, saubere und gepflegte Ausrüstung ist neben Talent, einem sehr guten Ausbilder und dem eigenen Vermögen entsprechenden Vierbeiner der Schlüssel zum Erfolg (siehe auch Seite 45).

Äußere und innere Faktoren (die die sportliche Leistung bestimmen):

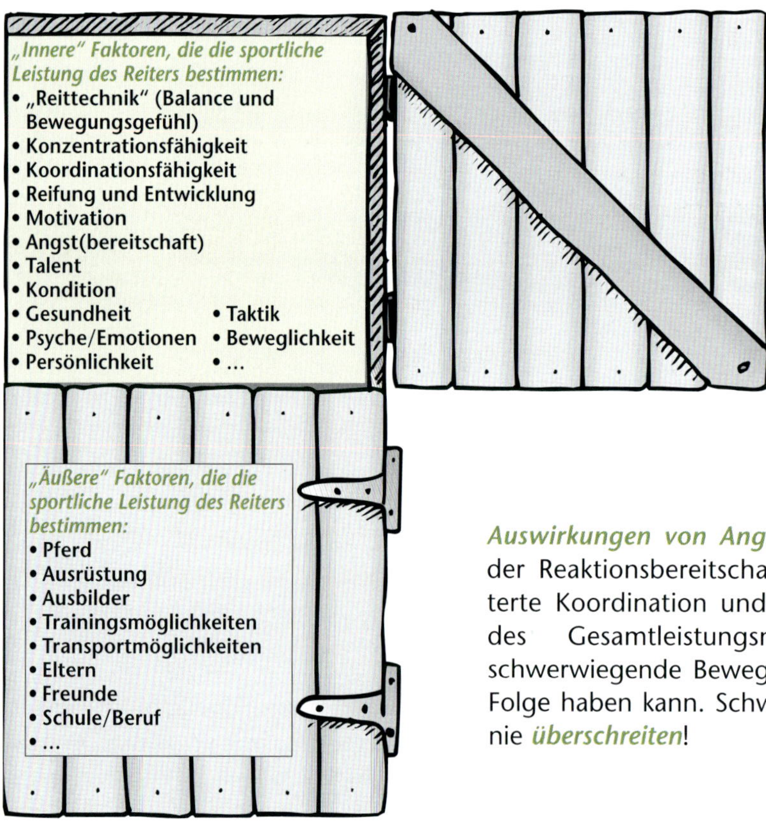

Auswirkungen von Angst – Abnahme der Reaktionsbereitschaft, verschlechterte Koordination und damit Sinken des Gesamtleistungsniveaus, was schwerwiegende Bewegungsfehler zur Folge haben kann. Schwelle der Angst nie *überschreiten*!

Autogenes Training im Sport ist eine Methode der konzentrierten Entspannung. Im Mittelpunkt der Unterstufe stehen mental realisierte Schwereübungen (Entspannung der Skelettmuskulatur) und Wärmeübungen (Entspannung der Gefäßmuskulatur). Ziel der Übungen: Zustandsharmonisierung, Stressabbau, beschleunigte Einleitungen von psycho-physischen Regenerationsprozessen, Schaffung günstiger innerer Bedingungen für nachfolgende Konzentration auf Schwerpunkte des Bewegungsablaufs und zur Realisierung ideomotorischer Abläufe.

Autoritäre Führung – Der autoritäre Ausbilder konzentriert alle Leistungsfunktionen auf seine Person: Er plant und beschließt, leitet die Schüler an und koordiniert ihr Tun. Kennzeichnend für den autoritären Führungsstil ist, dass die Schüler immer nur den nächsten Teilabschnitt des Programms überblicken. Der Ausbilder erklärt nicht, warum etwas getan werden soll, sondern er ordnet es ohne Begründung an; auf diese Weise ist er der Einzige, der den „großen Durchblick" hat. Er sorgt durch sein Verhalten dafür, dass die Schüler auf ihn angewiesen sind. Durch ihre Abhängigkeit läuft eine an den autoritären Führungsstil gewöhnte Gruppe Schüler herum wie der sprichwörtliche Haufen aufgescheuchter Hühner, wenn der Ausbilder einmal ausfällt.

Beurteilungskriterien sind grundsätzlich vor Spielbeginn genauestens zu erklären, damit es später keine Missstimmung gibt.

Beweglichkeit: Man unterscheidet hier

1. die aktive und passive Dehnfähigkeit der Muskeln (in geringerem Maße auch der Sehnen und Bänder) und
2. die Gelenkigkeit (Struktur der Gelenke).

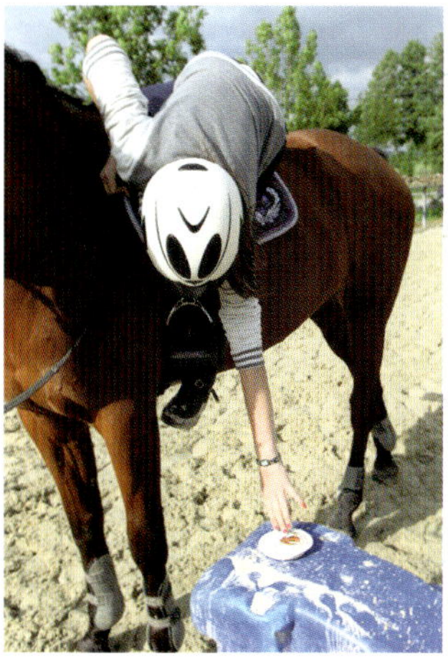

Die *Bewegungsanweisung* gibt dem Lernenden an, wie er z.B. die Galopphilfe auszuführen hat: Der innere Schenkel liegt treibend am Gurt, der äußere Schenkel liegt verwahrend eine Handbreit hinter dem Gurt. Die Gewichtshilfe ist automatisch (durch die Schenkellage bereits vorgegeben) einseitig belastend nach innen. Diese Hilfengebung erfolgt bei jedem Galoppsprung – nicht nur zum Angaloppieren. Die „Bewegungsfreiheit" wird damit wesentlich eingeschränkt und auch die Eigentätigkeit des Kindes im Suchen und Finden eines Weges stark eingeengt.

Die *Bewegungsaufgabe* ist eine zeitaufwendige Maßnahme im motorischen Lernprozess, bei der Umwege und Versuch-Irrtum-Phasen aus pädagogischen Motiven in Kauf genommen werden. Der rasche und zielgerichtete Weg zum Lernziel wird aufgegeben zugunsten erhoffter Nebenprodukte des aufwendigen Lernens.

Durch den Auftrag an den Reiter, ein Bewegungsproblem selbstständig zu lösen, ist eine Bewegungsaufgabe ein Beitrag zum kreativen und problemlösenden Lernen. Den Reitern wird eine Lektion als Lernziel gesetzt und der Weg dahin den eigenständigen Lösungsversuchen überlassen. Hier handelt es sich um experimentierendes Lernen im Feld der Motorik, das Anforderungen an die Bewegungsfantasie der Reiter stellt und dies zugleich herausfordert und schult. Aber das ist nicht alles! Hohe Anforderungen werden auch durch die Bewegungsaufgabe an die Reiter in den Bereichen der Kommunikation, der Kooperation und der Interaktion gestellt. Der Einsatz der Bewegungsaufgabe als verbales Hilfsmittel ist abhängig von der Altersstufe der Reiter und der jeweiligen Phase im Lernprozess. Sie ist angemessen beim Sammeln von Bewegungserfahrungen auf dem Pferd im Kindesalter sowie bei Anfängern. Eine konkrete Bewegungsaufgabe könnte heißen: „Jeder von euch wechselt jetzt nacheinander mit einer anderen Bahnfigur die Hand."

Bewegungsvorstellung ist Teil des internen Abbildes einer sportlichen Bewegung, indem die über die Bewegungswahrnehmung bewusst verarbeiteten Merkmale der Bewegungsstruktur (räumlich, zeitlich-rhythmische) widergespiegelt werden. Die Bewegungsvorstellung ist für den Sportler die innere bewusste oder bewusstseinsfähige Bezugsgröße für die Bewegungsregulation. Alle Wahrnehmungen können während der Bewegung an der Bewegungsvorstellung bewertet und Bewegungsänderungen abgeleitet werden. Die Herausbildung regulativ wirksamer, zielbezogener Bewegungsvorstellungen muss eine wesentliche Aufgabe des Techniktrainings sein.

Bewegungswahrnehmung ist die sinnlich-rationale Form der Widerspiegelung von Bewegungen, die durch die enge Verknüpfung mehrerer Empfindungen in Verbindung mit einer gezielten konzentrativen Hinwendung auf den Körper entsteht.

Deduktives Unterrichtsverfahren = anweisungsorientierter Lernweg

Einstiegsalter – Auf die Frage: „Wann ist der richtige ZEITPUNKT FÜR ... ?" gibt es keine allgemeingültige Antwort. Wir setzen generell körperliche und geistige Mindestreife voraus und darauf, dass jeder Ausbilder den Kindern und Reitanfängern einen Kompetenten/etwas Sicherndes zur Seite stellt, der darauf achtet, dass auch im Falle eines Falles nichts Großartiges passiert.
Erste Hilfe sollten Ausbilder und Aktive leisten können. Ein entsprechender Kasten gehört in jede Vereinshalle/in jeden Pferdebetrieb.

Exterieur = die äußeren Merkmale eines Pferdes (das Gebäude)
Fertigkeiten sind auf verfestigte, teilweise automatisierte konkrete Bewegungshandlungen zu beziehen. (Bitte nicht mit Fähigkeiten verwechseln!)

Fähigkeiten stellen verfestigte, jedoch verallgemeinerte, d.h. für eine ganze Reihe von Bewegungshandlungen grundlegende, Leistungsvoraussetzungen des Menschen dar. (Bitte nicht mit Fertigkeiten verwechseln!)

Fairplay ist …
→ wenn man nie vergisst, was man ohne den Partner Pferd wäre
→ wenn man einen schwächeren Reiter nicht lächerlich macht
→ wenn der Sieg nicht alles bedeutet
→ wenn man die Entscheidung des Richters ohne Murren akzeptiert
→ wenn man sich nicht über Missgeschicke anderer freut
→ wenn man in den „Gegnern" den Partner sieht
→ wenn man als Zuschauer die Leistung der anderen Teilnehmer anerkennt
→ wenn man einmal auf sein Recht verzichtet
→ wenn man auch als Sieger bescheiden bleibt

Die *Handlungskompetenz* geht von der Befähigung aus, sich über motorische Lernprozesse (Reiten, Fahren, Voltigieren) sinnvoll mit sich selbst und seiner Lern-Umwelt (Pferd, Mitschüler, Ausbilder) in einem dialogischen Prozess auseinanderzusetzen. Demzufolge stehen im Zentrum unterschiedlicher Bemühungen Lerninhalte aus den Handlungsräumen der Körpererfahrung, der Materialauseinandersetzung und des gemeinsamen Lernens in sozialer Umgebung. In derartig geprägtem Unterricht ist der Schüler außerdem kein reagierendes Individuum, sondern gestaltet die (Lern-)Situation, das Lernfeld immer mit, ist also selber aktiv.

Handlungskompetenz und Harmonie im Sattel

Worauf „kompetente Reittechnik" bzw. Reitenlehren/-lernen z.B. konkret auch noch beruhen – Basics, denen man sich heute bewusster sein sollte, denn je und deshalb auch immer mal wieder bei allen Aktiven im Sattel nachdenken sollte über deren …
Kondition und Trainingseifer/-pensum (z.B. über einen längeren Zeitraum belastbar oder direkt aus der Puste …oder selten/immer da …)
Ganzkörperspannung (erkennbar oder doch eher „Schlabbertyp")
Kraft (z.B. statische oder dynamische Arm- oder Beinkraft)
Koordination (s.u.)
Körperwahrnehmung/Körperschema (sehr ausgereiftes Innenbild von ausgeführten Bewegungen oder Seitigkeitssicherheit oder …)
Bewegungsgenauigkeit
Bewegungsweite
Bewegungsökonomie
Bewegungsfluss
Beweglichkeit und Beugefähigkeit (z.B. des Bewegungszentrums Hüfte aber auch der Schulterpartie und der Wirbelsäule sowie Knie und Sprunggelenk)

Dehn – und Spreizfähigkeit (z.B. der hinteren oder inneren Oberschenkel beim Aufsteigen oder der Wadenmuskulatur beim Reiten)
bisherige **Bewegungserfahrung**
(z.B. kaum Angebote ➜ steif/unbeweglich/unsicher/kaum Repertoire oder falsch erarbeitete/automatisierte Bewegungsmuster ☹ oder vielleicht sogar altersgerechte Erfahrung, bis hin zu „quer einsteigenden" Bewegungskünstlern/Naturtalenten ☺)
Bewegungsgedächtnis (untrainiert, Abrufbarkeit von z.B. Lektionen/Techniken ??? oder sehr ausgereift, hohe Abrufbarkeit von angemessener (Reit-)Technik und sogar Taktik)
Bewegungsfreude (Couch-Potato oder immer/gerne in Bewegung, auf der Suche nach neuen Herausforderungen)
Bewegung außerhalb des Pferderückens ☹ oder 😐 oder ☺ ?!
Und dann wären da noch solche Kompetenzen wie Kommunikation, Kooperation, Konzentration und Köpfchen – Kompetenzen, deren Auf-/Ausbau und Pflege den Erfolg um den/im Sattel zwar nicht garantieren aber optimieren ☺
Und was ganz besonders trainiert wird, steht jeweils unter Sicherheit – Ausbildung – Pferd direkt an jeder der 365 Idee.
Dementsprechend ist REITEN = Ich-/Fach-/und Sozialkompetenz ☺

Hilfengebungshaus

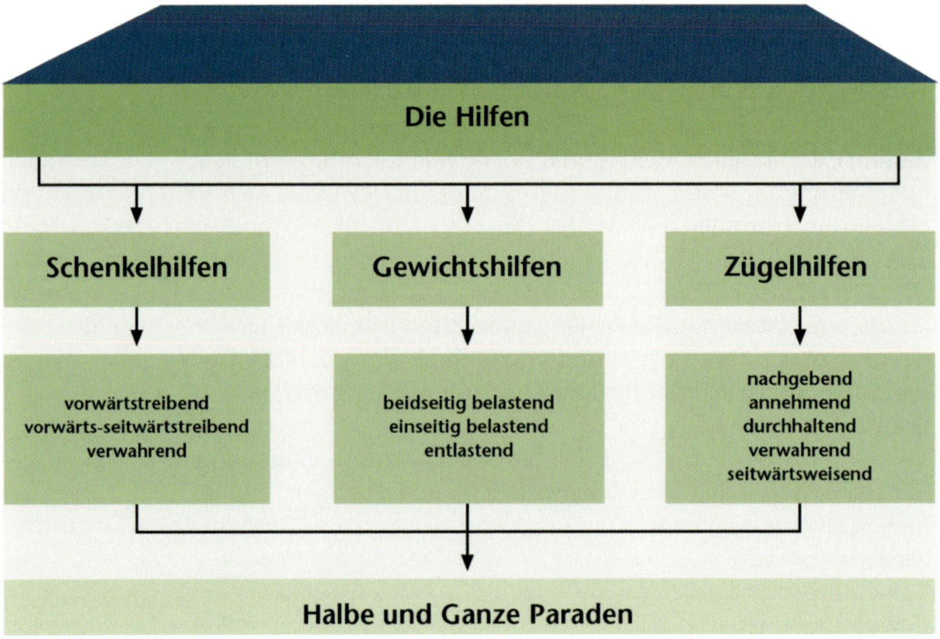

Induktives Unterrichtsverfahren = aufgaben-/erfahrungsorientierter Lernweg
Interieur = „Innenleben"/Seele des Pferdes. Merkmale sind z.B. die Ausgeglichenheit, die Leistungsbereitschaft, der Mut, die Ausdauer, der Umgang mit/die Reaktion auf fordernde Reiter oder Anfänger/Kinder.

Kondition – Die konditionellen Fähigkeiten werden von den physischen Leistungsfaktoren Kraft, Ausdauer und Schnelligkeit bestimmt. Die konditionellen Eigenschaften beruhen vor allem auf energetischen Prozessen, d.h. auf ausreichender Energieversorgung der beteiligten Organe. Sie sind also Voraussetzung, um die angestrebte(n) Bewegung(en) korrekt über einen bestimmten Zeitraum ausführen zu können. Jeder wird schon gemerkt haben, dass sich bei Ermüdung Fehler einschleichen, die keine korrekte Technik mehr zulassen.

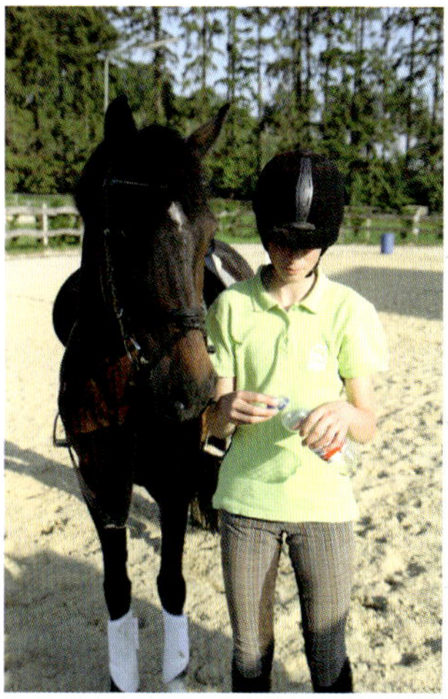

Konzentration – Eine weitere Basisfunktion des mentalen Trainings ist die Konzentrationsfähigkeit. Nur wer es schafft, sich ganz dem Reiten, Fahren oder Voltigieren zu widmen und sich z.B. von keiner Störung ablenken lässt oder seinen persönlichen Unmut ausklammern kann, der kann seine ganze Energie punktgenau einer Lektion, Übung bzw. einem Hindernis widmen. Wichtig ist es auch zu lernen, Patzer oder Fehler wegzustecken. Schnelles Vergessen ist angesagt, um mit ganzer Kraft bzw. Konzentration die nächste Aufgabe zu meistern.

Koordinationsfähigkeit: Situationsangemessen feinfühlig und ausgewogen mit allen Körperteilen (re-)agieren – sie setzt sich im Einzelnen zusammen aus (siehe Grafik Seite 234):

Gleichgewichtsfähigkeit: Beibehaltung des ausbalancierten Sitzes trotz ständig wechselnder Bewegungsimpulse.

Rhythmisierungsfähigkeit: Der in jeder Gangart/Bewegungsrichtung wohl dosierte Wechsel von Muskelan- und -entspannung.

Kopplungsfähigkeit: Teilbewegungen des Rumpfes und der Gliedmaßen isoliert und geschickt miteinander verbinden können.

Reaktionsfähigkeit: Jederzeit schnell und richtig reagieren/entscheiden, d.h. aus verschiedenen Handlungsmöglichkeiten die richtige auswählen.

Umstellungsfähigkeit: Situationsveränderungen z.B. mit Gangart- und/oder Richtungswechseln begegnen können.

Differenzierungsfähigkeit: Entwicklung und Beibehaltung eines Feingefühls für das Pferd, die Rahmenbedingungen und die eigene Form

Orientierungsfähigkeit: Gelungene Bewegungssteuerung durch gutes räumliches Orientierungsvermögen und Timing

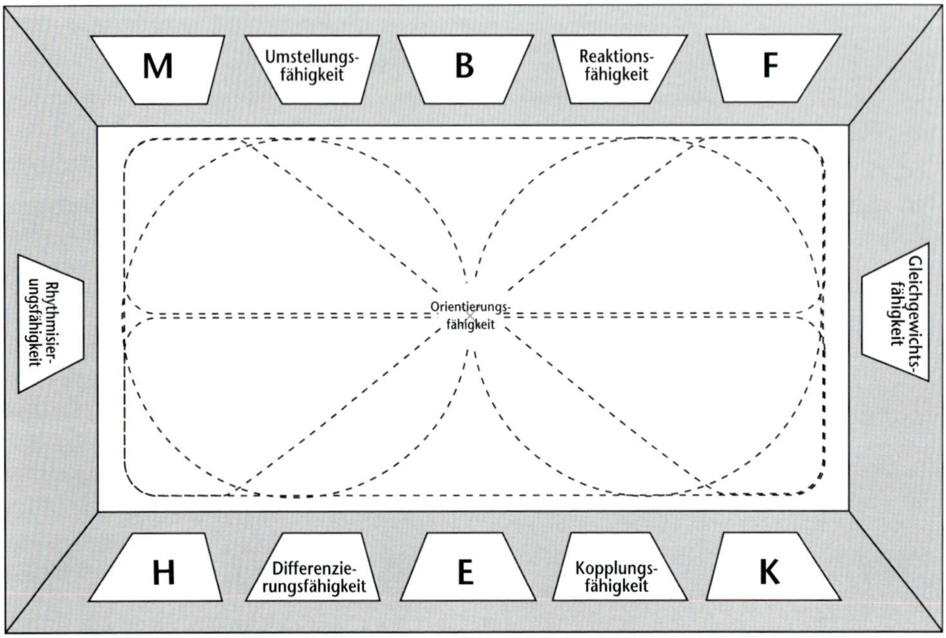

Laisser- faire (= impulslos passive Führung) – Den französichen Fachbegriff „Laisser-faire" könnte man frei ins Deutsche übersetzen mit „Macht, was ihr wollt!". Der Ausbilder greift nicht ins Geschehen ein, er macht keine Vorschläge, lobt niemanden, kritisiert niemanden und hält sich völlig im Hintergrund. Solche Schüler sind in einer paradoxen Situation: Sie haben einen Leiter und sind dennoch führungslos. Daraus ergibt sich eine Orientierungslosigkeit und Handlungsunfähigkeit, die nur schwer zu überwinden ist. Eine Gruppe ohne Leiter hätte es da erheblich leichter: Entweder würde sich in den eigenen Reihen ein Leiter herausbilden oder es würden handlungsfähigere Untergruppen entstehen. Diese Weiterentwicklung aus eigener Kraft wird durch die Anwesenheit des älteren Leiters erheblich erschwert: Sein Anspruch auf die Leiterrolle lässt sich trotz seiner Passivität nicht ohne Weiteres infrage stellen. Ist die Gruppe in sich geschlossen und zielstrebig genug, wird sie sich vielleicht trotz ihres laschen Leiters auf gemeinsame Ziele einigen. Ist sie damit aber überfordert, wird sie wohl langsam auseinanderbröckeln.

Lernatomium

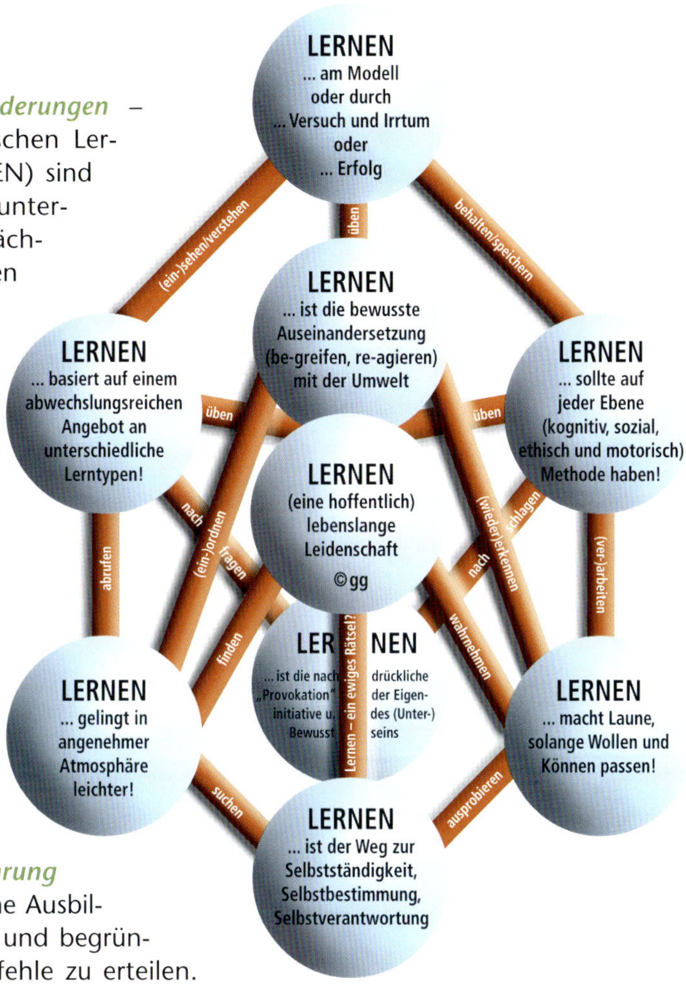

Menschen mit Behinderungen – Gerade beim spielerischen Lernen und beim SPIEL(EN) sind Menschen mit den unterschiedlichsten Beeinträchtigungen/Auffälligkeiten meist sehr liebevoll/unaufgesetzt ins Team zu integrieren. Sollten Sie Umfang und Auswirkung der Behinderung nicht überschauen, lassen Sie sich als Ausbilder doch schriftliche Infos vom behandelnden Arzt geben.

Pädagogik ist laut Lexikon „die Lehre von der Erziehung".

Partnerschaftliche Führung – Der partnerschaftliche Ausbilder macht Vorschläge und begründet sie auch, statt Befehle zu erteilen. Die Gruppe diskutiert darüber, macht unter Umständen andere Vorschläge und trifft schließlich eine gemeinsame Entscheidung. Für die Durchführung des Vorhabens sind alle Mitglieder gemeinsam verantwortlich. Da auch die Vorgehensweise in der Diskussion festgelegt worden ist, weiß jeder über den Sinn der Aufträge Bescheid, die er übernimmt, und kann sie deshalb besser ausführen. Der Ausbilder hat keine anderen Rechte als die übrigen Teilnehmer. Jeder kann Vorschläge machen, sie begründen, seine Bedenken gegen andere Vorschläge vorbringen und bei der Abstimmung seine Stimme in die Waagschale werfen. Weil er ein paar Jahre älter ist und sich in vielen Dingen besser auskennt, hat der Ausbilder bei Entscheidungen jedoch besonderen Einfluss. Wenn jedoch ein anderes Mitglied auf dem jeweiligen Gebiet gerade Experte ist, fallen dessen Vorschläge und Ansichten mindestens ebenso stark ins Gewicht. Die Sonderstellung des partnerschaftlichen Leiters entspringt also nicht, wie die des autoritären Leiters, seiner Macht, sondern seinem Kenntnis- und Entwicklungsvorsprung.

Sporttheorie

Sportpädagogik
Interaktionskompetenz
Erlebnisorientierte Erziehung
Ergebnisorientierte Erziehung
Methodische Hilfen & Übungsreihen
Motivation
Gruppendynamik
Führungsstile
Empathie
(Ausbilder-) Sprache

Trainingslehre
Sportliche Leistung
Intervalltraining
Fachkompetenz
mentales Training
Planungskompetenz
Methodische Hilfen & Übungsreihen
Sicherheitsaspekte
Superkompensation

Sportpsychologie
Etwas wagen/verantworten
Höhen & Tiefen
Ich-Kompetenz
Ehrlichkeit/Vertrauen
Stress-/ Angstabbau
Wettkampfsituation/-simulation
Mentales Training
Konzentrationsfähigkeit
Beeinträchtigungsbewältigung

Sportbiologie
Ausgleichssport
(bewusste) Ernährung
Sich körperlich ausdrücken
Biologische Uhr (Reifung/Entwicklung/ Tageszeit/Jahreszeit)

Sportmedizin
Optimierung
Kontrolle
Reha & „Reparatur"
Gesundheit

Sportsoziologie
Sozialkompetenz
Ethische Grundsätze
Anders sein akzeptieren
Einzel- kontra Gruppenleistung
Gruppengrößen
Wir-Gefühl
Umwelt
Rolle in der Gruppe

Sportpolitik
Ethik
Wettkämpfen & sich verständigen
Arbeitsfähigkeit
Das Leisten erfahren/verstehen/ einschätzen
Breiten- & Leistungssport
Freizeitfähigkeit
Gesundheit

Bewegungslehre/-lernen
Körperschema
Körpereinsatz
Bewegungserfahrungen erweitern
Bewegungshandlungen
Induktiver Lernweg
Deduktiver Lernweg
Bewegungsvorstellung
Bewegungswahrnehmung
Bewegungsdialog
Skala der Ausbildung
Motorische Lernphasen

Sportorganisation
„Alltagsgeschäft"
Veranstaltungsmanagement
Werbung
SportART
Ausschreibungserstellung
Datenerhebung/-sicherung/-analyse
Außendarstellung

Schiedsrichter zeichnen sich aus durch absoluten Überblick und Regelkenntnis. Es muss aber keinesfalls immer der Ausbilder sein. Bei Jugendlichen und Erwachsenen kann – im Sinne von Verantwortungsübernahme – mit wechselndem Schiri gespielt werden.

Schlüsselqualifikationen – Der gute Trainer zeichnet sich aus (siehe auch Seite 36)
➜ als **Horseman** mit entsprechender Persönlichkeit,
➜ **Sportler** (mit sporttheoretischem und sportfachlichem Know-how),
➜ als aufgeschlossener **Pädagoge**,
➜ und **Organisator**.

Taktik – Auch taktische Fähigkeiten, wie z.B. richtiges situationsgerechtes Verhalten im Parcours, auf dem Viereck, während der Geländestrecke oder im Voltigierwettkampf, müssen vermittelt und geschult werden. Teil dieser Schulung sind z.B. auch die Verbesserung der Wahrnehmungsfähigkeit, der intellektuellen Fähigkeiten und der Reaktionsfähigkeit. Dazu ein Beispiel: Fragen Sie doch einmal Ihre Reiter, wie viel Bahnpunkte in der Halle befestigt sind oder wie viel Wegkreuzungen auf der bisher zurückgelegten Geländestrecke lagen oder … Durch solche Fragen halten Sie Ihre Schützlinge automatisch zu einer bewussten Wahrnehmung an, denn nur so kann auf unvorhergesehene Situationen angemessen reagiert werden.

Tempo – Gerade beim Spielen geht es nie ausschließlich um die Faktoren: Schneller, höher, weiter. Teamgeist und ein Spieltempo, dem alle gewachsen sind, stehen an übergeordneter Stelle. Vielen der 365 Spielideen ist direkt zu entnehmen, wie und wo „Gas" und „Bremse" sind.

Rückmeldungs*ZIELscheibe*: Nachdem Sie die vorausgegangenen und nachfolgenden Infos durchgearbeitet oder etliche Spielvorschläge ausprobiert haben, setzen Sie doch einfach einmal Pinnwandstecker für die Backgroundinfos oder einen gleichfarbenen Buchabschnitt (Bewertung analog zum Dartspiel) ein. Natürlich ist es denkbar, nicht nur Abschnitte dieses Handbuches so einmal etwas genauer unter die Lupe zu nehmen. Mithilfe dieser Zielscheibe können Sie auch das eigene Training oder Ihren Theorieunterricht einmal überprüfen lassen (und anschließend evtl. das Visier korrigieren).

„Innovationen verändern den Markt – Wissen verändert die Welt."
VERFASSER UNBEKANNT

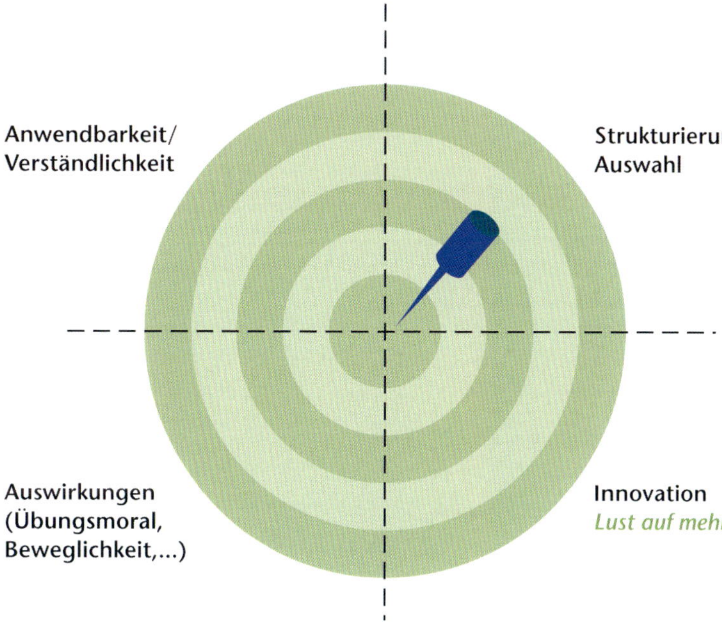

Alphabetisches IDEENregister

*„Der Mensch hat die Pferde in seine Obhut genommen.
Die Art, wie er mit ihnen umgeht, ist ein Zeichen seiner Kultur."*
Hans-Heinrich Isenbart

Gelassenheit – davon profitieren Pferd und Mensch!

Gelassenheit im Pferdesport

Erfolgreich in Haltung, Zucht und Sport – Gelassen geht es besser!

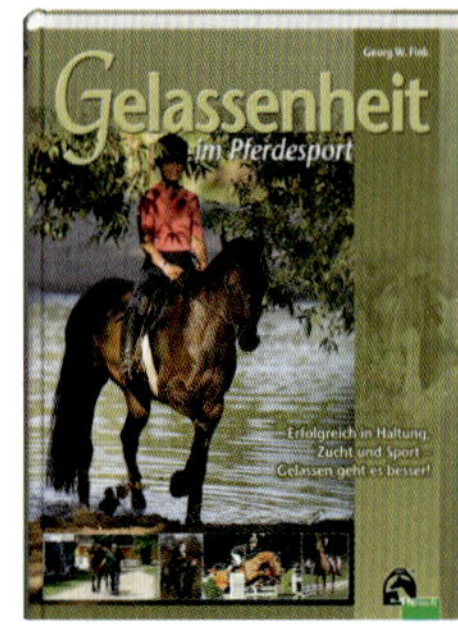

Viele tägliche Probleme im Umgang mit Pferden beruhen auf mangelnder Gelassenheit. So passieren Unfälle, weil Pferd und/oder Reiter nicht souverän auf Ausnahmesituationen reagieren. Im Leistungssport sind mangelnde Gelassenheit und Losgelassenheit oft die Gründe für sportliche Misserfolge.
Bei Züchtern werden immer mehr Pferde mit ausgeglichenem und verlässlichem Charakter nachgefragt. Gelassenheit trägt deutlich zu mehr Leistungsfähigkeit, Gesundheit und Lebensqualität der Pferde bei. Und: Nur wer selbst gelassen ist, kann seine Pferde zur Gelassenheit erziehen.
Alle diese vielfältigen Aspekte erläutert der Autor ausführlich, gibt Tipps für ein tägliches Gelassenheitstraining für Menschen, vermittelt praktikable Lernschritte der Grundlagenerziehung für Pferde sowie spezielle Übungen zur Körperarbeit, Bodenschule und Gelassenheitsprüfung.

Georg W. Fink
168 Seiten, zahlreiche Fotos und Zeichnungen
Format: 190 x 250 mm, gb.
ISBN 978-3-88542-432-1

Motivation pur!

Kinder und Pferde spielend motivieren

Vielseitiges Pferdetraining und zahlreiche Spielideen für Ausbilder, Reiter, Voltigierer und Therapeuten

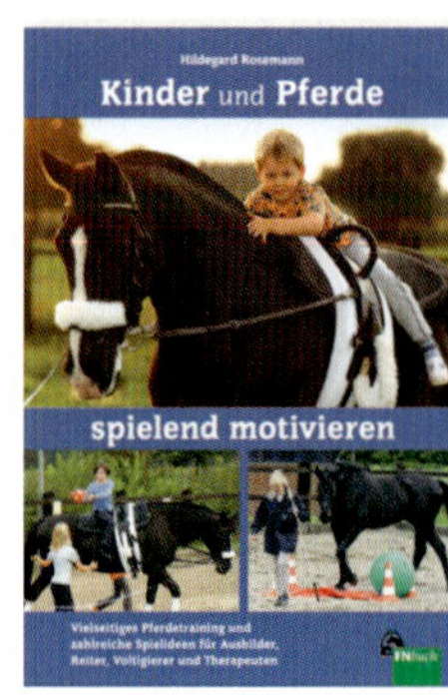

Das Trainingsbuch mit zahlreichen gelungenen Fotos richtet sich vor allem an diejenigen, denen eine abwechslungsreiche Unterrichtsstunde und das Wohlergehen des Pferdes am Herzen liegen. Es beschreibt sehr praxisnah, wie Sie die Kinder, aber auch Ihr Pferd spielend motivieren können.
Der erste Teil des Buches befasst sich mit dem Verstehen, der Erziehung und der Ausgleichsarbeit von Voltigier- und Therapiepferden. Die langjährig erprobten Anregungen für einen vertrauensvollen Umgang lassen sich auf jedes Pferd übertragen.

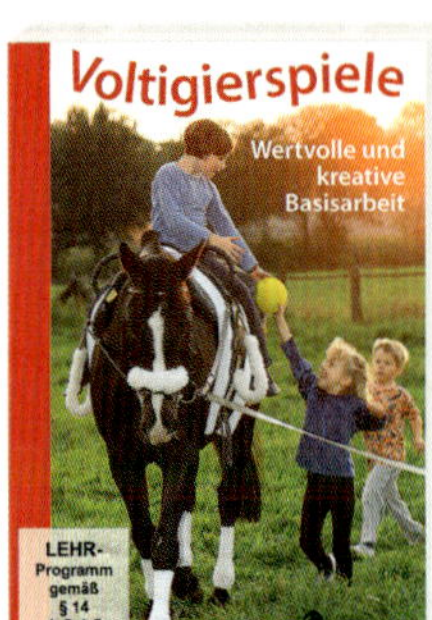

Der zweite Teil bildet die Fortsetzung des FN-Films *„Voltigierspiele"*. Er enthält über 50 interessante und kreative Spielideen für Kinder zur Bereicherung des Unterrichtes, sowohl im Voltigieren, in der spielerischen Hinführung zum Reiten als auch in der Therapie.

Hildegard Rosemann
2. Auflage 2013
144 Seiten, über 180 Fotos
Format 168 x 240 mm, kt.
ISBN 978-3-88542-794-0

Kurzinfo

Pferde verstehen und erziehen
Eignungstest für den Pferdekauf

- Führtraining
- Bodenarbeit
- Langzügelarbeit
- gezielte Freiarbeit
- Wohlfühlmassage
- Spielideen
- Geschicklichkeitsparcours